일상속의 몸

일상속의 몸

몸문화연구소 편

쿠북

1판 1쇄 펴낸날 2009년 12월 24일
1판 2쇄 펴낸날 2010년 6월 24일
지은이 김종갑 외
펴낸이 오 명
펴낸곳 **쿠북**
등록 / 제 4-3 호(1971. 6. 21)
주소 / 143-701, 서울시 광진구 화양동 1번지
건국대학교출판부
전화 / (02)450-3891~3
팩스 / (02)457-7202
홈페이지 / http://press.konkuk.ac.kr
e-mail / press@konkuk.ac.kr

책임편집 이지은
디자인 박은경
찍은곳 네오프린텍(주)
정가 16,000 원

ISBN 978-89-7107-521-0 94110
ISBN 978-89-7107-520-3 (세트)

이 도서의 국립중앙도서관 출판시도서목록(CIP)은
e-CIP 홈페이지(http://www.nl.go.kr/cip.php)에서 이용하실 수 있습니다.
(CIP제어번호: CIP2009004077)

인문총서를 발간하며

하이데거는 인간을 현존재Dasein라고 규정했다. 현존재는 존재 의미를 묻는 자이다. 인간은 단순히 생존을 영위하는 자가 아니다. 인간은 자신이 왜 존재하며 어떤 의미를 가지고 있는지를 끊임없이 물으면서 자기 스스로 가치를 창조하고 그것을 추구하는 존재이다. 인문학은 바로 이런 가치와 의미를 묻는 작업이다. 그러나 오늘날 우리는 더 이상 존재의 의미와 가치를 묻지 않는다. 이런 점에서 우리는 존재의 의미와 가치를 상실한 자들이다. 우리는 의미를 묻는 대신에 효율과 능률, 그리고 그가 가지고 있는 도구적 가치들에 의해 존재를 평가한다. 무한경쟁이 사회적 삶을 파괴하고 있으며 인간을 포함한 모든 생명들이 특정한 목적을 이룩하기 위한 도구-수단으로 전락하고 있다.

하이데거는 과학기술이 융성한 그 곳에서 고향 상실을 보았다. 현대인의 근원적 불안은 이로부터 시작된다. 그들은 삶의 의미를 잃었으며 존재의 가치와 의미, 그리고 더불어 나누는 생명의 역동적 소통의 관계를 잃어버리고 있다. 모든 것은 배신의 칼날이 되어 서로의 목을 향하고 있다. 그러나 우리가 그것을 진짜 모르고 있는 것일까? 지젝은 모르고 있는 것이 아니라고 말한다. "잘 알고 있다. 그럼에도 불구하고"라는 라캉의 공식은 오늘날 우리가 자꾸만 잊어버리고 있는 고향과 존재 의미의 상실이 얼마나 벗어나기 힘든, 뿌리 깊은 병인지를 보여준다. 사람들은 물질만능주의와 목적-수단의 전도, 가치의 상실을 개탄하고 있다. 그럼에도 불구하고 그들은 여전히 삶을 수단화하고 인간과 생명을 상품화하고 있다.

오늘날 인문학이 출발해야 할 자리가 있다면 바로 여기일 것이다. 그러나 그것을 우리는 과연 감당할 수 있을까? 인문학이 져야 할 과제가 시급하고 중대하다는 것은 명백하다. 존재의 가치와 의미를 상실하는 현대인은 '죽음의 병'을 앓고 있다. 현대인들의 불안과 고독은 존재의 의미와 가치가 상실된 곳에서 허무와 패배, 복수와 원한의 감정을 키우고 문명의 죽음에 이르게 한다. 그곳에서 문명 파괴의 충동이 일어나고 타나토스적 욕망이 꿈틀거린다. 인종, 종교, 성, 민족 간의 갈등이 여기저기서 죽음의 병을 전파하고 있다. 따라서 인문학은 오늘날 문명 파괴의 충동을 불러일으키고 있는 현대인의 병을 치유하고 생명의 약동성이 환류하게 하는 과제를 안고 있다.

그러나 인문이 져야 할 이런 시급하고도 중차대한 과제에 비해 그것을 수행할 수 있는 시대상의 변화와 환경, 그리고 우리가 가진 역량은 미미하다. 그렇다면 우리는 포기할 것인가? 그것은 곧 문명과 존재 자체의 포기를 의미하는 것이 아닐까? 오늘날 인문학은 길을 잃었다. 세계화와 정보화가 낳는 시·공간의 소멸은 빠른 속도와 변화를 요구한다. 그러나 인문학은 반성과 성찰, 사유의 머무름을 필요로 한다. 이런 점에서 인문학의 위기는 이 시대가 낳은 산물일 수도 있다. 그러나 그렇다고 머무름의 사유가 요구하는 그 고고한 자리만을 지킬 것인가?

인문학은 여전히 고고한 학문이다. 그러나 그 높은 이상과 가치에 비해 오늘날 인문학이 생존해야 하는 환경은 열악하다. 인문학은 궁핍과 빈곤을 이겨내야 한다. 시장이 대학과 학문을 지배하고 경제적 가치로 환원되는 세상에서 인문학은 경쟁력 없는 학문이 되어가고 있기 때문이다. 그렇다고 이 세태를 한탄하면서 자기 혼자만의 고고함을 유지한다는 것이 무슨 의미가 있을까? 그 또한 인문학이 짊어져야 할 짐을 스스로 방기하는 것은 아닐까? 그래서 건국대학교 인문학연구원은 이 상품화되고 물신화된 세계에서 인문학 본래의 정신을 놓지 않으면서도 시대와 대중 속으로 찾아들어가는 ‘인문학 진흥의 길’을 찾고자 한다.

그러나 인문학 진흥의 길을 찾기 위해서는 우선적으로 인문학의 위기를 내적으로 성찰해야 한다. 오늘날 인문학의 위기는 인문학 외부에서 오는 변화, 신자유주의적 대학 구조조정과 학문의 실용화, 취업의 수단으로서 대학, 문화충돌과 융합에 따른 전통적 가치의 해체 등의 산물이기도 하지만 인문학이 변화하는 세계에 대응하지 못하면서 나타난 것이라고도 할 수 있다. 이런 점에서 ‘인문학 진흥의 길’을 찾는 우리의 발걸음에서 우리가 우리 자신을 끊임없이 경계하고 반성해야 하면서 나아가야 할 ‘행위의 좌표’들이 있다.

첫째, 인문학을 더 이상 경계 내부의 인문학으로 만들지 않는 것이다. 인문학humanities의 기원을 이루는 ‘homo humanus(인간다운 인간)’는 ‘homo barbarus(야만적인 인간)’와는 다른 인간, ‘문명인’이라는 자부심을 표현하는 로마인들의 일상어였다. 따라서 인간의 본래적인 성질 또는 가치를 전제하는 후마니타스humanitas에 근거한 문명과 야만, 인간과 자연, 순수학문과 응용학문, 물리와 비물리, 남성과 여성의 경계를 넘어서 인문학의 영역을 확장하는 길을 모색해야 한다.

현재 인구에 회자되는, 윌슨이 주창한 ‘통섭consilience’이 가진 위험에도 불구하고 인문학이 현재의 변화된 세계 속에서 앞으로 나아가기 위해서는 이를 비판만 하는 수동적 자세에서 인문학의 확장이라는 공세적 자세로의 변화가 필요하다. 만일 우리가 19세기에 윌리엄 휴얼이 주장한 ‘함께 도약하기jumping together’라는 의미로 통섭을 이해한다면, 그리하여 어느 한 분야가 다른 분야를 통괄하거나 포섭하는 것이 아니라 상호 소통을 만들고 그 소통 속에서 각 분야의 특성과 깊이를 더하는 방식의 ‘T자형 통섭(서로 손을 잡고서 각기 자신의 분야를 더욱 깊숙이 발전시키는 형상으로서 T)’을 모색한다면 인문학은 인문학 내부의 분과적 경계를 허물고 나아가 자연과학과 사회과학의 성과조차 내부화하는 계기로 삼을 수 있을 것이다.

둘째, 시대와 대중으로부터 유리된 고고한 학으로서의 인문학이 아니라 오늘날 삶의 문제로부터 시작하여 그들의 삶과 소통을 만들어낼 수 있는 길을 모색하려는 실천적 자세를 견지하는 것이다. 모든 가치를 등질화는 양화의 원리와 기술과학에 의한 지배가 가속화되고 있는 오늘날의 세계상에서 인문학은 여전히 그 세계의 지배를 거부하고 현존재로서 인간의 의미와 가치를 추구하는 자리를 고수하고 있다. 그러나 그 대신에 인문학은 시류에 휩쓸려 살아가는 대중을 거부하고 대중화를 상품화로 오인해온 측면이 있었다. 따라서 인문학은 대중의 삶을 대상화하고 비평만 하는 것이 아니라 그들의 삶과 실천적으로 소통하면서 대안적 가치와 의미를 찾아가야 한다.

인문총서는 바로 이런 두 가지의 '좌표'를 화두로 삼고 기획되었다. 인문총서는 한편으로 인간의 존재 가치와 의미가 상실되면서 죽음의 병에 이르고 있는 현대 문명에 대한 비판적 성찰과 진단뿐만 아니라 대안적 가치와 길을 찾고자 하며, 다른 한편으로 물질적 풍요와 부한경쟁의 생존 속에서 자신의 가치와 생명적 힘을 상실해가고 있는 현대인들의 불안을 치유하고 새로운 인문적 가치의 소통을 만들어내는 매개체가 되고자 한다. 그리고 여기 내어 놓은 인문총서는 바로 이런 인문학 진흥의 길을 찾는 우리의 노력이 내어 놓은 결실이다. 그리고 비록 현재의 시작은 미약하고 초라하지만 이 발걸음이 인류의 생명적 힘에 기초하여 문명의 초석을 다지는 길이자 학문과 예술 등 인간의 가치를 보존·발전시키는 창대한 길을 열어놓을 것이라는 희망을 우리는 가지고 있다.

아울러 엄혹한 시절, 힘든 연구환경 속에서도 이 길에 함께 하신 건국대학교 문과대학과 인문학연구원의 모든 선생님들의 노고에 깊은 경의와 감사의 말씀을 올린다.

2009년 12월

건국대학교 인문학연구원
원장 김 성 민

머리말

일상을 작품으로 완성하기

I

인간은 먹고 마시고 일하며 잠자고 휴식을 취하지 않으면 살 수가 없다. 또 집에서 거주하고 옷을 입지 않으면 인간으로서 품위 있는 삶을 유지할 수가 없다. 새삼 설명이 필요 없을 정도로 너무나 당연한 이야기이다. 그렇지만 당연하다고 해서 모두 주목을 받거나 뉴스거리가 되는 것은 아니다. 당연한 것은 오히려 무시되는 경향이 있다. 아니 당연한 것을 입에 올리는 사람은 취향이 고상하지 못하거나 교양이 없는 사람으로 간주되기도 한다.

과거 신분제 사회에서 의식주의 문제는 '아랫것'들의 소관이었다. 양반들이라면 음풍농월하며 고담준론을 즐길 줄 알아야 했다. 아랫것들이 동물처럼 비속하게 산다면 지체 높은 양반들은 신처럼 사유하면서 군림하는 데카르트적 코기토의 소유자이어야 했다. 일상은 아랫것들에게 맡기라지! 고급문화의 자리에는 입고 먹고 마시는 '일상적인 너무나 일상적인' 삶의 애환들이 들어설 여지가 없었다. 물론 저잣거리에서는 그러한 일상의 담론들이 언제나 홍수를 이루고 있었다.

일상의 담론들이 고급문화로 유입되지 않았던 이유를 신분제 탓으로만 돌릴 수는 없다. 보다 중요한 이유는 몸을 경시했던 로고스중심주의적 세계관에서 찾을 수 있다. 먹고 마시는 일상의 활동이 호모 사피엔스의 본질에 아무런 영향을 미치지 않는다면 의식주의 문제는 간단히 무시되어야 마땅했다. 오히려 무시함으로써 정신적 자유를 얻을 수 있다고 생각되었다. 먹고 마시고 유희하는 일상의 몸은, 희로애락에 물들고 상처 받기 쉬우며, 병들고 노화하다가 끝내는 죽어서 사라져야 하는 허망한 육체, '한여름밤의 꿈'에 지나지 않았다. 변치 않고 영원한 것은 보이지 않는 정신이며 로고스였다. 나중에 흔적도 없이 사라질 몸보다 영생불사하는 정신에 투자하는 것이 훨씬 안정되고 '남는 장사'였던 것이다.

그런데 20세기 중반 이후로 이른바 아랫것들의 소관이었던 일상이 학문적으로 주목을 받게 되었다. 왕과 영웅의 거창한 대문자 역사가 아니라 소시민들의 애환이 담긴 일상이 연구되기 시작하였으며, 고급문화에 의해서 억압되었던 대중문화도 점차 목소리를 높이기 시작하였다. 이른바 미시사 연구, 풍속사, 일상사 연구, 문화 연구, 인류학, 사회학 등이 새로운 담론의 분위기를 주도하였다. 이제 무시되어야 마땅한 삶의 뒷골목은 더 이상 존재하지 않게 되었다.

일상을 향한 관심의 팽창, 과거에 상향적이었던 고급 담론들의 하향적 전향은 하나의 독립적이거나 개별적 사안이 아니라 우주관 및 세계관의 변화와 맞물려 있다. 우선 무엇보다도 신분제의 철폐라는 사회적 지각 변동을 손꼽을 수가 있다. 한쪽에서 형이상을 즐기던 양반과 다른 한쪽에서 형이하를 챙겼던 서민의 위계적 울타리가 무너지면서 정신과 육체, 피안과 차안의 위계도 더 이상 유지될 수 없게 되었다.

신분의 평등은 정신과 육체의 평등을 의미하는 사건이기도 했다. 그것이 우주적 규모로 무한히 확대되다 보면 신과 악마의 대립도 해소되었다. 그러면서 신이 십계명의 권위로 금지했던 인간의 온갖 육체적 욕망도 판도라의 상자에서 뛰어나와 소리치면서 거리를 활보하게 되었다.

이제 우리는 의식주와 욕망하는 몸의 처소로서의 일상을, 변명하지 않고서 있는 그대로 긍정할 수 있게 되었다. 정신적 위안과 영혼의 구원을 위해 베옷을 입고 온몸에 재를 뿌리며 신을 외치거나 인적이 드문 암자에서 면벽하며 수도할 필요도 없게 되었다. 진리는 하늘에 외재하는 것이 아니라 지극히 세속적으로 먹고 마시며 입고 즐기는 바로 여기hic et nunc에 내재하고 있다. 헤겔은 법철학의 서문에서 다음과 같이 썼다. "여기가 로도스 섬이다. 여기에서 춤추어라." 일상이 삶의 무대이며 도약판이다.

그러나 일상의 긍정은 쾌락주의의 부활이 아니다. 일상인으로서 인간의 위상은 일상 이외에 마땅히 기댈 초월적 언덕이 없다는 말이기도 하다. 정신이 중요시되던 시절에는 의식주와 육체적 욕망의 충족 등이 우리 자신의 정체성과는 무관한 것이었으며, 일상을 아랫것들에게 맡길 수도 있었다. 그러나 지금은 무엇을 어떻게 먹고 마시며 입는가, 어떻게 놀고 욕망을 충족시키며 휴식을 취하는가 하는 질문들이 우리의 정체성과 뗄 수 없이 깊은 관계를 맺게 되었다. 예술가들처럼 우리는 일상에서 자신을 새롭게 창조해야 하는 과업을 짊어지게 된 것이다.

일상이 갖는 중요성은 탈근대 사회의 전형적 특징이다. 그리고 현대 사회에서 일상적인 것은 개인적이면서 동시에 정치적이다. 이제 전통과 신분 등의 굴레에서 자유로운 현대인은 일상의 현장에서 자신의 삶의 가능성을 실험하고 아름답게 완성할 수 있게 되었다. 일상은 자기표현의 공간이다. 그럼에도 우리의 일상은 시장경제와 문화산업, 미용산업,

헬스산업 등에 의해서 관리되고 조작되며 물신화되고 소외된 공간으로 쉽사리 전락하는 경우가 많다. 또 자신의 고유한 스타일을 개발하고 실현하는 일상이 아니라 익명적 타자의 욕망과 시선에 덜미가 잡히고 그러한 장단에 춤을 추는 일상으로 변질되기가 쉽다. 일상이 우리에게 건강한 자기창조의 가능성을 열어주는 것이 아니라 자기소외와 자기고갈의 수렁으로 밀어넣을 수도 있는 것이다. 우리가 일상을 정면으로 응시하면서 비판적으로 분석하고 연구해야 하는 당위성이 여기에 있다. 조각가가 정으로 바위를 쪼아서 작품으로 완성하듯이 우리는 비판적 작업을 통해 일상을 아름답게 변형시켜야 하는 것이다.

이 책은 2009년 겨울에 몸문화연구소가 개최하였던 학술대회 "몸, 일상을 말하다"를 발전시킨 것이다. 단지 일상을 묘사하거나 분석하고 관조하는 것이 아니라 변화시키려는 지향성이 없었더라면 본 공동저서를 기획할 수 없었을 것이다. 모든 글의 행간에서 독자들은 "어떻게 일상을 작품으로 완성할 수 있는가?"라는 고민의 숨결을 읽고 들으며 느낄 수 있을 것이다.

Ⅱ

9개의 글이 실린 이 책은 다루는 주제와 소재에 따라서 3부로 분류되었다. 제1부는 '몸의 이미지와 살', 제2부는 '노화와 타자로서의 몸', 제3부는 '기호와 재현으로서의 몸'이라는 제목을 각각 달고 있다. 제1부에서는 시각 문화라 일컬어지는 현대 사회에서 지나치게 이미지에 집착하는 현대인에 대한 비판적 성찰과 함께, 그렇다면 진정한 의미에서 몸이란 무엇인가 하는 현상학적 질문이 에로티즘이라는 공명판을 울리면서 대답되고 있다. 제2부는 보다 일상적인 지평에서 병이 들고 늙어가는 몸, 그리고 피부색의 차이가 인종차별주의로 재생산되는 현실에 대한 접근들이다. 제3부에서 일상의 몸에 대한 논의는 재현의 관점에서 이루어진다. 영화와 잡지, 미술, 판소리라는 다양한 매체를 통해서 몸이 어떻게 재현되는지가 논의의 초점이 된다. 여기에서는 성적인 몸이 가장 커다란 비중을 차지하게 된다.

이 책을 읽는 독자를 위해서 위와 같이 3부로 나눠진 글들의 내용을 간단히 요약해서 소개하기로 하자.

현대 사회를 시각이 지배하는 사회라는 지적이 많다. 일상이 시각적 이미지로 삼투되어 있는 것이다. 이 책의 첫 장을 장식하는 〈현대 사회의 이미지 과잉과 주체〉에서는 일상에 깊숙이 침투한 이미지의 특성과 그러한 사회 안에서 살아가는 주체의 모습을 정신분석학의 관점에서 다루고 있다. 현대에서 이미지는 후근대적 사유가 몰아낸 권위, 질서, 보편적 가치들의 자리를 대체하면서 주체들이 이상적인 자아의 상을 찾는 근거가 되었다. 그런데 정체성을 이미지에서 구하는 나르시시즘적 주체는 정작 자기 자신으로부터의 근본적인 소외를 경험한다. 따라서 이 글은 이미지와 가상의 사회가 버린 낡은 가치들이 과연 무용한 것일 뿐이었는지에 대한 질문을 던진다. 글로벌화된 이미지를 소비하는 현대인들의 모습, 아버지의 이름이 대표하는 상징적 허구와 우리 모두를 본다고 가정되는 응시로서의 상상적 허구의 상실, 부유하는 이미지들 속에서 잃어버린 정체성을 찾아 과거의 전통으로 회귀하려는 경향, 신체를 이미지화된 신체로부터 본연의 모습으로 되돌려놓으려는 예술가들의 절박한 시도들을 소개함으로써 어떤 대안을 내놓기에 앞서 이미지 과잉이 야기한 현대 사회의 증상들을 찾아내고 분석하는 것이 이 글의 목표이다. 이데올로기가 사라진 사회에서 자본주의와 긴밀하게 결합하여, 몰이데올로기적 이데올로기로서 기능하는 이미지는 수동적이고 무기력한 주체들을 양산하고 있다. 이 글의 결론부에서 저자는 무시간적인 삶을 사는 주체들이 다시금 자신의 시간을 능동적으로 만들어낼 수 있는 가능성을 탐색해야 한다고 주장한다.

아마도 우리 일상에서 가장 극적인 사건을 들라면 사랑, 연애일 것이다. 두 번째 글인 〈에로티즘을 위한 몸 감각의 분석〉에서 저자는 메를로-퐁티의 관점에서 그러한 에로티즘의 현상을 접근한다. 에로티즘은 우리 몸의 근원적 비가시성에 뿌리를 두고 있다. 우리 몸에는 손과 발처럼 쉽게 볼 수 있는 부위가 있는가 하면 심장과 허파 같은 장기는 물론이고 등처럼 볼 수 없는 부위, 비가시적 영역, '불투명한 구멍'이 있다. 이 불투명한 구멍으로 인해서 우리는 온전하고 완벽한 주체가 될 수 없다. 우리는 그러한 결핍을 견디지 못하는 나머지 그것을 타자의 몸을 통해서 채워넣으려는 충동이 생겨나게 된다. 타자를 그냥 바라보는 것이 아니라 훑어보고 어루만지고 쓰다듬고 싶어하는 이유가 여기에 있다. 이것이 바로 에로티즘의 존재론적 맥락이다. 나의 몸이 타자의 몸을 쓰다듬는 순간에 주체와 타자의 경계가 허물어지며 양자의 몸은 서로 부딪히고 부벼지면서 정전기처럼 발기가 일어나게 된다. 몸은 감각덩어리로서 살chair이기 때문에 에로틱할 수밖에 없으며, 세계와 우주도 살이라는 점에서 에로틱하다고 저자는 주장을 한다.

제2부 '노화와 타자로서의 몸'에서 처음 글은 〈일상으로서의 질병과 몸〉이다. 여기에서 저자는 의학기술의 도움을 빌어서 더욱더 젊고 아름다워지려고 노력하는 현대인들이 얼마나 질병과 노년, 그리고 죽음으로부터 소외되어 있는지를 비판적으로 고찰하고 있다. 몸은 건강과 질병, 젊음과 늙음으로 이분화되지 않으며, 건강이나 젊음은 몸의 진화와 적응의 과정에서 일시적으로 거쳐 지나가는 과정에 지나지 않는다는 것이다. 질병과 늙음을 정상적 몸과 대립되는 비정상적 몸으로 생각하면 안 된다. 그럼에도 많은 현대인들이 무절제하게 의약품을

과다 소비하고 강박증적으로 운동을 하면서 표준적 건강과 젊음에 집착하고 있다. 그러면서 노화방지수술과 건강보험상품, 노인장기요양소 및 장례를 대행하는 상조회사 같은 이름 아래 몸의 의료화·상업화가 진척되고 있다. 일상의 몸이 가장 수지맞는 사업의 대상으로 바뀐 것이다. 그러나 질병과 노년, 죽음은 삶에서 삭제해야 할 어떤 것이 아니라 삶의 통합적 과정으로 이해되어야 한다고 저자는 주장한다.

현대는 노년 사회, 혹은 고령 사회라고 한다. 그러면서 노년의 성이 첨예한 문제로 대두되고 있다. 두 번째 글 〈성을 향유하는 노년의 예이츠〉에서 저자는 우리가 살아가면서 반드시 겪게 마련인 가장 일상적인 사건으로서 노년의 성적 욕망의 문제를 시인 예이츠의 예를 빌어 대답을 시도한다. 예이츠는 성적으로 왕성했던 젊은 시절에는 청교도덕으로 금욕적인 생활을 하였지만 발기가 불가능해진 노년에 접어들면서 스스로를 "야성적이며 늙고 사악한 남자"라고 칭하면서 성적 쾌락에 탐닉하기 시작하였다고 한다. 그 이유를 추적하고 설명하는 작업이 이 글의 목표로, 저자에 따르면 남성성은 두 가지의 형태로 발현될 수가 있다. 하나가 대상을 공격하고 정복함으로써 욕망의 충족을 꾀하는 남근적 성이라면, 다른 하나는 대상과 공존하면서 보살피고 배려하는 비남근적 성이다. 젊은 시절에 자신의 성이 야수처럼 위험하고 공격적이라는 강박관념을 가지고 있던 예이츠는 사랑하던 여인을 포기하면서 금욕적으로 살지 않으면 안 되었다. 그러나 노년에 예이츠는 그러한 강박관념으로부터 벗어나는 계기를 발기불능의 현실에서 발견하게 된다. 이제 그는 성을 공격적 무기가 아니라 쌍방적이고 자유로운 대화로서 경험하기 시작하게 된 것이다. 그것이 늙은이가 주책이 없다는 핀잔을 들을 정도로 노년에 예이츠가 마음껏 성에 탐닉할 수 있었던 이유라는 것이다. 노년의 성은 비공격적이며 대화적이기 때문에 아름답다는 것이다.

우리의 일상에서 빼놓을 수 없는 것이 인종적 편견의 문제이다. 〈인종주의로 바라본 타자의 몸〉에서 저자는 현재 한국 사회에서 인종차별금지법 제정을 둘러싸고 논란이 일고 있는 예에서 보듯이 인종 문제가 더 이상 남의 일이 아니라는 문제의식에서 서구의 인종주의의 변화를 고찰하였다. 근대와 함께 등장한 고전적 인종주의는 타자의 몸의 열등성에 대한 담론을 통해 주체를 형성하는 계기로 작용한다. 근대적 주체의 대립항에 열등한 타자의 몸이 놓이는 것이다. 19세기의 인종주의가 생물학적 차이를 근거로 차별과 지배를 정당화했다면 현대의 인종주의는 '인종 없는 인종주의'로 불리며 인종이 아니라 문화의 차이를 근거로 공존할 수 없다는 논리를 편다. 오늘날의 '몸을 떠난 인종주의'는 신체적 차이의 다양성에 대한 인식을 은폐한 채 문화라는 개념으로 치환하고 있는 것이다. 인종주의를 비판하고 몸의 차이에 대해 제대로 말하기 위해서는 파농이 지적했듯이 타자와 만나는 일상의 생생한 경험을 복원하는 일에서부터 시작해야 한다고 저자는 제안한다.

우리의 몸은 경험의 주체이기도 하지만 또한 재현의 대상이기도 하다. 이 책의 제3부가 '기호와 재현으로서의 몸'을 다루는 이유이다. 처음 글 〈판소리에 나타나는 일상과 몸〉에서 저자는 조선 후기를 살던 당대인들의 일상을 판소리에 나타나는 몸 담론을 통해 재조명하고자 한다. 판소리는 조선 후기에 등장한 신흥예술의 한 갈래로 풍속화, 탈춤, 사설시조 등과 같이 전 시대에는 존재하지 않았던 새로운 양식으로 당대 사회의 모습을 예리하게 초점화시키는 예술 양식이라는 것이다. 판소리는 그 이전에 다루어지지 않았던 일상과 실제, 그리고 몸과 같은 요소들을 새롭게 전경화하려고 한다. 판소리에 나타나는 열거와 나열, 그리고 비유를 통한 사실적 묘사들은 하나의 서사 안에서 사건의 단순한 배경만으로 여겨지던 공간을 이야기를 구성하는 기호적 의미로 확대시키는 장치이다. 이는 판소리가 실제와 일상에 대한 높은 관심을 가지고 있었던 형식적 특질로부터 기인한 것이다. 이와 마찬가지로 판소리에 나타나는 몸 담론은 당대 유교적 이념의 금기에 묶여 있던 몸을 새로운 방식으로 구현한다. 즉 몸이 가지고 있는 생래적 욕망을 인정하고 유교적 도덕관념의 도구처럼 인식되던 인간의 육체가 가지고 있는 본질적 의미를 다시금 조망한다. 결국 판소리에 나타나는 일상과 몸은 판소리가 그간 잊혀졌던 '일상'과 '몸'을 새롭게 주목하고 있다는 점에서, 그리고 기존의 방식과는 전혀 다른 방식으로 당대 사회의 삶의 진실을 드러내고 있다는 점에서 그 의미를 찾을 수 있다고 저자는 말한다.

일상에서 가장 일상적인 사건은 먹고 마시며 옷을 입는 일이다. 특히 여성의 몸은 화장이나 옷과 떼어놓고 생각할 수 없을 정도로 긴밀한 관계에 있다. 〈패션, 여성의 몸을 바꾸다〉에서 저자는 한국인의 몸과 옷이 근대화, 서구화의 과정 속에서 어떠한 연동관계를 맺으며 변화되어왔는가를 문화사적으로 접근하였다. 한국 근대 사회에서 새롭게 '발견'된 몸은 여성의 치마와 저고리, 그리고 속옷을 바꾸어놓았고, 바뀐 옷은 다시 몸을 변화시켰다. 그 과정에서 여성의 몸은 곡선미와 각선미 같은 'S라인'으로 가꾸어야 하는 강박에 시달리게 되었다. 그래서 여성들은 자신의 몸의 선을 가꾸기 위한 여러 가지 상품을 소비하게 되는데, 패션에서 이를 가장 잘 보여주는 '아이템'이 '브래지어'라는 체형 보정 속옷이다. 거들이나 코르셋에 비해 여성들에게 가장 보편화되어 있는 파운데이션 속옷인 브래지어는 여성들의 가슴 선을 아름답게 보정해줌으로써 타고난 신체적 '결함'을 '극복'하게 만들어주었다. 하지만 그러한 '선'의 미적 표준이 존재한다는 것 자체, 그리고 그 표준에 못 미치는 몸들로 하여금 '결함'으로 여겨 콤플렉스를 느끼게 하거나 이를 '교정', '보완'하게 만든다는 것은 한편으로 여성들에게 억압일 수 있다. 그러나 억압/해방의 이분법으로 규정짓기 어려울 만큼 이러한 'S라인'에 대한 강박에는 복잡 미묘한 여성들의 욕망이 얽혀 있다. 아름다운 몸이 되고자 하는 욕망은 단순한 강요나 학습에 의해서 만들어지는 것이 아닌, 여성의, 아니 인간 모두의 근원적 욕망이기 때문이다.

현대 사회에서 몸을 재현하는 가장 지배적인 매체는 물론 영화이다. 〈영화 〈맨발의 청춘〉(1964)에서 젊은 몸 읽기〉는 1960년대의 우리나라에서 젊고 아름다운 몸이 어떻게 재현되었는지를 청춘영화 〈맨발의 청춘〉을 통해서 살펴보려는 시도이다. 한편으로 생물학적으로 젊은 몸들이 있다면, 다른 한편으로 젊은 몸은 사회적으로 구성되고 이데올로기적으로 재현이 된다. 이 글의 저자는 그와 같이 중층적으로 구성되는 청춘의 몸에 주목한다. 엄앵란과 신성일이라는 스타가 영화의 제도권 내에서 어떻게 자신을 청춘으로 기호화하고 서로를 구별하면서 스타로 자리잡게 되는지의 과정을 추적하고 있다. 특히 카메라의 시선은 당시의 젊은 몸들을 어떻게 일상적 풍경으로 담아내는지, 즉 재현 방식이 논의의 초점이다. 그러나 멜로물임에도 불구하고 〈맨발의 청춘〉에서 청춘의 몸은 정치적 저항성을 폭발하는 계기가 되기도 한다.

몸의 재현에서 빼놓을 수 없는 것이 예술에 재현된 여성의 몸이다. 여성 미술가들이 자기 자신과 일상적인 삶에 관심을 갖게 되면서 여성의 몸이 새로운 방식으로 탐구되기 시작하였다. 여성에 의한 여성 이미지가 뒤늦게 등장한 것은 반성적 주체로서 여성의 가능성이 오랫동안 부정되어온 탓이기도 하지만, 또한 이러한 상황이 여성 미술가에게 역설적으로 창조의 계기로 작용하였다. 여성 미술가들의 지적, 경제적 곤궁함은 직업 모델을 살 수 없었고 그로 인해 미술가들 스스로가 모델이 되었다. 〈여성 미술가와 몸 — 성장, 사랑, 투쟁, 죽음〉에서 저자는 그와 같이 주체와 대상의 엄격한 이분법을 넘어서 주체와 대상을 일치시키는 새로운 재현 형식의 출현에 주목하였다. 이제 여성 미술가들이 거울 앞에 당당히 자신을 세우고, 호기심이나 감탄, 회한과 환멸 속에 스스로를 들여다보고 있다. 이 글은 여성들의 삶을 따라가며 일상의 몸을 탐구한다. 여성의 성장, 임신, 출산, 질병, 노화, 강간, 죽음을 중심으로 구체적 개인들로서 여성들의 삶을 되돌아본다.

Ⅲ

이 책은 몸문화연구소에서 두 번째로 펴내는 총서이다. 이 자리를 빌어서 글을 쓰느라 고생하신 연구원들에게 감사를 드린다. 특히 몸문화연구소 연구원이 아님에도 불구하고 이 책을 위해 좋은 글을 써주신 조광제 선생님에게 깊은 감사의 마음을 전하고 싶다. 그리고 초안을 꼼꼼히 읽고 애정 어린 조언을 아끼지 않았던 검토위원인 하형주 선생님, 황혜진 선생님, 이혜수 선생님의 노고가 없었다면 이 책은 완성될 수 없었을 것이다. 글을 쓰기도 하며 남의 글을 심사해본 분들은 누구나 잘 알고 있겠지만 남의 글을 읽는 것은 매우 어려운 일이다. 또 글을 쓰는 것보다 이미 한번 완성된 글을 수정하고 보완하는 작업이 훨씬 힘이 든다는 사실도 누구나 잘 알고 있을 것이다. 마지막으로 몸문화연구소의 연구가 출판될 수 있도록 재정적 지원을 해준 인문학연구원과 건국대학교출판부 이지은 선생님에게도 이 자리를 빌어서 감사의 말을 전하고 싶다.

2009년 겨울

김종갑

차 례

2부

노화와 타자로서의 몸

3부
기호와 재현으로서의 몸

01

몸의 이미지와 살

현대 사회의 이미지 과잉과 주체

글로벌화된 이미지를 소비하는 현대인들의 모습, 아버지의 이름으로 대표되는 상징적 허구와 우리 모두를 본다고 가정되는 응시로서의 상상적 허구의 상실, 부유하는 이미지들 속에서 잃어버린 정체성을 찾아 과거의 전통으로 회귀하려는 경향, 신체를 이미지화된 신체로부터 본연의 모습으로 되돌려놓으려는 예술가들의 절박한 시도들을 살펴봄으로써, 어떤 대안을 내놓기에 앞서 이미지 과잉이 야기한 현대 사회의 증상들을 찾아내고 분석하는 것이 이 글의 목표이다.

정지은

내게 중요한 것은 나의 이름인가, 아니면 나의 이미지인가? 의식적 존재인 인간은 늘 정체성의 문제를 안고 살아간다. 정신분석학자인 라캉Jacques Lacan은 인간이 주체로 형성되는 과정에서 상상적 단계를 말한다. 즉 아이는 거울에 비친 자신의 모습을 보며 환호하는데, 이는 아이가 거울에 비친 자신을 보면서 파편적이지 않은 온전한 하나의 대상으로 자신의 이미지를 획득하기 때문이다.

하지만 아이는 환호하는 순간 자신이 근본적으로 상실하는 그 무엇을 알지 못한다. 아이가 상실하는 그것은 무엇일까? 라캉에 따르면 아이는 거울에 비친 자신의 이미지와 동일시하면서 스스로를 소외시킨다. 이미지와 동일시함으로써 아이에게는 자신과의 메워질 수 없는 거리가 세워지고, 이 거리는 삶이 끝나는 순간까지 계속된다. 한마디로 말해서, 이미지에 의한 자기소외는 이미지에 의한 환희와 동시에 일어난다.

그러나 다른 한편 이러한 상실과 소외의 효과는 긍정적인데, 왜냐하면 그 이후 아이는 아버지의 이름이 대표하는 상징적 질서에 기입되면서 욕망의 주체로 재탄생하기 때문이다. 만약 이러한 소외의 효과와 그 뒤를 잇는 욕망의 발생이 일어나지 않는다면, 즉 애초에 결여가 없는 상태로 탄생한다면 인간은 동물과 다르지 않을 것이다.

여기서 다루려고 하는 것은 정신분석 이론이 아니다. 하지만 정신분석 이론을 도구로 삼아 현대 사회에서의 주체와 이미지의 관계를 살펴보려고 한다. 정신분석은 주체화의 과정으로 두 가지의 동일시를 제시한다. 첫 번째 동일시는 앞서 언급한, 이미지를 통한 상상적 동일시이고, 두 번째 동일시는 법과 질서를 대표하는 상징적 아버지와의 동일시인 상징적 동일시이다. 이 두 가지 동일시는 역설적이게도 이미 완성된 — 본능으로 살아갈 수 있는 — 동물과는 달리 완성되지 않은 채 탄생하는 인간이 일생 동안 경험하는 것이며, 특히 두 번째 동일시인 상징적 동일시의 경험은 '이상理想'으로 향할 수밖에 없는 거세된 (욕망의) 주체를 낳는바, 문명의 형성에 기여한다.

가령 우리가 어렸을 때 흔히 받는 질문, '너는 커서 무엇이 되고 싶니?'에 답할 수 있는 주체는 상징적 동일시를 통해서, 그리고 상징적 질서 안에서 아버지의 이름에 등가적인 자아의 이상을 설정할 수 있는 주체이다. 그리고 이때 자아 이상은 의사, 변호사, 대통령 등과 같은 상징적 기표signifiant로서 자리매김한다. 자신의 이상을 상징적 질서 안에서 찾는 경향은 가치를 평가할 때 이미지보다는 문자나 말이 우선하는 사회에서 가능했을 것이다. 달리 말해서, 상징적 질서와 아버지의 권위가 보존되었던 시대에 이미지는 이미지가 전달하는 것 너머의 것을 위해서만 존재했으며, 예컨대 사람들은 위대한 인물들의 사진을 보면서 그 사람의 헤어스타일이나 옷차림에 특별히 주목하지 않았고, 외양은 단지 외양일 뿐이었다.

하지만 TV를 비롯한 다양한 시각매체의 대중화와 더불어 이미지들은 일상생활의 일부분이 되었다. 현대인들의 이상적 모델은 책이나 이야기에서 발견되기보다는 화면 속, 사진 속의 이미지에서 발견된다. 청소년들은 연예인들에 쉽게 동화되고, 그들을 자신의 이상적 이미지로 만든다. 다른 한편, 이미지메이킹은 연예인들뿐만 아니라, 정치인들, 기업인들, 전문인들에게, 그리고 심지어 일반인들에게 성공을 위한 가장 중요한 전략이 되었다. 잘 꾸민 외모와 복장이 그 사람의 인격과 바로 연결되고, 화면 속 정치인들의 이미지는 그들의 말을 능가한다. 이미지가 현실에 작용하는 영향력이 그와 같이 크지 않다면, 어째서 많은 정치인들이 잘 연출된 자신의 모습을 화면을 통해 대중들에게 내보이기 위해서 그토록 많은 노력을 기울이겠는가?

공인이라고 불릴 수 있는 정치가, 연예인들은 물론이고 모든 사람들에게 이미지는 자신의 거울이자 정체성이 되었다. 이들은 이미지로부터 생각하고 생활하게 되었다. 현대인들은 꽉 짜인 스케줄에도 불구하고 자신의 몸을 가꾸는데 시간을 아끼지 않는데, 왜냐하면 성공한 이미지, 잘 다듬어진 몸매와 호감을 주는 얼굴이 권위와 질서의 세계에서나 볼 수 있는 상징적인 자아의 이상을 대체하기 때문이다. 특히 자본주의의 세계화와 더불어 현대인들은 상품화된 이미지들에 자신의 나르시시즘적 이미지를 투사하면서 기존의 상징적 가치들을 전복시키기를 마다하지 않는 것 같다.

이미지의 이데올로기화라고 이름 붙일 수 있는 사람들의 외모에 대한 집착, 부유함의 이미지처럼 여겨지는 명품 선호 등은 시각적 효과가 전 생활 영역에 기준을 마련하는 척도로 작용하고 있음을 통보한다. 이미지는 이제 원본을 전제하는 복제와 모방의 결과로서 취급되는 대신 원본을 삭제하거나 혹은 더 나아가 원본의 존재 자체를 의심하게 만든다. 이러한 이미지의 존재론적 가치의 변화로 인해 사람들은 눈에 보이는 것만을 믿게 되었으며, 보이지 않는 것, 보이는 것 너머나 이면의 것에 대한 믿음을 잃어버렸다. 현실생활에서도 기준으로 작용했던 시대정신이나 이데올로기는 영향력을 더 이상 갖지 못하고, 그 자리를 가상 현실, 이미지가 차지하게 되었다. 현대인들은 현실보다 더욱 현실적인 이미지에 도취되고, 이러한 도취의 현상은 자신의 이상적 자아를 이미지에 투영시키는 나르시시즘적 자기 관계를 낳는다. 이상적 자아(moi idéal)는 라캉의 이론에서 거울 단계가 근거하고 있는 상상적 단계에서 인간이 확립하는 첫 번째 자아이며, 자기애적인 형성물이다.

시각과 이미지의 중요성이 점점 커지는 이유를 생활의 여유가 생기면서 갖게 된 심미적 태도에서 찾는 사람들이 있다. 그렇다면 이때 미의 기준은 무엇인가? 일단 미는 정신분석적 의미에서의 상징적 질서 안에 있다. 미는 이미지들 자체로부터 우리가 알 수 있는 것이 아니며, 일정한 개념적 틀을 제공한다는 것이다. 그런데 현대 사회에서의 이미지는 더 이상 미를 위해 복무하지 않으며 오히려 상징적 질서를, 미의 개념 자체를 무력하게 만드는 것처럼 보인다. 따라서 미에 대한 호감 때문에 시각적 이미지가 중요해졌다고 말하는 것은 후근대 사회에서의 이미지의 정체성을 제대로 간파하지 못한 것이다. 이 시대의 이미지는 상징적 질서와 경쟁하면서 상징적 영역이 유산처럼 남겨놓은 개념들, 말하자면 허구의 가능성을 말소시킨다. 상상력이 현실에서 채워지지 않는 빈 공간, 여백을 인식하는 능력이라면, 허구의 부재는 상상력의 위기를 가져오며, 현재를 두께 없는 시간, 스펙터클만이 있는 시간으로 만든다.

이러한 사태를 지젝Slavoj Zizek은 '스펙터클 사회La société du spectacle'에서의 이미지 과잉으로 설명한다. 그에 따르면 현실은 빈 공간의 부분, 현실과 다른 부분, 현실에 잉여적인 부분을 함축해야만 한다. 달리 말해서, 현실이 현실로서 있기 위해서 그 현실은 허구의 차원을 동시에 가지고 있어야 하며, 이때 허구는 현실을 떠받친다. 그런데 현대 사회에서 이미지는 허구와 현실의 구분을 불가능하게 한다. 즉, 이미지가 간접적으로 내보이는 비존재적 존재가 현실을 보충하는 허구의 자리를 차지할 뿐만 아니라 현실을 대체한다고 볼 수 있다. 특히 가상 이미지, 특히 청소년들이 사이버 세계를 경험할 때 탈현실화의 경험 자체가 현실적 경험이 된다.

현대 사회의 이와 같은 특수한 현상의 원인을 어디서 찾아야 할까? 후근대 사회는 종종 탈이데올로기적 사회, 권위가 부재하는 사회, 그 결과 개인화가 극도로 진행된 사회로 이야기된다. 문제는 개인화가 정작 자신을 찾는 과정과는 정반대의 방향으로 나아간다는 데 있다. 즉 탈이데올로기적 개인으로서의 개성의 추구가 결과적으로 몰이데올로기적 이데올로기에 사로잡힌 개인들을 양산한다는 데 있다. 이를 지젝은 정확히 지적한다.

문제는 "전체주의 이데올로기가 어떻게 '비이데올로기적' 일상생활에서 작용하고, 이러한 일상생활이 어떻게 이데올로기에 의해 결정되며, 그리고 이데올로기가 어떻게 '부재의 양식으로 일상생활에서 현존하는가'"이다. "탈정치화된 사적 공간은 더 이상 순수한 쾌락과 자유로운 영역으로 기능하지 않는다."[1]

상상적 나르시시즘을 통해서만 자신의 욕망을 구현하려는 현대인들의 집단적 경향은 상징적 질서가 전제되지 않는다면 병적으로 비쳐질 가능성이 있다. 달리 말해서, 투사된 이미지와 자기를 동일시하려는 태도는 개인화를 추구하는 것처럼 보일 수도 있지만, 그러한 개인이 이미지에 사로잡히는 역현상을 낳게 된다면, 그리하여 모든 개인들이 이미지의 노예가 된다면 그것은 자유가 아닌 자기에 의한 자기구속의 결과를 낳을 수밖에 없을 것이다. 이미지는 물론 어떤 사회적 코드를 양산한다. 그렇지만 이러한 코드는 잘 확립되어 있지 않으므로 주체에게 삶의 방향을 지시해줄 수 없으며, 오히려 정신적 궁핍을 경험하는 강박신경증적, 도착증적 주체를 만든다.

후근대 사회의 이미지

현대 사회는 이미지들로 넘쳐나고 있다. 이는 단순히 광고나 TV, 인터넷, DVD 등과 같은 매체들에 의해 이미지가 현대인들의 생활 곳곳에까지 발견될 수 있다는 것을 지적하는 데 그치지 않는다. 문제는 바로 이러한 매체의 발달과 함께 이미지가 갖는 지위가 달라졌다는 것이다. 플라톤에서 시작된 철학의 전통에서 이미지는 이상적 실재의 모사로서 취급되었으며, 감성적이라는 이유 때문에 열등한 것처럼 다루어졌다. 그러나 사진과 영화와 같은 시각 매체의 일상화와 더불어 이미지가 갖는 효과는 분명히 복제 이상의 것을 산출한다. 느끼는 것과 믿는 것, 즉 감각적인 것과 사유된 것의 구분이 불분명해졌으며, 이제 이미지를 통해 사람들은 보는 것만을 믿는 태도를 취하게 되었다.

이미지를 대하는 이러한 독특한 태도가 시각적 기원을 갖는 이미지의 성격 때문이라고 볼 수 있을까? 반드시 그렇지는 않다고 본다. 이미지의 역사는 인류의 역사만큼이나 오래되었으며, 우리는 다만 이미지를 대하는 인간의 노력이 각 시대를 관통하는 이데올로기에 따라 다른 양상을 보인다고 말할 수 있을 것이다. 예컨대 보이는 것만을 믿는 태도는 인간이 볼 수 있게 됨에 따라 단번에 취해진 태도가 아니다. 미르조에프Nicholas Mirzoeff가 ≪비주얼 컬처의 모든 것≫[2]에서 적고 있듯이 데카르트를 비롯한 근대인들과 화가들은 이미지의 중요성과 가치를 인식하고 있었다. 그렇지만 이 시대의 이미지는 보이는 것을 날 것 그대로 가져온 것이 아닌, 인간의 표상능력을 표출하는 장으로서 제시되었다.

원근법의 역사가 바로 그것이다. 요컨대 이미지 이상의 것이 이미지에 달라붙어 있었으며, 그것은 인간의 표상 틀이라고 볼 수 있다. 엄밀하게 말해서 이러한 이미지의 수용, 혹은 제작 방식은 후근대의 가상 이미지들이 범람하기 전까지, 영화와 사진과 같은 다양한 복제 이미지들이 예술 장르에 진입하려는 노력과 함께 유지되었다. 달리 말해서, 사진과 영화의 이미지는 해석해야 하는 텍스트로서 간주되었다. 이미지와의 거리가 유지되었고, 이 거리가 이미지를 제작하고 이해하는 수용자의 능동성을 여전히 요구했다는 말이다.

그런데 자본주의의 전 지구화와 더불어 이미지와 시각적 효과는 전혀 다른 성격을 가진다. 근대적 질서 — 혹은 금지 — 로부터의 탈주라는 후근대의 사유는 자본주의에 따른 상품화 전략과 매우 잘 맞아떨어지며, 이미지 또한 표상적 이미지로서가 아닌 스펙터클 이미지가 되면서 그 폭력성으로 인해 감상자들을 수동적으로 만들어버린다. 이미지가 폭력성을 갖게 되었다는 것은 보는 자와 이미지의 거리가 유지될 수 없게 되었다는 것을 의미한다. 기 드보르Guy Debord는 스펙터클 사회와 자본주의를 긴밀하게 연결시키면서 적절한 지적을 한다.

스펙터클은 역사성을 갖지 못하는데, 왜냐하면 스펙터클이 제공하는 시간은 '이미지들의 소비의 시간', 넓은 의미로 '시간 소비의 이미지'[3]이기 때문이다. 스펙터클의 시간성이란 인간이 능동적으로 구성하는 시간을 불가능하게 하는 시간으로서, 스펙터클의 관객을 순간적이고 압축된 현재에 붙들어 맨다. 또한 스펙터클은 상품의 매개체로서의 기능을 수행하는데, 이는 자본주의 전략의 하나로서 스펙터클의 축적으로 집약된 TV 이미지들은 시청자들을 불가항력적으로 만들면서 결정적으로 자본의 이미지를 요약된 형식으로 내보인다. 예컨대 현대의 시각 매체에 익숙해진 감상자들은 맥도널드 햄버거의 질보다는 로고 때문에 그것을 선택한다.

미르조에프는 시각 매체의 새로운 힘을 로컬과 글로벌 사이의 긴장 경제 속에서 출현하는 상상적 공동체를 만들어내는 힘에 비유한다. 그는 하나의 사건이 순전히 시각 매체에 의해 어떻게 전 지구적인 사건으로 변모되었는지, 그리고 그 사건으로 어떻게 사람들이 동일하게 반응하면서 한데 모일 수 있었는지의 예로서 다이애나 황태자비의 사망 사건을 흥미롭게 서술한다. 이 사건에 대한 영국민들의 반응을 통해 "영국은 더 이상 늙은 나라로 보이지 않았고, 전 세계는 글로벌 영상 문화가 단번에 일상의 삶을 변화시킬 수 있는 현장을 지켜보았다."[4]

영국이 더 이상 늙은 나라로 보이지 않았다는 말은 무엇인가? 다이애나가 생존해 있을 당시나 사고 이후 영국인들의 반응은 현대의 시각 매체가 탄생시킨 효과들을 가장 극명하게 보여주었다는 것이다. 왕정의 상징적 기표로부터 벗어나 일반인의 모습으로 카메라에 잡힌 — 혹은 의도적으로 그렇게 만들어진 — 다이애나에 전 세계인들은 자신을 상상적으로 동일시했다. 그녀가 들고 있는 핸드백,

의상, 그녀가 타고 다니는 자동차는 카메라 셔터에 잡히는 순간 유행이 되었고, 하나의 리얼리티쇼처럼 그녀의 일거수일투족은 모든 사람들의 관심의 대상이 되었다. 다이애나의 무엇이 영국인과 전 세계인들에게서 그러한 반응을 이끌어냈는가? 미르조예프는 흔히 사람들이 말하듯이 다이애나가 이미지를 조작하는 능력을 가졌다는 의견과는 다른 각도에서 다이애나와 이미지와의 관계를 고찰한다.

다이애나는 사진을 통해서만 존재할 수 있었다는 것이다. 즉 그녀는 황태자비로서가 아니라 카메라에 찍힌 자신의 이미지를 통해 자신의 존재를 확인할 수 있었다.

> 첫 번째 원인이야 상관없이, 다이애나는 공인이 되자마자 자신과 자신이 표상하는 매스미디어 사이에서 일어나는 이미지와 응시의 복합적 변환에 연루되었다. 이렇듯 그녀는 라캉의 관념에 대한 고전적 사례라 할 만하다. 즉 응시에는 쌍방향의 프로세스가 존재한다. 나는 나 자신을 봄으로써 나를 보고, '나는 사진에 찍혀서 존재한다.' 다이애나에게는 어떤 식으로든 사진을 거치지 않고 자신을 들여다보는 것이 말 그대로 불가능했다.[5]

다이애나는 자신의 환상과 사진의 복합적이고 혼동된 형태를 통해서만 자신의 정체성을 만들어낼 수 있었다.

그런데 이렇게 비정상적으로 정체성을 만들어내는 방식은 모든 사람들에게 통용되었던바, 다이애나는 사진을 통해 자신의 환상을 만들어냈던 동시에, 신기하게도 그녀의 사진은 모든 사람들의 환상의 대상이 되었다. 즉 다이애나는 여염집 주부들에게는 다른 여성을, 남성에게는 여성을, 게이들에게는 여성성을 표상할 수 있었다. 보려는 의지가 빠져버린, 보인 사진 속 이미지에서만 자신을 볼 수 있었던 다이애나의 괴로움은 그러한 이미지를 통해 상상적 환상을 충족시키는 사람들의 시선을 만족시켰고, 다른 한편으로 자신이 속한 상징적 사회로부터 소외되었다는 사실은 단번에 그녀를 대중들에게 친근한 존재로 만들었다.

각자의 환상을 이미지로 채우는 이러한 방식의 상상적 동일시가 얼마나 헛된 것인지는, 그녀가 매체로부터 사라지게 되자 사람들이 일상의 흥미로운 작은 부분을 잃어버리게 되었다고 느꼈다는 사실로 알 수 있다. 그녀의 이미지는 말하자면 일종의 소비를 위한 이미지였으며, 아마도 현대인들은 자신의 환상을 채우고 봉쇄할 수 있는 또 다른 소비 이미지를 발견하게 될 것이다.

후근대 사회의 이미지는 제시된 것보다 더 많은 특성을 함축할 테지만, 나는 일단 그것을 두 가지로 구분해보았다. 하나는 스펙터클화된 이미지이고, 다른 하나는 환상을 소비하기 위한 동일시적 이미지이다. 여기에 공통적인 것은 기 드보르가 지적하듯이 역사의 부재이다. 역사의 부재는 서사의 부재일 수 있으며, 서사가 부재하다는 것은 서사를 가능하게 하는 허구적 틀의 부재이다. 다른 식으로 말하면, 혹은 애초에 전제했던 곳으로 되돌아온다면, 후근대 사회에서 상징적 질서와 가치의 체현물인 상징적 아버지의 부재와 동시적인 현상이 바로 이러한 이미지의 존재방식과 수용방식이다. 그렇다면 상징적 아버지와 전통의 복원이 해결책일까?

이미 라캉은 자신의 정신분석적 사유의 말기에 '타자의 타자는 없다'라고 언명했다. 상징적 아버지(첫 번째 타자)의 권위를 보증하는 신과 같은(두 번째 타자) 절대적인 권위는 없다는 말이다. 그러나 이것은 아버지의 권위를 보증할 신이 유효하지 않기 때문에 아버지의 권위가 불필요해졌다는 것을 의미하지는 않는다. 우리는 지젝의 비판을 좀 더 가까이 들여다볼 필요가 있다. 후근대 사회에서 현대인들이 취하는 두 가지 태도들, 울리히 벡Ulrich Beck이 말하는 — 위험 사회에 대처하는 — 태도, 즉 반성의 태도와 즉자적 변화의 논리를 삶의 방식으로 삼는 태도는 모두 상징적 아버지(대타자)의 부재를 메울 수 없는 상실의 경험이라고 설명한다. 이러한 태도들은 모두 불확정성의 시대를 살고 있는 현대인들의 태도를 정의할 수밖에 없는데, 왜냐하면 "위험 사회의 주체가 누리는 결정의 자유는 자신의 운명을 자유롭게 선택할 수 있는 사람의 자유가 아니라, 결과를 알지 못한 채 끊임없이 결정을 내려야만 하는 사람의 불안을 야기하는 자유"이기 때문이다.[6]

상품의 로고에 매혹당하거나 다이애나의 이미지에 자신을 동일시하는, 상상적 세계에서 살아가는 대중은 후근대의 긍정적 개체주의가 바라보는 자기배려의 주체, 자신의 정체성을 항구적으로 만들어가는 자유의 주체와는 거리가 멀다. 오히려 후근대적 주체는 불안을 생성하는 주체이다.

타자로서의 아버지가 존재했던 — 혹은 존재한다고 믿었던 — 후근대 이전의 주체는 금지당하는 주체였다. 그리고 금지된다는 것은 금지된 것을 욕망하게 된다는 것이다. 따라서 후근대 이전에는 선택이 보다 쉽게 이루어질 수 있었다. 반면에 아버지의 금지가 존재하지 않는 후근대 사회의 주체는 너무나 많은 선택들을 앞에 두고 자유를 느끼기보다는 선택의 불가능 때문에 당혹해한다.

달리 말해서, 금지와 가치들, 권위가 사라진 후근대 주체들은 보다 강렬한 쾌락과 접촉하는 것 같지만, 오히려 그와 같은 강렬한 쾌락의 가능성은 주체를 쾌락에 무관심하게 만든다. 끝없는 쾌락의 추구가 쾌락의 영원한 상실로 귀착되듯이, 진정한 자기가 되라는 후근대적 명령은 주체에게 어떠한 '고유한 얼굴' 없이 가면에서 가면으로 이동하는 상황을 연출한다.[7] 이는 현대 사회에서의 무한한 이미지의 증식이 고유한 하나의 얼굴, 이미지를 단순한 외양으로서 바라볼 수 있게 만드는 이미지 너머의 초감각적인 것에 대한 전제를 사라지게 만들었기 때문이다.

'외양은 외양일 뿐이다', 혹은 '이미지는 이미지일 뿐이다'라는 언표는 두 가지 의미를 함축할 수 있다. 외양 너머의 실재를 보증해줄 수 있는 대타자가 존재할 때 외양은 실재를 감추면서 실재의 존재를 간접적인 방식으로 드러낸다. 다른 한편, 대타자가 부재할 때 외양 이외의 것은 없다는 결론에 도달할 수 있으며, 외양과 실재가 겹쳐지는 사태가 발생한다. 후자의 경우에 주체는 궁핍을 경험하며, 이러한 궁핍으로부터, 그리고 외양뿐인 외양으로부터 벗어나기 위한 충격적 전략에 경도된다.

허구의 부재와 그 결과

이제까지 후근대 사회를 정의하면서 우리는 대타자, 상징적 아버지, 허구의 부재를 그 특징으로 제시했다. 대타자와 상징적 아버지(혹은 아버지의 이름)가 질서와 권위를 구성한다면, 허구는 "현실로서 경험한 것의 구조를 결정하는 상징 형성물"[8]이다. 그리고 이것은 우리의 말이 가지고 있는 본질이다.(정신분석에서 사회적 언어의 습득 시기를 상징적 아버지의 등장 시기와 같이 놓았다는 사실로부터, 허구의 형성에는 상징적 아버지가 중요한 역할을 한다고 볼 수 있다.) 즉 말이 단순한 방언, 각 개인의 알아들을 수 없는 혼잣말이 아니라 (의사擬似)소통의 수단이 되기 위해서는 허구성을 가져야 한다. 말은 즉자적인 사실로서 경험되지 않는다. 만약 말이 그렇게 된다면 말은 우리에게 낯선 것으로서, 혹은 충격적이고 폭력적인 것으로 다가올 것이다.

가령 몸이 안 좋아 결근한 다음 날 좋아하지 않는 직장 상사가 내게

다가와 "몸은 좀 어떤가?"라고 물었을 때, 나는 그의 진심이 그의 말과 일치하지 않는다는 것을 안다. 그는 아마도 내가 결근한 이유가 건강 때문이었는지를 의심하면서 결근을 나무라는 속마음을 가지고 있을 것이다. 하지만 그가 거짓말을 한다는 바로 그 이유 때문에 나는 그에게 거짓말로 대답할 수 있다. 나는 이렇게 대답할 것이다. "많이 나아졌습니다. 염려해주신 덕분이지요."라고. 만약 이러한 대답 대신에 "도대체 뭘 알고 싶은 겁니까? 당신이 나를 혹사시킨 대가로 나는 지독히 아팠고, 지금도 회사에 나올 처지가 아닌데도 나왔습니다."라고 말해버린다면, 대화의 코드는 깨지고 말 것이다.

요컨대, 말의 수행성은 그것이 갖는 허구성을 인지하고 말의 허구적 질서 안에서 의미를 파악할 때 일어난다. 말은 우리가 그 의미의 폭을 여러 다양한 허구로 채울 수 있을 때 제 기능을 한다. 말은 가능한 한 실재와의 직접적인 대면을 피하는 방식으로 기능함으로써만 작동한다. 그런데 스펙터클 사회에서의 상상적인 현실 표상, 즉 이미지화는 이러한 상징적 허구의 공간을 봉쇄해버린다는 것이 지젝의 생각이다.

> 장난감에서 비디오에 이르기까지 매체 현실주의와 어우러져 상실된 것은 '보다 적은 것이 보다 많은 것이다'라는 경험이다. CD로 오페라를 들을 때, '당신은 아무 것도 볼 수 없다'는 사실이 당신이 이러한 공동空洞을 창조적 허구로 채우는 것을 가능케 한다. 반대로 비디오로 오페라를 보는 것은 '당신이 모든 것을 볼 수 있다'는 사실 때문에 천박한 그 무엇이 항상 있게 마련이다.[9]

모든 것을 볼 수 있을 때의 천박함은 옷 깃 사이로 비추인 살이 아닌 전라의 신체에 비유될 수 있다. 전라의 신체는 욕망의 대상도 원인도 될 수 없으며, 우리의 상상력을 차단한다. 달리 말해서 모든 것을 보여주는 대상의 천박한 그 무엇은 주체에게 욕망을 발생시킬 수 없기 때문에 외설적이 된다. 그런데 보이는 것이 모든 것을 다 보여줄 수 없을 때, 보이는 것 사이 혹은 그 한가운데에 있는 보이지 않는 것은 우리로 하여금 욕망의 원인-대상을 갖게 만들며, 그 채워질 수 없는 성질 때문에 상징적 허구(상징적 허구를 '알려진 안 알려진 것들'로, 혹은 '스스로를 알지 못하는 앎'으로서의 프로이트적 무의식으로 설명할 수 있다.)를 요청한다. 또한 상징적 허구는 창조성을 요청하며, 이러한 창조성이 발현되는 장소는 비어 있는 곳, 욕망의 대상 원인을 제공하고 욕망이 분절되기 위한 공간을 제공하는 텅 빈 틀, 대상 a이다. 대상 a는 라캉의 정신분석 용어로 상징계로의 진입과 함께 거세된 주체의 욕망의 원인이자 대상이다. 이후 주체는 이미 비어 있는 대상 a에 도달하기 위해서 환상들을 만들어낸다. 이것이 라캉의 환상 공식 (빗금친)S◊a이다. 또한 대상 a는 상징계가 완전히 닫힐 수 없는 상징계의 빈틈이자, 그것이 계속해서 작동할 수 있는 빈틈이기도 하다.

현실은 욕망이 일어나는 빈 장소인 대상 a를 함유함으로써만 현실로서 존립할 수 있다. 주체로 하여금 언어의 틀과 환상을 촉발시키기 때문에 대상의 성격을 가지는 동시에 내용이 없는 그 무엇을 어떤 것으로 만드는 것이 다름 아닌 주체이기에, 주체의 성격을 가지는 대상 a는 현실 가운데 있으면서 현실과의 거리두기를 가능하게 한다. 그런데 대상 a가 현실에 지나치게 접근하게 되면 상징적 허구의 활동을 질식시키므로, 따라서 현실은 탈현실화된다. 이때 현실은 더 이상 상징적 허구에 의해 구성되지 않으며, 상상적 과잉 성장을 조절하는 환상들이 직접적으로 현실을 장악한다.

이은정 작가의 돼지-인간 시리즈에 속하는 이 작품들은 인간의 피부와 가장 비슷한 돼지의 피부를 사진으로 찍은 뒤, 인간 피부의 사진들과 함께 실로 꿰매어 혼성적 성격을 가진 인간 신체나 신체 기관들을 묘사하고 있다.

이은정, 〈핑크 드레스〉, 2006.

주체는 욕망의 대상 원인을 빈 자리로 만들어두어야지만, 허구성을 유지해야지만 욕망을 유지시킬 수 있다. 만약 이러한 원칙이 깨진다면 주체는 폭력적인 실재와 직접 맞닥뜨리게 되면서 그 자신의 소멸이라는 폭력적인 상황에 처하게 된다. 가령 누군가를 증오하기에 그 사람의 죽음을 욕망하는 누군가가 실제로 그 사람이 죽어나가는 광경, 피로 얼룩진 처참한 광경을 목도한다면, 그보다 더한 폭력은 없을 것이다. 정상적인 주체라면 이러한 현실에 직면하지 않기 위해 모든 수단을 총동원할 것이다. 요컨대 이미지는 현실을 대체하는 대신 상징적 허구에 의해 지탱되는 현실 안에 머물러 있어야만 주체가 주체로서, 즉 욕망하는 주체로서 남을 수 있다.

문제는 후근대에서 상징적 질서의 점차적인 붕괴로 인해 이미지가 현실의 영역으로 넘어온다는 사실에 있다. 더 이상 이미지를 계도할 권위로서의 대타자가 존재하지 않는 사회에서 이러한 일은 빈번하게 발생할 수 있다. 게다가 이러한 상황이 주체의 나르시시즘적(상상적) 경향과 만날 때 주체는 황폐해진다. 화면에서 만나게 되는 연예인들의 성형에 왜 그렇게 집착하는가? 성공을 표상하는 인물이 걸치고 있는 복장과 외모를 어째서 성공의 관건처럼 여기는가? 이러한 이미지들을 바라보는 현대 주체들은 가상과 현실의 차이를 무시하고 가상을 현실화시키는 것이다. 이제 이들의 욕망은 가상이 현실이 되는 것이다. 즉 그들처럼 성형을 하고, 그들처럼 차리는 것이다. 주체 본연의 욕망을 가상이 모두 대체해버린다. 실상 주체에게 이보다 더한 폭력은 없을 것이다.

여기서 우리는 후근대 주체와 관련된 또 한 가지의 다른 경향을 상상적 허구와 관련해서 말해볼 수 있다. 이는 흔히 음모론이라고 불리는 것을 실제적인 것으로 믿어버리는 주체들과 관련된다. 늘 유령이라는 비존재에 시달렸던 벤담은 허구의 이론을 만들어낸다. 그것이 파놉티콘panopticon이다. 원형 감옥으로 지칭되는 파놉티콘의 가장 큰 특징은 그 자신은 보이지 않지만 모든 것을 보는 상상적 절대자, 상상적 허구가 가시적인 질서를 유지한다는 사실에 있다. 그의 처벌 이론은 공리적 규준을 철저히 따르는 것인데, 그에 따르면 처벌은 무한한 악을 방지하기 위한 최소한의 악이고, 처벌 그 자체가 악이기 때문에 관념적으로 — 혹은 상상적으로 — 실행되어야 되며, 실제적 처벌의 형태를 띠어서는 안 된다는 것이다. 그는 죄수를 사형에 처할 때 가장 극악무도한 방식을 사용한다면, 그 광경을 지켜보는 대중들에게 역효과를 가져올 수 있다는 점을 잘 알고 있었다.

만약 눈 앞에서 사형당하는 죄수의 살이 찢겨져나가고, 피가 난무하는 고통의 순간을 경험한다면, 대중은 죄에 대한 처벌이라는 광경이 갖는 담화적 내용을 잊어버리고 그 광경에 함몰되어버릴 것이다. 마찬가지로 파놉티콘의 비가시적인 감시자가 실제적이 된다면 — 사실 파놉티콘의 감시자는 보이지 않은 채로 죄수들을 볼 수 있으며, 그의 목소리는 실제의 모습을 드러내지 않은 채로 각 감방에 설치된 관을 통해 죄수들에게 들린다 — 그 효과는 사라진다. 달리 말해서 감시실의 감시자는 자신이 실재적이지 않은 한에서 죄수들에게 실재적 효과를 가진다.

> 벤담에게 있어 우주는 신의 상상 속에 있는 허구가 아니다. 오히려 신 그 자신이 이 우주의 주체들의 상상 속에 있는 허구이다. 신이 자신의 응시를 가지고서 우주를 지탱하는 자라는 것은 참이다. 하지만 이 응시가 실제로 존재한다고 상상하는 것은 다름 아닌 이 우주의 주체들이다. 그리하여 파놉티콘의 우주는 죄수들이 신을 상상하기를 멈추는 순간, 혹은 더 정확하게는

죄수들이 감시자를 신으로서 상상하기를 멈추는 순간—즉 감시자가 그의 신적인 속성들을 상실하는 순간—허물어질 것이다. (……) 그 자체로 존재하지 않는 허구적 존재자들과 전적으로 비실재적인 상상적 비존재자들 양자 모두는 정말로 실재적인 효과를 가질 수 있다.[10]

보조비치Miran Bozovic는 신이 가지는 본질을 정확히 간파했는데, 신은 상상적 비존재자이고 실존을 결여한다는 것이다. 그래서 주체는 그러한 신의 실존을 자신들이 갖는 효과로서 보충하고 그 덕분에 현실의 질서를 유지한다는 것이다. 즉, 실질적인 법과 규칙을 만들어내는 대타자는 아닐지라도, 부재하는 상상적 대타자일지라도 대타자는 현실의 질서를 위해 필요하다.

1990년대에 널리 퍼져 있었던 음모론은 이러한 대타자에 대한 가정이었다. 그리고 이는 모든 권위가 상실되고, 담론의 질서가 더 이상 확보될 수 없는 상황에서 주체가 채택한 거의 최종적인 형태의 대타자, 상상적 허구였다. 음모론의 주역을 미국 내의 알 수 없는 집단으로 가정했던 사람들은 9・11테러를 통해서, 그리고 그에 대처하는 미국의 방식을 통해서 알 수 없는 음모의 주역들인 그들이 대타자가 아니었다는 것을 깨달았다. 실로 이것은 치명적인데, 결국 대타자는 부재한다는 사실을 깨닫게 된 것이다.

그런데 이는 "대타자는 존재하지 않으며 권위는 단지 기만에 불과하다."는 것을 주체가 깨달은 것에 그치지 않으며, 더 나아가 "대타자가 아무튼 주체를 속였다는 것을 주체가 깨닫게 된 것처럼 보인다. 예컨대 아버지의 권위는 단지 자신의 불능에 대한 가면으로서만 드러났으며, 제도들 속의 사회적 의례들은 점점 더 연극처럼 보인다."[11] 이는 마치 산타클로스를 믿는 아이들을 위해서 산타클로스

역할을 하는 부모에 대해, 이미 산타클로스가 있지 않음을 알게 된 아이들이 부모의 마음을 상하게 하지 않기 위해서 계속해서 산타클로스를 믿는 척하는 경우와 같다. 오늘날 우리가 발견하게 되는 것은 이러한 대타자의 허구에 대한 불신이다.

벤담의 파놉티콘에 있는 감시자의 권력-응시가 더 이상 기능하지 않는 무력한 응시로 남아 있는 지금, 현대인들은 스스로 응시를 만들어낸다. 풀어 말하자면, 자신의 이상을 자신이 만들어낸 나르시시즘적 이미지와 혼동한다는 것이다. 이러한 현상은 나르시시즘적 자기숭배이다. 정신분석적으로 말한다면, 자아 이상과 이상적 자아가 동시에 발생하게 된다. "자아 이상(상징적 역할, 혹은 권위의 이상)과의 동일화의 결핍은 주체가 상상적 역할(이상적 자아), 즉 주체가 스스로를 호감이 가는 모습으로서 발견하게 되는 역할과 동일화하는 것으로 귀결된다."[12]

이상적 자아가 거울 이미지와 관련된다는 점에서, 그리고 그러한 외부 이미지에 자신의 이미지를 투영한다는 점에서 이상적 자아가 자아 이상처럼 형성되는 과정에는 몸이 깊숙이 관련된다.

현대인의 몸 —상상적 몸에서 자기 상징적 몸에 이르기까지

살레클Renata Salecl은 ≪사랑과 증오의 도착들≫ 가운데 한 논문, 〈신체 절제; 음핵 절제에서 신체예술까지〉에서 더 이상 대타자가 유효하지 않은 시대의 주체들이 자신의 몸에 기록하는 상징적 기입에 대해서 연구한다. 여하한 가치관과 담화의 보증인을 발견할 수 없는 절망적 상황에서 현대인들이 경험하는 것은 일정한 목적(일정한 목적이란 물론 자본주의적 정치경제학이다. 표피적 욕망을 끊임없이 생산함으로써 진정한 욕망의 주체를 소멸시킨 주범을 자본주의라고 할 수 있는데, 이 점은 지젝의 ≪까다로운 주체≫의 마지막 장, 〈오이디푸스는 어디로?〉에서 논의된다.)을 위해 현실을 가득 채우는 수많은 가상적, 상상적 이미지들이다. 자신에 대한 나르시시즘적 이미지로 정체성을 구성하는 상황은 몸과 직접적으로 관련되는데, 이 때 몸은 조형의 대상, 성형과 헬스로 언제든지 변화될 수 있는 이미지적 대상이 된다.

부모가 물려준 신체를 훼손시킬 수 없다는 이유로 일제가 강요한 단발령을 거부했던 조선 말기의 전근대적 주체들에게 몸은 상상적, 나르시시즘적 대상이 아닌 상징적 가치가 부여된 대상이었다. 그렇기 때문에 그들은 단발령을 거부함으로써 이 명령이 의미하는 기존의 상징적 질서의 전복을 원하지 않는다는 의사를 표현했다. 이처럼 상징적 질서는 몸에 직접적으로 체현되고 주체의 정체성을 구성하지만, 그러한 질서가 부재하는 곳에서 몸은 상상적인 대상으로 변형된다.

그런데 끊임없는 변화의 시대에 자신의 정체성을 가시화하기 위해서 몸을 자유롭게 변형시키려는 현대인들의 노력은, 정체성을 보증한다기보다는 거꾸로 몸에 대한 강박증적 경향을 유발하는 것처럼 보인다. 살레클이 예로 든 현대 서구 사회에서의 이슬람 여성들의 의도적인 음핵 절제나 문신은 정반대의 방향으로 작동하는 강박증을 여실히 보여주는데, 앞서 제시한 몸 가꾸기나 성형이 무수한 이미지들 속 이상적 몸과 닮아지려는 상상적 동일시에 의한 강박이라면, 재도입된 음핵 절제나 문신은 매체를 통한 "아름다운 이미지들의 쉼 없는 폭격, 강제된 동일시에 대항하기 위한 방법들" 가운데 하나로서 "실재적 행동"을 수행하는 것이다. 즉 몸을 "변화될 수 없는 방식으로 표식하는 것이다."[13]

전 근대에는 가치와 권위와 같은 상징적 질서가 의심 없이 존중되었으며, 주체는 공동체 안에서 자신의 정체성을 보증받을 수 있었다. (현재 서구 사회가 신체 훼손과 여성에 대한 가혹행위라고 비난하는) 음핵 절제가 아직도 실행되고 있는 이슬람 국가들에서는 시술을 받지 못한 여성들이 타인들로부터 조롱과 경멸을 받았으며, 결혼을 할 수도 없었다. 또한 음핵 절제는 여성으로 태어나게끔 하는 입문식으로서 마치 여성을 존중하기 위해서 마련된 제도처럼 여겨졌다. 살레클이 들고 있는 음핵 절제 옹호론자들에 따르면 심지어 봉합된 여성의 성기가 봉합되지 않은 것보다 더 매력적인 것으로 가정되었다. 살레클은 이슬람 국가들에서 음핵 절제뿐만 아니라 다른 다양한 시술들을 소개하는데, 여기에 미혼의 처녀들의 성기를 생리를 할 수 있을 정도만을 남겨놓고 봉합하는 수술도 포함된다. 물론 이러한 제도가 옳다고 주장할 수는 없다. 이에 대한 반대는 공동체 안에 속해 있던 여성들이 그러한 선택이 강제된 것임을 깨닫고 거부할 때, 말하자면 개인의 선택과 결단을 감행할 때 진정 이루어진다.

그러므로 그러한 공동체와 멀리 떨어져 있는 현대 유럽 사회에 거주하는, 그리고 이미 현대 서구 문화를 뼛속까지 받아들인 아랍 이민자 2세나 3세들에 의해 음핵 절제가 다시금 의례로서 행해질 때, 이에 대해 살레클이 말하려고 하는 것은 과거와 전통으로의 회귀가 아니다. 현대 서구 사회에서 이미 선택은 감행되었고 자유는 획득되었다. 문제는 개인의 자유가 획득된 것처럼 보이는 바로 그 사회에서, 자유가 실제적으로 더 심한 구속의 결과를 낳는다는 것이다. 상징적 질서를 대표하는 대타자가 부재하는 가운데에서의 자유는 사르트르Jean-Paul Sartre가 '자유라는 선고를 받았다'고 말하는 의미에서 또 다른 구속을 낳았고, 주체는 자신이 안주할 수 있는 질서를 끊임없이 찾아 떠도는 부유하는 주체가 되었다. 따라서 사라져버린 과거의 의례를 되찾으려는 주체의 태도는 "오늘날의 붕괴하고 있는 사회적 우주 속에서 어떤 안정성을 발견하고자 노력"하며, 자신의 몸에 스스로 상징적 질서를 각인함으로

써 존재하지 않는 대타자에 대응하는 방식이다.[14]

현대 예술 장르에서도 신체에 이런 저런 시도를 통해 작품을 만드는 경향이 있다. 가장 대표적으로, 자신의 성형을 동영상으로 찍어 퍼포먼스를 행하는 오를랑이 그러하고, 인간의 몸이 이 시대에는 더 이상 완전하지 못하다는 사실을 인공적으로 만들어낸 몸에 의한 대체를 통해 알리는 스텔락Stelarc의 퍼포먼스가 그러하다. 그 외에도 온전한 몸이라는 근대적 몸에 대한 관념과는 상반되는, 조각나고 성형화된 현대의 몸을 표현하기 위한 여러 시도들이 있다. 이것은 때로는 도착적 방식으로, 때로는 대타자의 부재에 따른 혼란과 불안을 고발하고 구원을 요청하는 방식으로 전개된다. 후자의 성격을 갖는 작품이 살레클도 상세히 다루고 있는 제니 홀저Jenny Holzer의 작품이다. 그녀는 인간의 신체(〈강간살인 Lustmord〉)에, 도시의 건축물들(〈For the city〉, 〈For the capital〉)에 문자를 덧씌움으로써 이미지와 외양만이 있는 현대 사회에 서 그것만으로 알려질 수 없는 것, 이미지가 덮어 감추는 트라우마를 텍스트로 표현하지만, 역설적으로 텍스트라는 상징적 표현도 궁극적으로 그러한 트라우마를 적나라하게 드러낼 수 없음을 폭로한다.

〈강간살인〉에서 피부 위에 쓰인 글씨는 강간이라는 사건에 대한 세 가지 관점을 서술한다. 그러나 사건을 기술하는 세 가지 관점은 강간이라는 끔찍한 사건이 일으킨 트라우마를 전혀 전달할 수 없다. 홀저는 피부 위에 글씨를 씀으로써 몸이 겪은 트라우마의 표현 불가능성과 그 위에 적힌 텍스트의 무력함을 대조적으로 보여준다. 또한 그녀가 설정한 텍스트 가운데 하나인 "Protect me from what I want.(내가 원하는 것으로부터 나를 보호해줘.)"는 향유만이 존재하는 시대에서의 불안과 이미지 홍수 속에서 방황하는 주체를 구원할 그 무엇도 없다는 사실의 공허함을 알린다. 음핵 절제나 문신에서와 같이 스스로 법과 질서를 만들면서

현대인의 신체는 거울 이미지에 의해, 트렌드에 의해 자신으로부터 소외되어 있다. 작가는 이렇게 소외된 인간 신체, 조각나고 파편화된 인간 신체를 부각시키면서 새로운 종의 혼성 신체로 인간의 신체를 종합한다.

이은정, 〈몬스터〉, 1998-1999.

—'자신의 이야기를 고안하면서'—대타자를 복원하려는 강박적 집착과는 달리, 홀저는 "대타자가 존재하지 않는다는 사실을 인정하면서도 그 사실을 덮으려 하지 않는다."[15]

상징적 질서가 무너진 시대의 몸은 고유하게 후근대적인 증상들이 표출하는 장소가 되었다. 이는 가치관과 권위가 감각적인 외양을 덮어씌우고, 그것을 지도할 힘을 더 이상 소유할 수 없기 때문이다. 현대인들은 보는 것, 느끼는 것에 상상적 가치를 부여하고 스스로를 그러한 가치에 걸맞게 만들려고 노력한다. 몸이 보는 것, 느끼는 것에 대해 기준을 세우고 판단을 내릴 근거가 사라진 이 시대에 주체는 욕망하는 주체가 아니라 욕망을 채우는—따라서 욕망을 상실한—주체로 향한다.

자본주의적 가상으로부터 벗어나기

허구는 가상이 아니다. 허구는 현실을 떠받치지만 가상은 현실을 파괴한다. 가령 허구는 여하한 가치들이 실제적 힘을 가질 수 있는 상징적 틀을 마련한다. '신', '진리', '정의' 등 형이상학적이라 할 수 있는 가치들이 효과를 가질 수 있었던 것은 바로 현실이 허구성을 간직했기 때문이다. 그리고 이 허구성에 의해 아버지의 권위가 만들어졌으며, 또한 바로 그 권위에 의해 거세된(욕망하는) 주체는 완전한 허무주의나 타락의 길로 빠지지 않을 수 있었다. 주체는 상징적 아버지의 등장에 따른 상징적 거세를 통해 자신의 공백을 깨달을 때 주체로서, 욕망의 주체로서 탄생한다. 거세는 욕망의 탄생과 동시적이다.

> 라캉은 거세를 근본적 공백과 연관된 어떤 것으로서 이해한다. 주체는 그/녀 자체로는 아무 것도 아니다. 그/녀는 모든 권위와 권능을 오로지 외부로부터만 — 상징적 표장들로부터만 — 획득한다. 우리가 아버지를 존중할 때 우리는 그 표장들의 실제적 권능을 가지고 있다고 믿으며, 그리하여 아버지가 거세되어 있다는 사실 — 이는 아버지 자신 또한 텅 빈 힘 없는 주체라는 것을 의미한다 — 을 덮는다.[16]

말하자면, 상징적 질서는 실상 존재하지 않으며, 인간이 스스로 질서 안에 놓이기 위해서 그 질서를 만들어냈을 뿐이라는 사실, 실제적 권위를 가지고 질서를 부여한다고 믿었던 아버지조차 실은 다른 더 큰 권위를 필요로 했던 무능한 주체였다는 사실을 깨달은 주체는 근본적 상실을 경험하는데, 이러한 상실의 본질은 욕망의 상실이다. 그리고 상징적 질서가 실제로는 존재하지 않는다는 사실로부터 상징적 질서의 불가능성을 깨달은 주체에게 외부적 현실로서 덮쳐오는 것은 가상 이미지와 외양들이다.

과거의 이미지와 외양과는 전혀 다른 성격을 가진, 실재보다 더 실재적인(과학기술의 발달로 현실에서처럼 사이버 공간에서 인간이 먹고, 마시고, 성교하는 느낌을 가질 수 있는 날이 멀지 않았다고 한다. 아바타에 의해 현실에서의 자기가 억압으로부터 벗어나 표현되는 사이버 공간의 주체에게 있어 과연 아바타는 가면에 불과하다고 말할 수 있을 것인가? 가상공간이 주는 쾌락과 만족이 커질수록 주체는 현실을 부정하고 가상공간에 함몰될 것이다.) 가상 이미지는 단순히 현실로부터의 탈출구를 마련할 뿐만 아니라 현실을 부정하기에 이를 것이다. 결핍이 전제되지 않는 만족으로서의 가상 이미지들의 세계에서의 만족은 부족함이라고는 존재하지 않기 때문에 완전한 쾌락을 줄 수 있는 것처럼 보이지만, 오히려 그 안에서 주체는 자기 자신의 가장 끔찍한 현실과 만나게 된다.

완전한 쾌락을 향한 주체가 결국 이르게 되는 불행한 종착점인 마약 중독과, 일상을 가상공간으로 채우는 사이버 게임 중독은 결국 같은 것이 아닐까? 상상적 이미지의 모델과 닮기 위해서 먹기를 거부하는 여자 아이 역시 일종의 이미지에 의해 중독되었다고 볼 수 있지 않을까? 이미지와 가상은 이러한 고통 속의 향유, 욕망이 부재하는 향유로 주체를 이끌고 갈 수 있다. 주체는 자신의 이야기를 만들어가는 능동성을 박탈당하고, 반복된 시간 속에서 점점 더 피폐한 상태로 빠져든다.

실제로 '소비 문화'라는 단어가 함축하듯이 '문화'는 허울뿐이고 모든 것이 '소비'로서만 존재하는 사회에서 문화는 더 이상 존재하지 않는 것처럼 보인다. 그렇다면 이러한 현실, 자본주의와 가상적 문화가 너무나도 긴밀하게 결합된 현실로부터 다시금 주체의 정체성을 확립할 수 있는 해결책은 없을까?

아마도 해결책은 외부로부터가 아닌 주체로부터 시작되어야 할 것이다. 이미지에 사로잡힌 주체로부터, 향유만을 전달하는 가상공간 속의 주체로부터 벗어나 욕망하는 주체를 되찾아야 한다. 현실이 가능성과 '이상'을 함축하고 있다는 것을 아는 주체, 쾌락만이 존재하는 일시성과 순간의 삶—혹은 무시간적인 삶—으로부터 벗어나 자신의 가능성을 현재의 시간 안에 공백으로 남겨둠으로써, 현재의 고단함을 견딜 뿐만 아니라 자유의 공간을 되찾을 수 있는 주체를 새로이 확립해야 할 것이다.

에로티즘을 위한 몸 감각의 분석

아마도 우리 일상에서 가장 극적인 사건을 들라면
사랑, 연애일 것이다.
이 글은 메를로-퐁티의 관점에서 그러한 에로티즘의 현상을 접근한다.
우리 몸에는 손과 발처럼 쉽게 볼 수 있는 부위가 있는가 하면
심장과 허파 같은 장기는 물론이고 등처럼 볼 수 없는 부위,
비가시적 영역, '불투명한 구멍'이 있다.
이 불투명한 구멍으로 인해서 우리는 온전하고 완벽한 주체가
될 수 없다. 우리는 그러한 결핍을 견디지 못하는 나머지 그것을 타자의
몸을 통해서 채워넣으려는 충동이 생겨나게 된다.

조광제

나의 몸은 묘한 전체적인 느낌 속에서 나에게 주어진다. 이 느낌은 그동안의 철학에서 흔히 이야기하던 감각 개념으로는 쉽게 접근될 수 없다. 이 느낌을 분석하는 것은 우선은 '내 몸의 존재'를 파악하는 데 근본적인 작업이 되지만, 이 '내 몸의 존재'에 대한 분석은 곧 몸 일반의 존재를 분석하는 데 기초적인 작업이 된다.

내 몸이 나에게 어떻게 주어지는가를 보도록 하자. 우선 시각적인

측면을 분석해보도록 하자. 내가 똑바로 서서 고개를 숙이고서 발끝에서 가슴팍을 거쳐 보이는 내 몸을 최대한 많이 보려고 노력할 경우, 내 몸은 결코 다 보이지 않고 상당한 한계를 가지고 내게 주어진다. 팔다리를 움직이면 팔다리의 보이지 않던 부분이 보이고 보이던 부분이 보이지 않게 된다. 중요한 사실은 시각적으로 보이는 내 몸의 부분들은 그 자체로 하나로 연결되어 있기도 하지만, 동시에 보이지 않는 내 몸의 부분들이 있다는 정보를 함께 하면서 그것들과도 하나로 연결되어 전체적으로 통일되어 주어진다는 것이다.

나의 시선이 내 몸의 어디에 초점을 맞추는가에 따라 초점을 받은 부위를 중심으로 보이는 내 몸의 부분들이 지평적인 방식으로 통일된다. 지평적으로 통일된다는 것은 초점을 받은 부위가 일정하게 주된 대상의 지위를 확보하는 가운데, 그렇지 못한 내 몸의 부분들은 그 주위로 퍼지기도 하고 수렴되기도 하면서 함께 주어지며 통일된다는 것이다. 내 몸을 보는 나의 시선이 초점을 옮기면 내 몸은 시간의 추이에 따라 서로 다른 '대상-지평'의 판면들을 드러내 보이는데, 그 판면들은 서로에게로 '사라짐-넘겨짐-겹침'의 과정을 거치면서 하나로 통일되는 종합을 이룬다. 이 종합을 '가시적 지평의 종합'이라고 일컫기로 한다.

'가시적 지평의 종합'은 일차적으로는 내 몸의 가시적 영역에 대해 이루어지지만, 이에 그치지 않고 이차적으로는 내 몸의 비가시적 영역에 대해서도 확장되면서 이루어진다. 이는 내 몸의 가시적 영역이 주어질 때 그 영역이 내 몸의 비가시적 영역에 대한 지시를 이미 늘 포함하고 있기 때문이다. 그래서 내 몸의 '가시적 지평의 종합'은 곧 '비가시적 지평의 종합'을 수반하는 것이 된다. 말하자면 내 몸의 '가시적 지평의 종합'은 이미 늘 '비가시적 지평의 종합'과 이차적으로 종합을 이루지 않을 수 없다. 전자의 종합을 시각적인 현전의 종합이라고 한다면,

후자의 종합은 시각적인 부재의 종합이 될 것이고, 결국 이러한 현전의 종합과 부재의 종합이 함께 결합해서, 내 몸에 대해 내가 수행하는 제3의 시각적인 종합이 이루어지는 것이다.

볼 수 있음이나 볼 수 없음은 간단히 두 가지로 구분될 수 있는 것이 아니다. 예컨대 플라톤이 말하는 이데아들과 기하학적인 삼각형은 둘 다 볼 수 없긴 하나 그 성격이 다르다. 전자는 존재의 성격상 볼 수 없는 것이고, 후자는 존재의 성격상 볼 수 있지만 현상의 성격상 볼 수 없는 것이다. 전자는 비시각적non-visual이면서 비가시적invisible이고, 후자는 시각적visual이면서 비가시적이다.(존재의 성격상 시각적인 기하학적인 삼각형의 성질들을 가시적으로 드러내어 설명하기 위한 것이 종이나 칠판 위에 그리는 삼각형들이다.) 반인반마 역시 기하학적인 삼각형처럼 시각적이면서 비가시적이다. 하지만 기하학적인 삼각형이 존재의 성격상 비가시적인 데 반해 반인반마는 현상의 성격상 비가시적이다. 길에서 볼 수 있는 돌멩이는 시각적이면서 가시적이다. 존재의 성격에 있어서도 그렇고 현상의 성격에 있어서도 그렇다.

다른 사람이 내 몸을 볼 때에는 내가 내 몸을 볼 때와는 상당히 다른 봄의 구조와 성격이 연출된다. 다른 사람이 볼 때, 내 몸은 돌멩이와 마찬가지로 존재의 성격에 있어서나 현상의 성격에 있어서 시각적이면서 가시적이다. 그런데 내가 볼 때 내 몸은 존재의 성격에 있어서는 시각적이면서 가시적이지만, 현상의 성격으로 보면 쉽게 그렇게 규정할 수 없다. 죽을 때까지 볼 수 없는 내 몸의 부위들이 있기 때문이다. 나는 내 등을 결코 볼 수 없다. 그뿐만 아니라 볼 수 있을 것 같지만 엄청난 훈련을 하더라도 결코 볼 수 없는 내 몸의 부위들은 수없이 많다. 예컨대 내가 내 팔의 상박 후면을 내 배를 보듯이 볼 수 있는 길은 없다.

내가 내 몸의 특정한 영역들을 이렇게 볼 수 없다고 할 때, 그 볼 수 없음은 어떤 성격을 지닐까? 존재의 성격으로 볼 때, 그것은 비시각적이거나 비가시적인 것은 결코 아니다. 현상의 성격으로 보더라도 비시각적인 것은 아니다. 그렇다면, 내가 볼 수 없는 내 몸의 영역들은 현상의 성격으로 보아 비가시적인가? 만약 그렇다면, 그것은 반인반마가 현상의 성격으로 보아 비가시적이라고 하는 것과 동일한 성격으로 그러한가? 그렇지 않을 것이다.

다시 말하거니와 길 가의 돌멩이는 존재의 성격으로는 말할 것도 없고 현상의 성격에 있어서도 결코 비가시적이지 않다. 그것은 시각적인 것일 뿐 아니라 가시적이다. 내가 다른 사람의 몸을 보면서 내 시선과 내 몸의 관계를 거기에 투사하지 않고 다른 사람을 볼 때, 내가 보는 다른 사람의 몸은 돌멩이와 마찬가지로 시각적이면서 가시적이다.(이 점에서 내가 느끼는 나의 몸과 다른 사람이 느끼는 나의 몸은 존재의 성격에 있어서나 현상의 성격에 있어서 차이가 있다. 이 차이는 많은 흥미로운 문제들을 낳는다.) 내 몸이 다른 사람이 볼 때에는 가시적인데, 내가 볼 때에는 비가시적인 측면을 지니고 있다는 사실은 대단히 중요하다. 가시적 규정성과 비가시적 규정성은 워낙 차이가 있기 때문이다. 반인반마에 대한 규정성은 비가시적 규정성인 데 반해, 길 가 돌멩이에 대한 규정성은 가시적 규정성이다. 엄격하게 말하면, 반인반마에 대해 가시적인 규정을 할 수 없기 때문에, 그리고 가시적인 규정을 할 수 있는 것에 존재적으로 연결될 수 있는 길이 막혀 있고 분리되어 있기 때문에 반인만마는 허구적인 것으로 취급된다.

내가 볼 때 성립하는 내 몸의 비가시성의 영역은 내가 볼 때 성립하는 내 몸의 가시성의 영역과 분리되어 있지 않다. 그런 점에서 내 몸의 비가시성 영역은 반인반마의 비가시성 영역과 그 소여 방식이 다르다. 또한 길 가의 돌멩이에서 지금 당장 보이는 영역과 달리 지금 당장 보이지 않는 영역이 있다고 할 때, 그러한 당장 보이지 않는 돌멩이의 비가시성의 영역과도 소여 방식이 다르다. 내가 길가의 돌멩이를 볼 때 그 돌멩이에서 주어지는 지금 당장의 비가시성 영역은 언제든지 돌려보면 볼 수 있는 데 반해, 내가 보는 내 몸의 비가시성 영역은 그러한 가능성을 지니고 있지 않기 때문이다.

이를 확대해서 보면, 내가 보는 내 몸을 제외한 우주 내의 일체의 사물들은, 나에 대해, 존재의 성격에 있어서나 현상의 성격에 있어서, 근원적인 비가시성의 영역을 지닌 것으로 주어지지 않는다. 하지만, 내가 보는 내 몸은 나에게 근원적인 비가시성의 영역을 지닌 것으로 주어진다. 이러한 사실은 그저 객관적인 사태에 불과한 것이 아니라, 예컨대 에로티즘과 관련해서 보면 그 근본적인 단서를 지닌 것으로 여겨질 정도로 심중한 것이다.

미리 말하자면, 나의 봄에 대한 내 몸의 근원적인 비가시성은 나의 존재에서 근원적인 '어두운 빔le void sombre' 내지는 '불투명한 구멍le creux opaque'으로 작동한다. 그런 가운데 각종 충동이 생겨나고 충족될 법한 원천으로 작동한다. 에로티즘은 내 몸의 이러한 근원적인 비가시성을 메우고자 하는 끝없는 노력에서 분출된다고 할 수 있다.

어쨌든 여기에서 중요한 것은 나의 봄에 대한 내 몸의 근원적인 비가시성은 존재론적으로 보아 내 몸을 제외한 일체의 있는 것들을 파악하기 위해 구상해낸 범주들을 벗어난다는 것이다. 이 글에서 일일이 논의할 바는 아니지만, 나의 봄에 대한 내 몸의 근원적인 비가시성 때문에 나의 몸을 존재론적으로 파악하기 위한 새로운 범주들을 일구어내지 않고서는 내 몸의 존재를 파악해낸다는 것은 불가능하다.(이는 하이데거가 현존재 분석을 위해 실존 범주(Existentialia)를 개발하고자 한 것과 동일한 방식의 요구이다.)

내 몸의 전신적인 촉감각이 지니는 근원성

저 앞에서 우리는 내가 내 몸을 보는 것에 대해 현전의 종합과 부재의 종합이 결합하여 제3의 시각적인 종합을 이룬다고 했다. 그런데 그 종합이 어떻게 이루어질 수 있는가를 분석하지 않았다. 이제 이를 분석함으로써 나의 봄에 대한 내 몸의 근원적인 비가시성이 그저 시각의 판면에서만 이루어지는 것이 아니라, 촉각의 판면으로 넘어가고, 이어서 전신감각의 판면으로 넘어가는 것을 파악하고자 한다.

내가 내 몸이 존재한다는 것을 파악하는 방식은 아주 단순한 것 같으면서도 대단히 복잡하다. 만약 내 몸이 다른 사물과 전혀 접촉을 하고 있지 않은데다 무중력 상태에 있다고 가정할 경우, 그리고 내가 눈을 감고 있다고 할 경우, 과연 나는 내 몸이 존재한다는 것을 어떻게 알 수 있을까? 이 물음을 제기하는 것은 내가 눈을 감고 있으면 내 몸의 경계가 어디까지인지 알기가 결코 쉽지 않다는 데서 출발한다.

눈을 감고서 내 몸을 느끼고자 할 때, 그 윤곽은 내 몸이 다른 사물들과 접촉하고 있는 한에서, 그리고 내 몸의 부위들이 서로 접촉하는 한에서 그 접촉면을 따라 형성된다는 것을 알 수 있다. 간단하게 실험을 할 수도 있다. 나는 내 얼굴이 어떻게 생겼는가를 눈을 뜨고서도 정확하고 구체적으로 볼 수 없다. 그래서 내 얼굴의 전체적인 윤곽면이 어떤지를 잘 모른다. 그러다가 내 두 손으로 얼굴을 감싸 쥐거나 머리 전체를 쓰다듬으면 내 머리 혹은 내 얼굴의 윤곽면을 상대적으로 훨씬 더 정확하고 구체적으로 알 수 있다.

이러한 현상을 활용해서 나의 봄에 대한 내 몸의 종합이 어떻게 이루어지는가를 분석할 수 있다. 내가 볼 수 있는 내 몸을 종합해서 현전의 종합을 이루고, 아울러 내가 볼 수 없는 내 몸을 종합해서 부재의 종합을 이룬다고 할 때, 그 부재의 종합은 그저 가시적 현전의 종합을 투사해서 확장하는 것만으로 이루어지지 않는다. 그 부재의 종합에는 내 몸 전체에 대한 촉각적 종합이 핵심적인 매개로 작동한다. 이러한 촉각적 종합은 예민한 촉각을 수행하는 몸의 부위들을 중심으로 해서 내 몸 자체에 의해 이루어진다. 눈이 시각기관인 것처럼 온 몸이 촉각기관이기 때문이다. 적어도 내 몸에 대해 종합작용을 하는 데 가장 걸맞은 감각기관은 바로 촉각기관으로서의 몸 자체다. 심지어 눈도 하나의 촉각기관이다. 눈알에 먼지 하나라도 들어가면 그 촉각에 의해 얼마나 예민하게 작동하는가.

내 몸 전체를 하나로 통일된 것으로 파악하는 데에는 전신에 의거한 촉각적 종합이 절대적이다. 그런데 이 몸 전체의 통일성을 구현해내는 종합이 없이도 과연 내 몸의 비가시적 영역에서의 이른바 '비가시적 부재의 지평적 종합'뿐만 아니라 '가시적 현전의 지평적 종합과 비가시적 부재의 지평의 종합을 다시 종합하는 제3의 가시적인 지평적 종합'이 일어날 수 있을까? 지평의 종합이 일어나기 위해서는 지평에 속한 것들이 대상으로 전환될 수 있는 가능성이 있어야 한다. 그래야만 후설 혹은 메를로-퐁티Maurice Merleau-Ponty가 말하는 '이행의 종합synthèse transitive'이 일어난다. 그런데 내 몸은 나의 봄에 대해 근원적인 비가시성의 영역을 포함하고 있다. 이는 지평적으로 이행해갈 수 있는 가능성이 차단되어 있음을 말한다. 따라서 엄격하게 말하면, 시각적인 판면 자체에서는 '부재의 지평적 종합'이나 '제3의 지평의 종합'이 일어날 수 없다. 이에 동원되는 것이 바로 '전신적인 촉각의 지평적 종합'이다.

보는 일도 그러하지만, 만지거나 접촉하는 일은 대단히 선先반성적으로 내지는 선先의식적으로 일어난다. 평소에 그다지 신경을 쓰지 않아도 큰 문제가 없는 촉각들에 대해서는 거의 대부분 이런 식의 일이 이미 늘 벌어지고 있다.

의식에 관련해서 주체-대상의 구분이 생긴다는 것을 받아들여 말하자면, 적어도 그때에는, 즉 보거나 만지거나 접촉하는 그때에는 주체와 대상의 구분조차 성립하지 않는다. 이에 관해서는 사르트르가 '쾌락'을 곧 '쾌락(에 대한) 의식conscience (du) plaisir'과 같다고 한 데서 잘 드러난다. 이럴 때, 전신의 촉각기관들은 서로 분리된 채 작동하는 것이 결코 아니다. 물론 몸의 어느 부위에 어떤 성질의 사물이 어떤 방식으로 접촉하고 있는가에 대해서는 몸이 이미 늘 너무나 빠르게 파악한다. 하지만 그 결과는 단숨에 몸 전체의 운동에 연결될 정도로 전체적인 종합이 이미 늘 이루어진다. 등 뒤 어느 곳이 바늘 같은 것에 찔리면 몸 전체가 단박 그것을 피하는 동작을 한다. 자극이 강할수록 몸 전체가 작동하는 방식은 더욱더 전신적이다. 이런 현상을 방발放發; irradiation 현상이라고 한다.

방발은 곧 종합이다. 종합이 먼저 있고 방발이 일어나는가, 아니면 방발이 먼저 있고 종합이 일어나는가는 정확하게 결정하기 어렵다. 동시적으로 그리고 교환적으로 일어난다고 보아야 할 것이다. 신경과학적으로 말하면, 전신에 퍼져 있는 구심성 신경들과 원심성 신경들 이른바 말초신경들에 의해 정보가 전달되어 중추인 척수와 뇌에 의해 종합이 일어나고, 그러한 종합을 통해 성립된 정보가 말초신경에 전달됨으로써 방발이 일어난다고 하겠지만, 반드시 그런 것만은 아니다.

신경과학은 대체로 수직적인vertical 방식으로 몸의 자극과 반응을 해석하는데, 현상학적으로 보면 몸의 자극과 반응이 수평적인 방식으로도 일어나기 때문이다. '수평적horizontal'이라고 하는 것은 달리 '횡단적transversal'이라고도 번역될 수 있다. 이는 몸 전체가 먼저 반응해서 자극의 강도와 밀도 및 방식을 결정해서 받아들이기도 한다는 것, 다른 영역에서의 자극과 반응이 어떠하냐에 따라 한 영역에서의 자극과 반응의 강도와 밀도 및 방식이 결정된다는 것 등을 의미한다.

이는 메를로-퐁티가 ≪행동의 구조≫에서 섬세하게 잘 분석해낸 바가 있다.

방발을 중심으로 해서 보면, 선의식적인 촉각의 판면에서 이루어지는 종합은 '발산 · 용해의 종합'이라 할 수 있다. 이를 형식적인 논리로 보면 어느 한 곳을 중심으로 일어나는 '수렴 · 응축의 종합'과 사뭇 다르다 할 것이다. 그러나 선의식적인 촉각의 판면에서 이루어지는 종합은 '발산 · 용해의 종합'이면서 동시에 '수렴 · 응축의 종합'이다. 몸의 어느 한 곳에서 강도 높게 '수렴 · 응축의 종합'이 이루어지는 그만큼 전신적으로 퍼져 흐르는 '발산 · 용해의 종합'이 더욱 강하게 일어나기 때문이다. 내 몸 전체를 중심으로 해서 보면, '발산 · 용해의 종합'은 곧 '수렴 · 응축의 종합'이고, 그 반대의 경우도 바로 성립한다.

특정한 부위를 중심으로 해서 보더라도 촉각적인 판면에서 일어나는 종합은 항상 '발산 · 용해의 종합'이면서 동시에 '수렴 · 응축의 종합'이다. 이렇게 서로 적대적인 두 방향이 동시에 강화되는 '촉각적인 판면에서의 몸 종합'이 지닌, 일종의 모순된 성격이야말로 내 몸에서 일어나는 모든 '몸 종합'의 기본적인 성격이다. 여러모로 내 몸은 지각됨을 바탕으로 해서, 사유되는 일반 사물들을 분석하기 위한 여러 범주들을 벗어난다. 그것은 내 몸이 처음부터 지각하면서 지각되는, 종전의 인식론적인 구도에서 보면 모순된 성격을 지닌 존재이기 때문이다.

내 몸의 촉각적인 판면에서 일어나는 종합은 '발산 · 용해의 종합'이면서 동시에 '수렴 · 응축의 종합'이라 했다. 이 둘의 종합 중에서 전자의 것은 내 몸의 전체에서 통감각痛感覺 synesthésie을 일으키는 근본 동인으로 작동한다. 발산과 용해라고 하는 것은, 감각 종류의 구분에 있어서, 일종의 문지방 넘어서기 내지는 경계 허물기다. 촉각에서 시각으로, 시각에서 촉각으로, 촉각에서 청각으로, 청각에서 시각으로의 전환이 바로 이러한 발산과 용해인 것이다.

저 앞에서 내 몸의 근원적인 비가시성의 영역이 나름의 지평적 종합을 이루어 현전의 가시적인 영역과 제3의 종합을 이루는 데 있어서 몸 자체의 전신적인 촉감각이 그 핵심 매개 역할을 한다고 했다. 이럴 수 있는 것은 내 몸의 촉각적인 판면에서 일어나는 '발산 · 용해의 종합'이 '수렴 · 응축의 종합'을 거점으로 삼아, 가시적이든 비가시적이든 내 몸의 시각적인 영역에 대해 작동하기 때문이다.

내가 내 몸의 가시적인 부분을 바라볼 때, 그 부분에서 촉감각적인 종합이 함께 이루어지면서 그 결과가 촉각적으로 느껴지지 않는다면, 그 가시적인 부분을 중심으로 지평적인 종합이 일어난다고 할지라도 그 종합의 결과를 내 몸에 속한 것이라 알아차릴 수 없을 것이다. 말하자면, 내 몸에서 일어나는 감각적인 일체의 사건들은 결코 개별적인 감각 장르별로 따로 일어나서 사후에 종합되는 방식으로 일어나지 않고, 처음부터 서로에게로 스며들어 있는 방식으로 이미 늘 종합된 상태로 일어나는 것이다. 요컨대 내 몸에서 일어나는 감각의 사건은 처음부터 통감각적인 것이다. '통감각'을 주로 '공감각共感覺'이라 옮기는데, 이는 적어도 내 몸의 감각에 관한 한 올바른 새김이 아니다. 공감각은 각각 장르별의 감각이 따로 성립하여 나중에 함께 들러붙어 있다는 어조를 띠고 있는데, 내 몸에서 일어나는 감각의 사건은, 특히 선의식적인 감각의 경우, 아예 장르별의 감각이 처음부터 서로에게로 스며들어 있는 방식으로 일어나기 때문이다.

문제는 내 몸에서 일어나는 통감각적인 사건에서 기반이 무엇인가 하는 것이다. 시각은 선의식적이라 할지라도 근본적으로 초점 맞추기를 벗어날 수 없다. 말하자면, 시각은 내 몸에 관한 것이라 할지라도 촉각과는 달리 '발산 · 용해의 종합'의 계기를 제대로 갖추고 있지 못하다. 내 몸에 관련된다 할지라도 청각은 목청을 중심으로 입 안에서 주로 울려 퍼지는 정도로 그친다. 말하자면 귀를 통해

몸과 마음의 따뜻하고 정감 있는 교류와 소통을 읽을 수 있을 것이다.

폴 클레Paul Klee, 〈포옹〉, 1939.

전달되는 청각은 주로 목청과 입, 특이한 경우 뱃속에서 쪼르륵 하는 소리를 들을 뿐이다. 어떤 경우든, 시각과 마찬가지로 청각 역시 '발산 · 용해의 종합'의 계기를 제대로 갖추고 있지 못하다. 결국 내 몸에서 통감각적인 사건이 일어날 수 있는 것은 전신적인 촉감각에서 일어나는 '발산 · 용해의 종합'에 근거한 것이다.

내 몸에서 일어나는 시각적이거나 청각적인 사건들은 전신적인 촉감각의 '발산 · 용해의 종합'을 거쳐 특정한 부위 혹은 아주 넓게 보아서는 몸 전체를 중심으로 해서 '수렴 · 응축의 종합'과 연결된다. 예컨대 내 몸에서 나는 신음의 경우 특별히 아프거나 자극을 받는 특정한 몸 부위를 중심으로 '수렴 · 응축의 종합'을 통해 특정 부위에 관련된 촉감각으로 이관된다. 그리고 비명의 경우 대체로 몸 전체를 중심으로 한 촉감각으로 이관된다.

전반적으로 보면, 사실 내 몸에 관련된 감각에서 일어나는 사건은 거의 대부분 촉각적인 사건이다. 이와 비교해볼 때, 시각과 청각은 내 몸의 상태를 보고 듣는 것보다 내 몸이 아닌 다른 사물들을 보고 듣는 데 훨씬 더 많이 활용된다. 상대적이긴 하지만, 시각과 청각은 외부 지향적인 데 반해, 촉각은 내부 지향적인 것이다. 이는 내부 지향적인 촉각이 주도권을 쥐고서 내부 지향적으로 일어나는 내 몸에 대한 나의 시각과 청각 그리고 나의 다른 감각들을 전체적으로 이미 늘 끌어들여 종합한다는 것을 의미한다. 그렇기 때문에라도 적어도 나의 몸에 대한 감각적 사건에 있어서, 전신적인 촉감각은 통감각의 기반으로 작동할 수밖에 없는 것이다.

내 몸과 남의 몸과의 관계

이제 이 정도로 내 몸에 대해 분석한 결과를 바탕으로 내 몸과 남의 몸 간의 관계를 분석해보기로 한다.

먼저 다소 엉뚱한 경우를 생각해보자. 우리는 내 몸을 내 눈으로 훑어보는가? 그렇지 않다. 훑어본다는 것은 대단히 촉각적인 사태를 전제한 것이다. 그런데 훑어보는 것은 촉각이 쉽게 주어지지 않을 때 시각을 통해 촉각적인 어떤 상태를 느끼고자 할 때 일어난다. 내가 내 몸에 대해 훑어볼 이유가 없는 것은 보는 곳곳마다 바로 내 몸을 통해 곧바로 관련된 촉감각을 느낄 수 있기 때문이다. 말하자면 즉시 통감각적인 사태가 일어나기 때문이다. 그런데 남의 몸에 대해서는 다르다. 내가 내 몸에 대해서처럼 남의 몸을 곧바로 통감각할 수 있는 길은 없다. 그래서 남의 몸을 만지지 못하는 상황에서 남을 몸을 만지고자 할 때, 우리는 우선 남의 몸을 훑어보게 된다.

내가 남의 몸을 바라보는 그 바라봄을 둘러싸고 일어나는 일을 분석할 때, 그저 '남의 몸'을 대상으로 삼아 분석할 수는 없다. 거기에 철저하게 상황이 게재되어 있음을 전제로 하지 않으면 안 된다. 남의 발가벗은 몸을 바라볼 수도 있고, '정상적으로' 옷을 입고 있는 남의 몸을 바라볼 수도 있고, 이렇게 서로 다른 경우에서도 얼마든지 특수한 상황들이 성립할 수 있다. 그러한 상황은 너무나 다양하기 때문에 이 글에서 일일이 구분해서 분석한다는 것은 불가능하다. 그래서 일정하게 제한을 가할 수밖에 없다. 그 제한은 이 글의 제목이 제시하는바, 에로티즘 즉 관능성의 발생 내지는 성립에 관련해서 이루어질 수밖에 없다.

바라보는 것과 훑어보는 것은 어조뿐만 아니라 실제로 그 관계가 많이 다르다. 바라보는 것은 훑어보는 것에 비해 상대적으로 당연히 시각적인 판면의 지배가 더 강하다. 이는 훑어보는 것은 바라보는 것에 대해 상대적으로 촉각적인 판면의 지배가 더 강하다는 것을 의미한다.

바라봄은 남의 몸에 대해 일정하게 초점을 맞춤으로써 그 인격적인 중심을 향해 있다. 남의 몸의 뒷면을 바라보고 있다 할지라도 바라봄은 궁극적으로 남의 얼굴을 겨냥한다. 바라봄이 남의 얼굴을 겨냥하고 있다 할지라도 실상 그 얼굴 자체를 겨냥한다고 하기가 쉽지 않을 정도로, 바라봄은 남의 얼굴에서 표현되는 그 사람의 미래의 행동 가능성을 겨냥하고 있다. 저 사람이 무슨 말을 할 것인가, 저 사람이 무슨 다른 표정을 지을 것인가, 저 사람이 어떤 새로운 행동을 할 것인가 하는 등에 집중되어 있다. 다만, 바라봄에 있어서 남의 얼굴은 그 남이 나와 관련하여 어떤 행동을 할 것인가를 파악해내는 핵심적인 매개 역할을 한다. 나는 내 몸을 그냥 볼 수는 있어도 바라볼 수는 없다. 나는 내 얼굴을 볼 수 없기 때문이다.

남의 몸을 바라볼 때와는 달리, 남의 몸을 훑어볼 때에는 오히려 그 남의 얼굴을 피하고자 한다. 특히 그 얼굴의 중심이 되는 남의 시선을 피하고자 한다. 설사 남의 얼굴을 본다고 할지라도 그 남의 얼굴을 훑어보는 경우, 남의 얼굴이나 시선을 굳이 의식하지 않으려 한다. 말하자면, 남의 몸을 훑어봄은 남의 얼굴과 시선을 지우는 것이다. 남의 몸을 훑어보다가 그 남에게 들켰을 경우 일종의 수치심이 생겨나는 것은 그 남의 얼굴과 시선을 지우는 것을 전제로 하고 있었기 때문에, 달리 말하면 처음부터 그 남의 몸을 '남'으로 인정하지 않았고, 그렇게 남의 몸을 '남'으로 인정하지 않는다는 사실은 남의 몸을, 마치 바라볼 수 없는 자기 자신의 몸인 양 훔쳐내어 자기 것으로 전취專取한 것이기 때문이다.

훑어봄은 바라봄에 비해 촉각적인 판면의 지배가 강하다고 했다.

그것은 훑어봄이 시선을, 마치 내가 내 몸을 전신적으로 느낄 때 '발산 · 용해의 종합'을 통해 촉감각을 전반적으로 확장해나가는 것을 흉내 내는 것 같은 봄이기 때문이다. 말하자면 일정하게 초점을 두지 않고 연신 초점을 옮기면서 시선으로써 '만지는' 것이 훑어봄이다. 그런 점에서 볼 때, 훑어봄은 바라봄에 비해 더욱더 통감각적이다.

바라봄과 훑어봄이 묘하게 서로에게 전이되는 방식의 봄이 있다. 빤히 바라봄이 그것이다. 내가 남의 얼굴과 시선을 바라본다고 할 때, 그 남이 그런 나의 봄을 보는데도 전혀 시선을 거두지 않고 말 그대로 빤히 바라보는 것이다. 보통의 경우, 빤히 바라봄은 그다지 오래 가지 못한다. 내가 남을 빤히 바라본다고 할 때, 훑어볼 때처럼 나는 그 남의 얼굴과 시선을 지운다. 이른바 그 남의 얼굴과 시선을 대상화해버리는 것이다. 빤히 바라봄은 사실 바라보는 것을 목적으로 삼는 것이 아니고, 훑어봄을 목적으로 삼는다. 바라보는 척하면서 훑어보는 것이 바로 빤히 바라보는 것이다. 빤히 바라봄은 특수한 훑어봄이다. 다만, 빤히 바라봄은 시선의 초점을 움직이지 않으면서 자신이 바라보고 있는 남의 얼굴을 중심으로 '수렴 · 응축의 종합'을 통해 남의 몸 전체가 지평적으로 끌려 들어오는 것을 노린다. 그런 점에서, '발산 · 용해의 종합'을 흉내 내는 훑어봄과 다소 다르다.

사람들이 많이 오가는 대로에서 불특정한 행인들의 경우, 적당한 거리가 확보되어 있을 경우에는 마음껏 훑어보다가 그 거리가 좁혀지면서 훑어본다는 것을 남이 눈치라도 챌라치면 일단 빤히 바라보면서 훑어봄의 목적을 달성하고자 한다. 그러다가 잠시 바라본 뒤 스쳐 지나간다.

연인들이 서로를 빤히 바라보는 것은 훑어볼 필요가 없는 상태에서 훑어보기 위한 것임과 동시에, 바라볼 필요가 있기 때문에 바라보기 위한 것이다.

바라봄은 훑어봄을 방해하면서 훑어봄의 완성을 지연시킨다. 지연시킬 뿐 그 지연이 끝나고 바라봄이 훑어봄으로 완전히 넘어가는 것을 노리지 않는 것은 아니다. 그러나 정작 바라봄이 완전히 훑어봄으로 전환되고 만다면 연인의 관계는 끝나고 말 것이다. 훑어봄은 만짐이고, 바라봄을 완전히 격퇴시킴으로써 만짐을 완성하게 되면 다른 사람의 만짐을 찾아 떠날 것이기 때문이다. 그래서 연인을 떠나지 않게 하기 위해서는 바라보게 만들어야 하는 것이다.

문제는 왜 남의 몸을 만지고자 하는가이다. 물론 무조건 만지고자 하는 것은 아니다. 오히려 만지고 싶어하지 않는 사람의 몸을 강제로 만지라고 할 경우, 그건 기겁할 일이다. 남의 몸을 만지고 싶어하는 경향을 분석하는 일은 결코 쉬운 일이 아니다.

몸들 간의 만짐은 만져짐을 수반한다. 자의적으로 만지는 기능이 가장 발달되어 있는 몸의 부위는 손이다. 나의 손으로 다른 사람의 어깨를 만질 때, 남의 어깨는 대체로 만져지는 역할을 하는 것처럼 보이고, 나의 손은 주로 만지는 역할을 하는 것처럼 보인다. 하지만 다른 사람이 그의 손으로 나의 어깨를 만질 때 나는 나의 어깨에서 만지는 그의 손의 만짐을 만진다. 이때 만짐을 만짐은 내가 그 사람과 악수를 할 때와는 그 양식이 다르다. 악수를 할 때에는 대체로 서로의 만짐이 동등하지만,(얼마만큼 동등하게 혹은 비대칭적으로 만짐을 만짐이 일어나는가에 따라 지배/피지배의 관계가 형성된다. 여기에서 정치적인 문제가 근원적으로 발생한다.) 어깨와 손 사이에서 일어나는 만짐과 만져짐, 그리고 만짐의 만짐은 비대칭적이다.

여하튼 만짐과 만져짐은 결코 분명하게 이원적으로 구분되지 않는다. 만져짐도 하나의 만짐이기 때문이고, 그런 점에서 만지는 자는 만져지는 자의 만져짐에서 만짐을 느껴 만짐을 만지게 되고, 만져지는 자는 만지는 자의 만짐을 만지기 때문에 만지는 자의 만짐을 만져짐으로 삼아 만지기도 하기 때문이다. 이같이 만짐은 근본적으로 주체와 대상의 경계를 허물어뜨리면서 이루어진다.

주체와 대상의 경계가 허물어진다는 것은 나와 남의 경계가 허물어진다는 것을 어느 정도 함축한다. 그런데 나와 남의 경계가 허물어진다는 것은 나와 남의 경계가 유지됨을 전제로 해서 이루어진다. 허물 것이 없는 상태에서 허문다는 것은 불가능하고, 완전히 허물어진 상태라면 더 이상 허문다는 것은 불필요하기 때문이다.

그러고 보면 남의 몸을 만지고자 하는 것은 나와 남의 경계를 유지하면서 그 경계를 허물기 위한 것이다. 그렇다면 왜 나와 남의 경계를 허물고자 할까? 달리 말하면, 왜 주체와 대상의 경계를 허물고자 할까? 혹시 내가 내 몸에 근원적인 비가시성의 영역이 있다는 것을 견디지 못하기 때문이 아닐까? 내 몸의 근원적인 비가시성의 영역은 '어두운 빔'이고 '불투명한 구멍'이라고 했다. 이 영역은 내 몸이 갖는 주체성을 근원적으로 불비不備하게 만든다. 주체성이 불비한 만큼 주체와 대상의 경계는 모호해진다. 그렇게 내 몸에서 주체와 대상의 경계가 모호해진다는 것은 내 몸의 주체성 자체가 이미 늘 타자적인 계기를 통해서 성립한다는 것을 말한다. 그 타자적인 계기는 바로 '어두운 빔'이고 '불투명한 구멍'이다. 이를 채울 수 있는 것은 남의 몸이다. 남의 몸을 만짐으로써 나와 남의 경계를 허물고자 하는 것은 바로 이 '어두운 빔' 혹은 '불투명한 구멍'을 채우고자 하는 것이다.

여기에서 묘한 복합모순적인 사태가 벌어진다. 남의 몸을 통해 내 몸의 타자적인 계기를 채울 때, 내 몸의 타자적인 계기는 더욱더 강화된다. 내 몸에서 타자적인 계기가 더 강화될수록 내 몸은 더욱더 타자의 몸을 필요로 한다. 만질수록 더욱더 강하게 만지고자 하고 더 폭넓게 만지고자 하고 더 깊이 만지고자 하는 까닭이 여기에 있다. 그뿐만 아니라 한 사람의 몸을 만지는 데 그치지 않고 또 다른 사람의 몸을 만지고자 하는 까닭이 여기에 있다. 결코 충족될 수 없는, 채워질수록 비게 되고, 빌수록 더욱더 채우고자 하는 무한 모순의 원환을 맴돌게 되는 것이다.

나를 완성하기 위해 남을 요구할 수밖에 없고, 남을 요구할수록 나의 완성을 그만큼 더욱더 포기할 수밖에 없는, 그러나 그러한 포기는 포기가 아니라 오히려 집착이고, 그러한 집착은 더욱더 남을 요구하게 된다.

이제 다른 형태의 만짐인 쓰다듬음을 분석할 필요가 있다. 쓰다듬음은 만짐의 변형태다. 만짐은 몸의 특정한 부위를 겨냥할 경우가 많지만 쓰다듬음은 결코 특정한 부위를 겨냥한 것이 아니다. 만짐을 봄에 견주어 볼라치면, 대략 보아 만짐은 바라봄에 해당하고, 쓰다듬음은 훑어봄에 해당한다. 의사가 환자를 촉진할 때, 의사는 환자의 특정 부위에 정신을 집중한다. 특별한 경우를 제외하고, 예컨대 촉감각을 어느 정도로 상실하고 있는가를 진찰하고자 하는 경우를 제외하고는 의사가 환자의 몸을 쓰다듬는 경우는 없다. 만져볼 뿐이다. 설사 겉으로 보기에 쓰다듬는 것 같아도 특별히 만져야 할 부분을 찾기 위한 것이다.

나는 내 몸을 은근하게 쓰다듬지 않는다. 그 반면 나는 남의 몸을 원칙상으로는 성 구분과 관계없이 은근하게 쓰다듬을 수 있고, 또 그렇게 쓰다듬는다. 대체적인 경향으로 볼 때, 동성보다는 주로 이성 간에 이러한 쓰다듬음이 이루어지는 것은 물론이다. 성의 문제에 관한 논의는 일단 뒤로 미루고, 남의 몸을 쓰다듬음이 어떻게 이루어지는가에 대해 그 기본 구조를 분석하고자 한다.

쓰다듬음은 주로 손에 의해 이루어진다. 서서히 아주 천천히 등속도로, 결코 손을 남의 몸에 밀착시키지 않고 닿을 듯 말 듯 부드럽게, 특정한 목표가 없이 피부 전반을 노리면서 이루어지는 것이 쓰다듬음이다. 힘을 너무 과하게 써도 안 되고 아예 힘을 빼버려도 안 된다. 쓰다듬음을 제대로 하기 위해서는 어쩌면 정신을 한껏 집중해야 한다.

쓰다듬음을 계속 하노라면 쓰다듬는 손에 쓰다듬어지는 남의 몸이 피부의 범위를 넘어서서 저 깊은 곳에서부터 서서히 살아오르는 기운을 느끼게 된다. 이른바 쓰다듬어지는 피부 아래에서부터 전신을 향한 '발기'가 일어나는 것이다. '발기'를 반드시 외형에서의 변화로만 보아서는 안 된다. 마치 두 물질을 계속 비비면(몸들 사이에서 비비는 일은 쓰다듬음의 한 왜곡된 형태다.) 정전기가 일어나듯이, 정전기가 일어난다는 것은 고르게 분포되어 있던 물질 속 전자들이 한 곳으로 모임으로써 '+/−'가 분리되는 현상이듯이, 발기는 몸의 기운이 나뉘어 근육과 피부를 중심으로 몸 바깥으로 용출되는 것이다.

쓰다듬는 손은 쓰다듬어지는 남의 몸이 발기하는 것을 느끼면서 자신의 손 역시 그러한 발기 상태가 된다는 것을 느낀다. 쓰다듬어지는 몸의 발기된 상태가 쓰다듬는 손에 들러붙다 못해 관통하듯이 내 몸 속으로 퍼져 흐른다. 쓰다듬는 손의 발기된 상태가 쓰다듬어지는 남의 몸 속으로 들러붙을 여유도 없이 아예 스며들어 확산된다.

쓰다듬음은 근본적으로 '수렴·응축의 종합'이 아니라, '발산·용해의 종합'이다. 하지만 빤히 바라봄이 겉으로는 '수렴·응축의 종합'인 것 같지만 진정으로는 '발산·용해의 종합'이듯이, 쓰다듬음도 어느 특정한 부위를 중심으로 집중적으로 수행되기도 한다. 그 특정한 부위를 계속 쓰다듬음은 정작 그 특정한 부위를 쓰다듬기 위한 것이 아니라 몸 전체를 쓰다듬기 위한 것이다. 쓰다듬음에서 '수렴·응축의 종합'은 '발산·용해의 종합'을 위한 임시 방책일 뿐이다.

쓰다듬음의 지속은 다른 모든 감각들을 쓰다듬음의 양식으로 이끈다.

즉 쓰다듬음은 지속되면서 다른 모든 감각들을 '수렴 · 응축의 종합'을 임시 방책으로 삼는 '발산 · 용해의 종합'으로 이끈다. 초점을 없애고, 얼굴을 없애고, 시선을 없앤다. 신음의 경우 잘 알 수 있듯이, 소리의 발생이 목구멍과 입을 중심으로 한 데서부터 점점 몸 전체에서 나는 소리로 바꾸도록 한다. 이른바 최대한 통감각적인 상태로 접어들어 일체의 감각들이 한데 엉겨 흐르도록 하고 넘쳐나도록 한다. 이럴 즈음, 쓰다듬음의 기관은 손에 한정되지 않고 온 몸으로 확산된다. 특정 부위에 쓰다듬음의 주도권을 양도하기도 하고, 그렇게 주도권을 양도하면서 온 몸이 주도권 아닌 주도권을 쥔다. 쓰다듬음의 주도권이 확산되면서 용해되고, 용해됨으로써 몸 전체가 더욱 강렬하게 주도권을, 즉 쓰다듬음의 주도권을 쥐게 되는 것이다.

그런데 이런 주도권의 확산은 비단 내 몸에서만 일어나는 것이 아니다. 결국 쓰다듬음의 주도권 확산은 남의 몸으로까지 발산 · 확산된다. 결국 주도권은 용해되어버린다. 이제 어느 몸이 쓰다듬고 만지며 비비고, 어느 몸이 쓰다듬어지고 만져지고 비벼지는지를 도무지 가늠할 수 없는 지경에 이른다. 하지만 '발산 · 용해의 종합'만이 아니라, 항상 '수렴 · 응축의 종합'이 함께 하기 때문에, 그 와중에 나와 남은 내 몸과 자신의 몸을 계속 거점으로 삼을 수밖에 없다.

다시 말하지만, '발산 · 용해의 종합'이 '수렴 · 응축의 종합'을 장악하여 자신으로 완전히 포섭하는 지경에 이르러 내 몸 혹은 그/녀의 몸의 거점이 완전히 사라지려 할 때, 바로 그 직전에 내 몸 혹은 그/녀의 몸은 견딜 수 없는 완전한 부재 혹은 죽음을 예감하면서 스스로 발악을 하게 된다. 그렇게 해서 온 몸이 용해되면서 비명이 터져 나오고,(몸 철학에 관련하여 가장 집필함직한 주제가 바로 '신음과 비명에 관한 연구'이다.) 그 순간 내 몸 혹은 그/녀의 몸은 그 사이 지우고 잃어버렸던 것들을 되찾는 작업에 돌입하는 것이다.

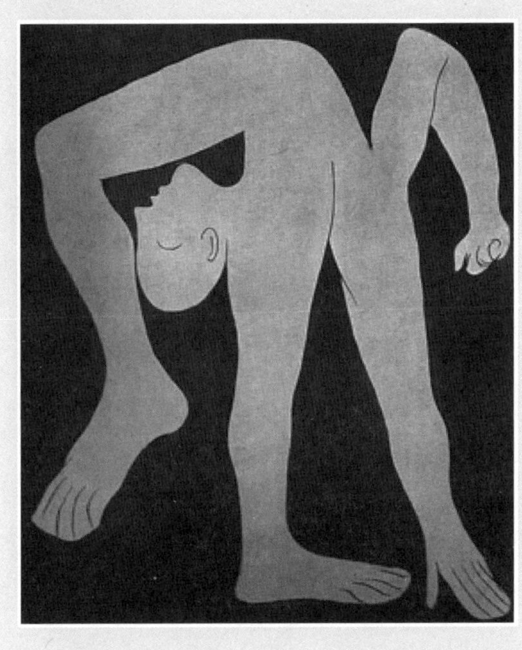

한 사람인 듯하면서 두 사람이기도 하고 그 반대로 보이기도 하는 몸의 자유롭고 유연한 움직임을 화폭에 담았다.

피카소Pablo Picasso, 〈곡예사Acrobat〉, 1930.

에로티즘의 성립 지점을 찾아서

우선 지적할 것은 영어식 발음인 '에로티시즘'에 비해 프랑스식 발음인 '에로티즘'이 더욱더 '에로틱하다'는 사실이다. 한자말이긴 하지만 '관능적'이라는 말도 상당히 '관능적이다.' '官能'이라는 한자말에서 '관'은 '볼 관' 자가 아니고 '벼슬 관'이라는 것이 대단히 이채롭다. 이전에 관능을 벼슬을 가진 자가 아니고서는 지닐 수 없는 능력으로 보았던 것일까? 어쨌든 이제 우리에게서 '관능'이라는 말 자체가 대단히 '관능적이다.'

이제까지의 몸에 관련된 논의를 바탕으로 에로티즘에 접근하고자 한다. 그 요체를 말하자면, 에로티즘은 탈중심적인 발산과 용해가 일어나는 곳이면 어디에서든지 성립한다는 것이다. 즉 '발산 · 용해의 종합'이 '수렴 · 응축의 종합'을 장악하여 누르는 만큼 약하든 강하든 에로티즘이 성립한다는 것이다.

2008년 말 필자는 한국현상학회에서 〈충동으로서의 봄에 대한 고찰〉이라는 논문을 발표한 적이 있다. 거기에서 필자는 봄에 있어서 아직 통일성을 이루지 못한 시감각적인 현출들과 그러한 현출들과 구분할 수 없을 정도로 한데 결합되어 있는 사물에 대한 봄이야말로 충동적인 것이라 했다. 그러한 충동적인 봄의 내용은 봄에만 한정되지 않고 당연히 만짐과 들음 등에 연결될 것이고, 통감각의 원리에 의거해 전체적으로 하나로 연결될 것이다. 그런데 충동적인 봄보다는 충동적인 만짐이 더욱더 '충동적'이라는 관형어에 더욱 걸맞지 않은가. 그렇기 때문에 충동적인 봄을 논구하는 것이 더욱 의미가 있는 것이긴 하지만, 아무튼 필자는 거기에서 메를로-퐁티가 말한 '감각덩어리masse du sensible'가 바로 그러한 충동적인 감각들을 가능케 하는 존재론적인 원리임을 역설했다. 감각덩어리는 감각적인 현출들과 사물을 하나로 통일시킨 것이라는 이유에서였다.

앞에서 논의한 바에 의거해서 보면, '감각덩어리'는 그 자체 '수렴 · 응축의 종합'보다 '발산 · 용해의 종합'을 우승하게 만드는 존재론적인 원리다. 물론 그렇다고 해서 '수렴 · 응축의 종합'을 완전히 제거하는 것은 결코 아니다. 어쩌면 더 잘 활용하기 위해 더욱더 강화해야 할 것이다.

'감각덩어리'는 메를로-퐁티가 존재하는 모든 것들의 원소라 일컫는 '살chair'이 최초로 현실화되어 나타난 것이다. 그래서 "살은 감각덩어리다."라고 한다고 해서 크게 무리가 없을 정도로 살과 감각덩어리는 밀착되어 있다. 재미있는 것은 프랑스어에서 '살'의 형용사가 'charnel' 즉 '관능적'이라는 것이다. 굳이 언어적인 측면을 새삼스럽게 끌어들이고자 하는 것은 아니지만, 살은 바로 에로티즘의 존재론적인 원리인 것이다. 살 존재론에 의거해서 보면, 온 우주는 본질적으로 에로틱한 것이다.(이를 필자는 "온 우주는 성기다."라는 말로 표현한 적이 있다.)

이러한 우주적인 에로티즘이 우리의 몸에서 일어나는 것은 우리의 몸 역시 살로 되어 있기 때문이다. 물론 여기에 일정하게 순환논법이 들어 있지 않은 것은 아니다. 우리의 몸이 우주 내의 다른 사물들과 소통할 수 있는 존재적인 원리에 의거해서 존립하는 것을 근거로, 그리고 우리 몸의 연관에서 에로티즘이 생겨나는 것을 근거로, 온 우주가 에로틱한 살로 되어 있다고 말하고, 우리 몸이 그러한 에로틱한 살로 되어 있기 때문에 우리 몸에서 에로티즘이 성립할 수 있다고 말하고 있기 때문이다. 하지만 본래 사태가 존재적으로 그러한 것이라면, 그것을 바탕으로 오히려 이러한 순환논법이 가능하지 않으면 안 되는 것이다.

새겨두어야 할 중요한 사실이 있다. 그것은 의식주를 비롯한 우리의 구체적인 욕구를 충족시키기 위해서는 일정하게 초점 맞추기를 통해 대상화를 수행해야 하고, 이를 위해서는 '수렴 · 응축의 종합'이 우선하지 않으면 안 되는데, 우리 몸을 판면으로 삼을 때 특히 전신적인 통감각을 판면으로 삼을 때, '발산 · 용해의 종합'이 더 우선적으로 주도권을 쥐고서 일어난다는 사실이다. 에로티즘이 '발산 · 용해의 종합'을 중심으로 성립된다고 할 때, 에로티즘은 구체적인 욕구 충족을 위한 활동과는 근본적으로 그 구도를 달리한다는 사실이다. 이는 플라톤의 이데아들이건, 아리스토텔레스가 말한 엔텔레케이아entelecheia이건 혹은 후설이나 하이데거에 이르기까지 그 후대의 많은 철학자들이 이른바 지성적인 분석에 근거한 일체의 범주로써는 도무지 에로티즘의 사태를 분석할 수가 없다는 것을 함축한다.

에로티즘은 '발산 · 용해의 종합'에 근거해 있음으로써, 일체의 지성적인 범주들에 의거해서 설정된 뭇 경계들을 지우고 무너뜨리면서 바로 그러한 지점에서 성립한다. 이는 저 앞에서 본 것처럼 내 몸 자체가 근원적인 비가시성의 영역을 지님으로써 지성적인 범주들을 벗어나는 것과 동일하다.

나는 내 몸 자체에서 근원적인 비가시적 영역을 지니고 있다. 이는 몸을 중심으로 해서 볼 때, 내 존재 자체가 근원적인 '어두운 빔' 내지는 '불투명한 구멍'을 지니고 있다는 것을 의미한다. 나는 혹은 내 몸은 이를 메워 채우고자 한다. 하지만 그 채움은 나와는 달리 내 몸의 근원적인 비가시성의 영역, 즉 '어두운 빔' 내지는 '불투명한 구멍'을 환히 들여다볼 수 있는 타인의 몸을 통하지 않고서는 불가능하다. 하지만 그 영역은 남이 나의 그러한 영역을 들여다보는 것만으로는 도저히 채워질 수 없다. 남의 몸과 내 몸 사이에서 벌어지는 '발산 · 용해의 종합'을 근거로 한 통감각적인 쓰다듬음과 그에 따른 발기의 폭발이 아니고서는 불가능하다. 바로 이런 맥락에서 에로티즘이 성립하는 것이다.

이런 맥락에서 에로티즘이 성립한다고 할 때, 강도가 높건 낮건 밀도가 낮건 높건 에로티즘은 그 대상이 심지어 사물이라 할지라도 결국에는 내 몸과 그/녀의 몸 사이에서 벌어지는 '발산 · 용해의 종합'이 어떤 방식으로건 경계를 허물면서 확산되는 데서 성립하는 것이다. 문제는 우리의 몸과 사물의 '몸' 간의 관계인 것이고, 그 관계가 결코 지성적인 범주적 판단에 의거한 '수렴 · 응축의 종합'보다 '발산 · 용해의 종합'을 중심으로 이루어지는 것이라면, 그 문제를 해결하기 위해서는 양쪽의 경계를 허무는 것에 대한 존재론적인 탐구가 있어야 하는 것이다. 그 일순위는 단연 메를로-퐁티의 살 존재론이 될 것이다. 다만, 그 존재론을 어떻게 하면 우리가 쉽게 납득할 수 있는 방식으로 구체화할 수 있을 것인가가 중요하고, 특히 전 우주적 에로티즘을 염두에 두고서 그런 구체화 작업을 할 수 있는가가 중요한 것이다.

02

노화와 타자로서의 몸

일상으로서의 질병과 몸

몸은 건강과 질병, 젊음과 늙음으로 이분화되는 것 같지만,
건강이 진화 과정상 일시적 적응 상태에 불과하므로
서로가 대비된다기보다 공존한다.
그럼에도 많은 현대인들이 무절제하게 의약품을 과다 소비하고
강박증적으로 운동을 하면서
표준적 건강과 젊음에 집착하고 있다.
이것은 결국 몸을 부각시키는 대신 소멸하게 만든다.
나아가 질병과 노년, 그리고 죽음을 하나의 몸에 흐르는
삶의 통합 과정임을 수용할 수 없게 만든다.

최은주

잠깐 스친 비에 젖다 만 낙엽을 밟으며
석양을 만나러 갔다.
어떤 이파리는 아직 살아 있다는 듯
빨갛게 익은 얼굴로 바지에 달라붙기도 했다.
구절초들이 시들고 있었고
날개 가장자리 몇 군데 패인 네발나비가

꽃 위에 앉아 같이 시들고 있었다.
세상 구석구석을 찬찬히 녹이는 황혼,
마치 거대한 동물의 내장內臟 같군,
누군가 말했다.

늦가을 저녁
나무, 꽃, 나비, 새 들이 그대로 녹는 빛 속에
벌레 하나 눈 속에서 녹지 않고 날고 있다.
고개를 딴 데 돌려도 날고 있다.
눈을 한참 꾸욱 감았다 뜬다, 눈물이 고일만큼.
눈물에도 녹지 않고 날고 있다.

날건 말건!

위 시는 시인 황동규 씨가 노안으로 생긴 비문증飛蚊症을 앓으면서 쓴 〈비문〉(2006)이라는 시이다. 주목할 것은 "날건 말건!"이다. "날건 말건!"은 자신의 눈에 비문이 보일 때마다 타이르는 주문과 같다. 그 뒤로는 생각날 때만 모기가 날고 보통 때에는 보이지 않게 되었는데, 그는 이것을 삶과 시의 공생으로 설명한다. "날건 말건!"은 자신의 고통을 의식하지 않도록 다짐하는 설득의 내면화 과정이다. 여기에서 우리는 질병과 그것에 대한 경험이 반드시 일치하지 않음을 알 수 있다. 고통은 습관이나 마음 상태에 따라 그 정도를 달리 할 수 있는 것이다.[1] 그러나 질병이 고통이 더하고 덜한 정도로만 끝나는 것은 아니다. 황동규 씨에게 질병은 의미의 세계이기도 하기 때문이다. 그는 질병으로 고통 받을 때 몸을 새삼 의식하게 되고, 그러한 의식이 고통에 새로운 의미를 부여함으로써 시어를 확장하고 시를 탄생하는 계기가 되었다. 질병이 문학으로 승화된 것이다.

그러나 황동규 씨처럼 질병이 반드시 '일상의 가치'를 새롭게 깨닫는 계기가 되는 것은 아니다. 많은 사람들이 어떻게라도 고통을 완화시키고 노화를 예방하기 위해서 과다하게 약물을 복용한다. 영원히 젊고 건강한 몸을 만들기 위해서이다. 그러나 푸코Michel Foucault가 지적했듯이 그러한 젊고 건강한 몸에 대한 집착은 우리의 몸을 의학적 식민지의 공간으로 만든다. '의학적 시선'이 '침묵하는 인간의 육체'를 엑스레이처럼 투시하고 분류하며 규범화하는 것이다. 이 점에서 몸은 정치적이다. 전신거울, 사진술, 체중계 등도 일상에서 우리의 몸이 의학화되고 정치화되는 현장이라 할 수 있다.

이와 같이 현대는 몸이 의학에 의해서 식민화되는 시대이다. 젊고 건강한 몸이 규범이 되는 것이다. 그러면서 질병은 최소화되어야 하는 부정적 가치로 인식되고 죽음은 마치 '먼 그대'인양 소외되었다. 추하고 병든 몸을 멀리하면서 그에 대한 담론도 금기시되었다. 더 이상 자연미가 가치의 중심을 차지하지 않듯이 자연스러운 질병이나 죽음도 삶의 과정을 주도하지는 못한다. 질병은 운동을 하지 않거나 조기검진을 하지 않았다는 게으름의 상징이고, 죽음은 돈에 의해 생명이 연장 가능하므로 가난의 은유이기도 하다. 따라서 정작 난치병이나 중병에 걸린 사람들은 몸의 가치가 하락한 '육체적 빈곤층'으로 사회적 관심 바깥에 놓일 수밖에 없다.

그렇다면 우리의 몸은 탄생과 성장, 질병, 노년, 죽음을 하나의 삶의 과정으로 통합시키는 몸이 아니라 도시계획에 맞춰 재건축되어야 하는 집들처럼 취급되는 것이 아닐까?

이 글은 아름답고 젊은 몸에 치중한 사회의 담론에서 질병과 고통이 소외되고 있는 현실을 점검하면서 우리가 어떻게 질병과 고통, 그리고 노년과 죽음을 긍정하고 거기에서 의미를 발견할 수 있는지를 살펴보려는 시도이다. 몸은 건강과 질병, 젊음과 늙음으로 이분법적으로 단절되고 구획되지 않는다. 많은 진화생물학자들은 건강이 진화 과정에서의 일시적 적응 상태에 지나지 않는다는 사실을 밝혀냈다. 이 글에서 먼저 필자는 깡길렘G. Canguilhem과 푸코의 관점에 기대어 몸의 의학적 식민화 현상을 규명한 다음에, 김훈의 〈화장〉을 꼼꼼히 읽으면서 질병과 고통, 죽음이 건강이나 젊음의 대립이 아니라 몸의 통합적 과정이라는 사실을 밝히게 될 것이다.

비/정상으로서의 질병

개인적으로나 사회적으로 질병을 멀리하려고 하지만, 사실 질병은 일상생활과 밀접하게 연관되어 있다. 래들리Alan Radley에 의하면 사람들이 가능한 한 오랫동안 '정상적'인 일상을 유지하기 위하여 질병의 증상적 불편함을 지닌 채로 살아가려 한다.[2] 사람들은 가장 아픈 시점에 병원을 찾는 것이 아니라, 증상이 생활을 방해할 때, 즉 대인관계에서 위기를 느낀다거나 직업 및 신체 활동에 지장을 받을 때 병원을 찾는다는 것이다.

환자가 되겠다는 것은 하나의 선택이다. 비활동성을 인정함으로써 정상적인 일상을 포기하는 것이다. 따라서 질병으로부터 사회로의 복귀를 위한 재정비 작업이라는 의학의 목표와도 맞물려서 몸이 해석되기도 한다. 이것은 의학에서 '일상적인 상태의 회복'에 치료의 목표를 두고 '정상적' 몸을 정의내리는 것과 관련된다. 즉 치료가 지향하는 바를 환자가 정상으로 간주하는 것이다.[3]

몸을 헤집고 다니는 의학적 시선이나 특정 질환의 일반화된 특성에 맞추면서 일상을 포기하지 않기 위하여 개인은 표준 의약품에 자신의 몸을 맡긴다. 이 순간 개별화된 몸은 더 이상 존재하지 않는다. 단지 의학적 시선이 표준화한 질병의 범주로부터 벗어나기만 하면 된다. 그런데 증상으로 인한 고통뿐만 아니라 치료의 과정에서 생겨나거나 부작용으로 인한 고통은 질병의 플롯에서 빠져 있다. "원하는 진리를 찾기 위해서 반드시 단정적인 질병의 이름이 필요"[4] 했음에도 불구하고, 의학과 병명에 대하여 설명하는 의사의 그러한 전문적인 언어 속에 질병으로 고통 받고 있는 개인에 대한 배려는 없었다. 비록 개인적 체질이라는 것이 발병에서 어떠한 역할을 수행한다는 사실이 인정되기는 했지만, 여전히 의학에서 개인은 부차적인 요인으로 취급된다.

깡길렘은 19세기 의학 이론이 병리적 상태와 정상 상태에서 생체기능의 기전과 산물에 질적 차이가 존재한다고 주장하는 것을 목표로 삼고 있다는 사실에 주목했다. 질병 해석의 기제에 의도가 개입되기 때문에 관점은 선택되지만, 과연 관점을 선택할 수 있는 것인지에 대한 의심이 제기될 수 있는 것이다. 바로 이러한 관점의 문제가 시대마다 다른 양상을 띠었다.

그리스 시대에는 관리법이라는 것에 의해 양호한 건강과 영혼의 바른 태도라는 이중의 영역을 지향했다. 그러나 여기에는 '쾌락의 중용'이라는 도덕적 차원의 메커니즘이 존재한다. 즉 성생활의 금기를 위한 문화적이고 종교적인 의미로서의 윤리적 차원이 건강과 의학에 영향을 미쳤던 것이다. 질병에 수반되는 시련이나 죽음과의 관계가 긍정적인 의미를 갖는 경우는 기독교적 관점에서 볼 때이다. 19세기 초반에 영국, 프랑스, 미국 문학 및 예술에 영향을 미치던 로맨틱한 결핵들이 그러하다.[5] 이 병은 창백, 무기력, 야윔, 심지어 쇠약까지 찬미와 숭상의 대상으로 만드는 희망과 창조성이 흘러넘치는 독특한 마음상태(폐로성 정열)에서 기인한다고 여겨졌다.

깡길렘이 비판한 콩트Auguste Comte의 경우는 질병이 생명 현상을 변질시키지 않는다는 주장을 일반화시켜 정치적으로도 사용하였다. 그는 정치적 위기에 대한 처방이 사회를 본질적으로 영구한 구조로 되돌리는 것이며, 사회의 정역학이 규정하는 자연적 질서의 변이의 한계 내에서만 진보를 수용할 수 있게 만드는 것이라는 주장을 정당화시켰다.

손택Susan Sontag이 바라본 질병은 편집증적인 사회와 얽히면서 공포심을 자극하는 은유로서 해석되기도 하였다. 즉, 은유로 쓰이는 질병 자체가 질병에 들러붙어 환자의 재활의지를 꺾는 낙인이자, 은유, 이미지가 되면서 삶과 죽음을 제대로 대할 수가 없다는 것이다. 그저 폭우나 천둥을 받아들이듯 어떤 설명도 없이 질병을 받아들이는 사회가 있는가 하면, 현대 서구 사회에서처럼 무권력이자 소외이며, 비인간화이기도 하다. 나아가 생활수준에 따라서 질병의 원인을 찾기도 한다. 따라서 질병은 개인의 고통으로서라기보다 전체적인 범주에 의하여 해석되고 동시에 통합적 관리에 의해 취급된다.

따라서 '아프다' '비정상적이다'라는 의료 및 진단 범주는 그렇게 보편적인 것도 객관적인 것도 아니다. 오히려 그 범주들과 문화, 계층, 시간에 묶여 있어 사회적으로 편향된 선입관의 산물이며, "조화의 개념에 의해 정의된 미학적이고 도덕적인 정상"[6]의 개념에 대비되는 어떤 것이다.

질병과 죽음의 문제는 삶을 정처 없는 것으로 만들어버리는 슬픔과 공포의 대상이었지만, 의학기술의 발전에 병행되어 나타난 위생 개념 때문에 정상적 삶의 뒤편으로 밀어 넣어야 할 배제 대상이 되었다.

에드바르트 뭉크, 〈병든 아이〉.

그러나 비정상성으로서의 질병 개념은 현대 의학기술의 눈부신 발전에 따라 완전한 몸의 실현 가능성을 낳았고, 질병을 다채로운 색깔로 시각화하고 객관화시키면서 몸에서 떼어버려야 하는 배설물이나 분비물과 같은 대상처럼 만들었다. 나아가 건강에 대한 강박관념을 불러일으켰다. 질병은 더 이상 오늘 밤 잠자리에 들었다 다음 날 아침에 죽어서 나오는 원인불명의 위치를 점할 수 없다. 몸을 더 이상 자연적인 것이 아니라 기계적으로 조망할 수 있는 것으로 강조하면서 시각화한 만큼, 질병을 공간적인 것으로 경계가 분명한 명명성으로 구분 짓게 되었다.

바로 19세기 분류하기의 한 양상으로 질병에 대한 의학적 권력의 시선이 생겨난 이후로 질병이 나타나는 바로 그 순간의 공간으로서 의미를 갖게 된 것이다. 다시 말해, 질병이 인간의 일상을 방해하는 고통이 아니라 원인과 부위에 의해 범주화되는 해부병리학적 공간으로서의 의미 이상이 아니게 된 것이다.

이를 푸코는 질병이 인간의 신체 위에서 그 자체로 자기 자신의 위치를 부여받는 것은 '분류하기' 혹은 '공간화'의 횡단 이후 발생하는 어떤 효과(그것이 그어지는 곳, 그리고 그것으로 만들어진 경계) 때문에 '무엇이 문제인가'가 아니라 '어디가 아픈가'의 질문 방식으로 의학적 인식소가 다르게 재편되었기 때문이라고 보았다. 그리하여 몸의 자연 치유능력을 돕는 의술을 마치 사이비 의술이나 미신적인 터부로 여기면서 '보고 자르고 봉합하는 것'에 치중하였다. 의학 자체는 오히려 일상과 멀리하는 구조를 가지고 있었고, 이에 따라 의학의 권력은 신비화와 성역화를 통하여 절대시 되었지만, 치료하는 한에서만 약이 될 수 있는 '파르마콘Pharmakon'과 같다는 사실은 잊고 있다. 이런 까닭에 한편에서는 의학에 대한 절대 신봉을 해체하면서 의학의 몸에 대한 일반화된 지식을 폭로하고 부정하면서 '자연' 치유나 '자생력'으로 눈을 돌리기도 한다.

의약품에 대한 정보는 바로 몸에 대한 일반화된 지식을 사회 매체마저 절대시하여 소비심리를 자극하면서 사회에 심각한 파장을 일으킬 수 있다. 임상병리학의 실험 결과를 따지는 경우가 특히 그러하다. '기적의 약'이라 불릴 정도로 인간에게 유리한 약리 작용을 가지고 있는 아스피린의 경우, 초기에는 진통제, 소염제, 해열제 등으로 쓰였던 것과 달리, 동맥경화를 예방하는 효과가 알려지면서 심혈관질환 고위험자들에게 예방목적으로 흔히 처방되고 있다.[7] 게다가 최근 들어 몇몇 암 예방효과를 나타내면서 더욱 주목받게 되었다. 그러나 한국인에게 발생하는 암 종류가 서양인의 그것과는 크게 다르기 때문에 효과보다는 부작용이 더 클 수 있다는 점은 알려지지 않았다.

언론이 밝혀내는 이러한 연구 결과들의 대다수는 학자의 수와 연구비가 충분한 서양에서 진행된 것들로, 서양의 통계적 임상실험 결과를 표준화하여 서양인의 건강법을 진리로 삼는 위험요소를 간과하고 있다. 이렇듯 의약품의 소비는 제한된 환경의 실험 결과에 의해 절대시될 수 있다. 그럼에도 불구하고 정보에 과다 노출되어 있는 현대인들은 맹신을 보이면서 무제한적인 소비 성향을 나타낸다. 따라서 이러한 정보가 유용한 소통 대신 집단적 과신의 경로가 되기도 한다. 거르지 않고 남발하는 정보는 의약품의 과소비를 조장할 뿐만 아니라 건강하고 젊은 몸에만 극도의 관심을 부추기는 데 주도적 역할을 한다.

약을 어떻게 조제하느냐에 따라 치료약과 독약이 될 수 있는 '파르마콘'의 이중적 어원 안에 몸이 놓이게 된다는 것은 간과하고 마는 것이다. 따라서 독약이 치료약이고, 치료약이 독약으로 변하는 상호 보충대리의 가역적 작용에 대하여 올바른 판단을 내리기도 전에, "경쟁논리 속에 들어가며, 의료 및 약에 대한 잠재적으로는 무한한 요구라는 형태"[8]의 의료숭배에 다다르게 된다.

이제 육체의 건장함은 마치 생존 이데올로기의 구성물이자 동시에 실존적 욕망과도 같다. 수명이 연장된 만큼 일상생활을 영위해야 할 시간이 길어지고, 사회 전체가 더 젊은 것을 선호하며 이에 따라 더 젊어 보일 수 있는 많은 의학기술이 추가 발전되는 것은 당연한 결과일지 모른다. 부작용과 치료 과정의 고통이라는 지불대가는 잊혀진 반면, 가시적인 젊음은 분명 가능하게 되었다. 기계적으로 완비된 건강하고 아름다운 몸이 가능해졌고, 질병과 죽음으로부터는 그만큼 멀어진 것 같다.

그러나 수명이 연장되고 어느 정도까지 젊음이 시각적으로 충족되어 졌다고 해서 질병이나 고통, 그리고 죽음이 사라진 것은 아니다. 수명이 연장된 만큼 질병으로 고통 받는 기간은 20년이 넘는다고 보고되기도 하였다. 단지 의학기술의 발달이 의사들로 하여금 환자들의 고통을 이해하는 문제와는 전혀 다르게 속도를 내고 있어서, "개개인의 개별적인 고통을 객관화하는 건조한 사실이나 묘사, 숫자 등으로는 그러한 고통의 내용이 제대로 전달되기 어렵다."[9]

만성적인 질병의 경우는 특히 일상생활에 지대한 영향을 미치지만 지금까지도 완전하게 설명이 불가능하다. 의약이 이러한 고통을 완전히 해결해주지는 못하는 것이다. 정상적인 일상을 포기하고 환자가 되고자 하는 것은 증상이 생활을 방해하기 때문에 마침내 비활동성을 인정하는 것이다. 질병을 "생명의 역동적인 양극단에서 부정적인 가치 형식을 취하는 염려되는 상태나 행동을 병리적인 것, 따라서 피해야 하고 고쳐야 할 것"[10]으로 정의 내리는 의학의 입장과 달리, 개인은 정상적인 일상으로의 복귀를 위하여 증상 완화를 목표로 치료를 하는 것이다.

일상과 질병

몸의 대두는 참된 외관에 집중하게 한다. 현대는 더욱더 특화된 고화질의 영상물(시각화)을 통해 '선'으로 강조되는 몸만을 떠올리게 만든다. '착한 몸'과 '다이어트를 부르는 몸'이라는 화두는 십대뿐만 아니라 그 이상의 연령들을 열광하게 만든다. 몸의 사이즈에 맞춰 옷을 구입하는 것이 아니라 옷의 사이즈에 맞추어 몸을 만들기 시작한 지는 이미 오래된 이야기다. 결국 이러한 현상들은 자기표현의 매개체로서의 몸이 그 부분들을 통제하고 조정하면서 가능해진 것이다.

건강을 위한 몸 프로젝트가 다이어트로 공식화되는 오해의 과정이 마약류의 비만치료제를 다이어트 약으로 둔갑시키고, 세균을 죽이는 항생제가 바이러스가 원인인 감기 치료에 매출을 목적으로 과다 처방되어, 막상 항생제가 필요한 몸 상태가 되었을 때는 내성균을 키워 전혀 효력을 발휘하지 못하는 무능한 몸이 되기도 한다.

건강에 대한 과잉 관심이 질병을 소외시키는 데에만 급급해서 왜곡된 방식의 의약품 접근을 유도한 것이다. 결국 온전한 일상생활을 위한 건강검진과 의약품 사용은 몸으로부터 질병을 몰아내기 위해 오히려 질병에 대한 노이로제에 사로잡히는 결과를 양산해냈다 해도 과언이 아니다. 최근 들어 눈에 띄게 유행하는 노화방지수술과 홈쇼핑의 건강보험상품, 노인 장기요양소 및 주검을 대행해주는 상조회사의 광고들은 '일상성의 수익성화'를 증명해 보여준다. 이러한 광고들은 금전적인 문제와 점층되어 질병 완치나 조기검진을 결국 빈부격차라는 새로운 문제와 부딪히게 하였다.

질병에 걸린 늙은 몸은 관리시설로 재배치되기 위하여 더 많은 돈을 벌어야 하는 문제뿐만이 아니라, 더 젊고 건강한 가족구성원들과의 동거를 포기해야 하는 또 다른 문제에 처하게 만들었다. 포슈는 "죽음을 소화해내지 못하는 문화란 인생이 변해도 아름다움이 있다는 것을 놀라워하지도 알아차리지도 못한다."[11]고 했다.

그럼에도 불구하고 정체성과 몸의 긴밀성이라는 측면에서 죽음은 근심스러운 것이다. 가치의 축적을 지향하는 세상에서 죽음이야말로 가치의 종말을 의미하는 것이기 때문이다.[12] 이러한 의식이 영원히 젊은 몸을 미화하고 가능하게 한다. 질병이나 죽음은 본래 일부였음에도 불구하고 하나의 몸에서 통합되지 못하고 분열될 뿐이다. 죽음은 연명치료를 중단하는 유언장과 같은 세련된 담론이 되어야지 구역질나는 것이 되어서는 안 되는 것이다.

그러나 여전히 사회적으로 죽은 늙고 병든 몸은 개개인과는 화해를 필요로 하는 몸이다. 질병의 고통을 경험하여 몸과 소통하고 화해함으로써 주체로서의 자신의 삶의 지평을 새로이 할 수 있을 터인데, 몸은 터너Brian Turner가 조명한 대로 미래의 모든 문화적 행위가 구성될 수 있는 '토대로서의 가능성'을 제공하고, 생존 및 의미와 관련해 '미래 지향적인 몸'을 가지고 있다는 점에서 미완결된 실험의 공간인 것이다.

'별 수 없는' 육체적 무능에 처한 사람은 정상적인 일상을 포기하면서도 여전히 일상적인 사회로의 복귀를 목표로 치료를 한다. 그리고 죽음을 눈앞에 둔 사람도 자기 방어와 설득으로 일상과 연결되는 순간을 기다리며 희망을 남겨둔다. 그들에게 일상은 더 이상 박탈과 억압과 채워지지 않는 욕망으로 존재하지 않는다. 그들에게 일상은 이미 일상을 빼앗긴 상태에서의 새로운 욕망인 것이다. 사회적으로 죽은 몸에 대한 설득과 연민, 그리고 화해와 좌절은 까뮈의 〈아이러니〉를 통해 조명해볼 수 있다.

여기에서 노인은 병에 걸려 고생 중이었는데 오른쪽 반신이 모두 마비되어버린 상태였다. 이 세상에서 몸의 절반밖에 가지고 있지 못하고 다른 반쪽은 이미 자기 것이 아니었지만 자신에게 유일한 관심을 표하는 사람을 만나면 매달려 그 손을 놓고 싶지가 않다.

노인은 기도에만 매달렸던 지겨운 시간과 권태에 대해 관심을 보이는 청년을 만나면서 마침내 괴로운 심정을 털어놓게 된다. 다른 사람의 짐이 되느니 차라리 죽어버리고 싶다고 말하면서 젊은 사람들에게 자리를 비켜주는 것이 도리라고 하지만, 노인의 목소리는 시비조이다. 젊은 남자는 이것을 이해할 수 있었고 죽는 것보다는 다른 사람의 짐이 되는 편이 낫다고 말한다.

그러나 까뮈가 보았을 때 중요한 것은 청년이 남의 짐이 되어본 경험이 없었다는 점이다. 청년의 마음은 노인에 대한 커다란 고통으로 저려왔고, 등 뒤 한구석에 앉아 있는 노인 때문에 신경이 쓰여 제대로 먹지도 못한다. 그러는 사이 친구들의 청에 영화를 보러가기로 한다. 노인은 청년과의 만남으로 인해 혼자 남고 싶지 않았기 때문에 청년에게 매달리게 된다. 노인이 가진 것이라고는 '지긋지긋 한 고독'과 '시간이 흘러도 도무지 오지 않는 잠', 그리고 '허무하기만 한 신과의 대화'였다.

이제 청년은 영화관에 가기 위해 버려두어야 하는 늙은 불구의 노인 앞에 서서 자기의 처지에 대해 느끼기 시작한다. 그런 자신을 붙들려는 노인에 대해 청년은 이제 잔인한 증오감은 물론 노인의 뺨을 갈겨주고 싶은 생각까지 든다. 노인과 청년이 상대의 연민을 붙들려 하면서, 그리고 짐짝 같은 상대를 떼어내려 하면서 갈등은 극화되고, 노인이 체념을 하면서, 그리고 청년이 자리를 떠나면서 그들의 관계는 끝을 맺는다.

그러나 청년은 집을 떠난 후 죄책감을 느끼며 노인이 있는 집의 불 켜진 창문을 통해서 아무 소리도 들리지 않는 집에 뚫려 있는 '커다란 죽은 눈'을 느낀다. 그리고 그 '눈'은 결국 감겨버린다. 창문의 불빛을 청년이 커다란 죽은 눈이라고 느꼈듯이, 불이 꺼지고도 죽음의 시선은 지속된다. 마치 홀바인Hans Hollbein의 〈대사들〉에 걸려 있는 찌그러진 해골처럼, '죽은 눈'은 청년에게 아무런 이야기도 해주지 않는다. 불 꺼진 창문 안의 노인에 대한 연민은 있을지언정 결국 청년 자신도 죽음에 이를 것이라는 상상에는 이르지 못하는 것이다.

결국 어떠한 윤리도 노인과 청년을 같은 맥락 속에 소통시키지는 못한다. 노인은 반신불수이기도 하고 상식이 없는 탓에 영화를 이해할 수도 '없을' 것이기 때문이다. 청년에게 노인은 그저 추측 가능한 존재일 뿐이다. 결코 볼 수 없지만 어디선가 보고 있을 죽음처럼 말이다. 청년이 노인을 이해할 수 있는 것은 오로지 노인이 자신에게 짐이 되지 않는 순간일 뿐이었다. 그런 점에서 젊고 건강한 몸이 늙고 병든 몸을 이해한다는 것은 영원히 불가능할지 모른다.

그러나 까뮈의 〈아이러니〉가 그의 ≪안과 겉≫이라는 책에 수록되어 있다는 점은 주목해볼 소지가 있다. 빛과 어둠이, 젊음과 늙음이, 건강과 질병이, 그리고 삶과 죽음이 끊임없이 변주되는 것이 삶이되, 삶은 이렇게 '안'과 '겉'의 상관관계 속에 있다. 비록 청년과 노인이 연민으로 시작하여 갈등을 겪고 좌절하는 관계를 형성할 수밖에 없다 해도 "양극단의 것들은 결국 의식의 극한점에서 융합될 하나의 덩어리"[13]이다. 까뮈가 내리는 해답은 그 어느 하나만을 선택할 수 없다는 것이다.

그럼에도 불구하고 〈아이러니〉는 인물들의 상호관계를 실패와 좌절

지리상의 발견이라는 시대상을 반영하는 과학과 예술의 발전에도 불구하고 인간은 언젠가 죽을 것이라는 암시가 일그러진 해골을 통해 암시되고 있다. 우리는 죽음을 결코 볼 수 없지만, 죽음은 어디선가 우리를 보고 있는 것이다.

한스 홀바인, 〈대사들The Ambassadors〉.

로 끝맺고 있다. 이에 반해 김훈의 소설 〈화장〉은 건강한 몸과 병든 몸이 동음이의어로 어우러짐을 시사한다. '화장'이 의미하는 바는 '化粧'과 '火葬'이다. 그렇지만 작가는 한자를 표기하여 두 의미를 알리려는 어떠한 시도도 하지 않았다. 소설은 내부적으로 두 의미의 화장을 조화시켜 보여줄 뿐이다.

소설에서 아내는 뇌종양이라는 판정을 받았었다. 의사가 병에 대해 설명하던 말은 남자가 듣기에는 비어 있는 것이었다. 종양이 생명 속에서만 발생하는 또 다른 생명이라는 정의는 죽은 자는 종양에 걸리지 않고, 살아 있는 자만이 종양에 걸리는 것인데 종양 또한 삶의 증거이기 때문에 이도 저도 아닌 것이었다. 그 자체로 정상적이거나 병리적인 사실은 없다는 것과 마찬가지이다. 이상이나 돌연변이도 가능한 생명의 또 다른 규범을 표현하기 때문에, 만약 이러한 규범들이 상응하는 동일 환경이나 보다 우위의 환경에서 나타난다면 이들은 정상적이라고 말해질 것이다.

이러한 질병의 애매한 의학적 해석이나 설명이 병든 아내를 부여잡고 일상을 이어가야 하는 남자에게는 뻔한 소리이자 하나마나한 소리일 뿐인 것이다. 의학의 허점은 바로 공간으로서의 질병을 언어학적 규명으로 정의 내림으로써 명쾌하지 못하게 그 고통을 읽어내는 데 있다. 병은 환자마다 개별적이고도 고유한 징후로 나타난다는 것을 인정하면서도, 의사는 종양을 들어낼 수는 있어도 종양을 빚어내고 키우는 환자의 생명에 개입할 수는 없다고 말한다. 이 말을 통해 의학과 약은 매끄럽지 못한 방식으로 질병에 접근할 수 있을 뿐이라는 것을 확인할 수 있다.

그러나 의사의 설명이 뻔하면 뻔할수록 남자는 무서웠고 속수무책이었다. 질병은 개인에게 '비/정상성'이라는 개념이 아니라 '정상적인 일상'을 포기하고 환자로서의 위치를 수용하면서 결정되는 것이다. 이때부터 집요하게 계속되는 일상성과 질병 앞에 투쟁으로 맞서야 한다.

남자는 이제 일상을 이어갈 수 없는 병든 아내와 남자 자신의 일상을, 언제 찾아올지 모르는 죽음과 대면시켜야 한다. 병명이 확정되면서 병은 급속도로 진행됐다. 병을 앓던 아내의 몸은 해부학 교실에 걸린 뼈처럼 앙상한 두 다리와 검버섯 핀 늘어진 피부를 하게 되었다. 요강처럼 가운데가 뚫린 의자 위에 아내를 앉히고, 의자 밑으로 손을 넣어 아내의 허벅지와 성기 안쪽과 항문을 비누칠한 수건을 밀어 넣어 닦자마자 똥물을 흘리던 아내. 아내는 미안하다고 울면서 말했다. 남자는 '아마도' 아내가 수치심을 느끼기 때문이라고 생각했다.

마침내 '삐삐' 소리와 함께 2년에 걸쳐 가족을 들볶던 질병과 투병의 고통을 앓던 아내의 몸은 주검으로 바뀌었다. 전립선염을 앓는 남자는 죽은 아내를 빈소에 두고 방광의 오줌을 빼러 병원을 찾는다. 임종 소식을 듣던 순간, 터질 듯한 방광의 무게에 짓눌려 그 자리에 주저앉아버리고 싶었던 것이다. 남자에게 있어 자신의 전립선염은 직접적인 경험에 의하여 통각으로 언어화되었다.

> 변기에 앉아서 방광에 힘을 주었더니, 고환과 항문 사이로 날카로운 통증이 방사선으로 퍼져 나갔다. 성기 끝에서 오줌은 고드름 녹듯 겨우 몇 방울 떨어졌다. 붉은 오줌방울들이었다. 요도 속에서 오줌방울들은 고체처럼 딱딱하게 느껴졌고, 오줌이 빠져나올 때 요도는 불로 지지듯이 뜨겁고 쓰라렸다. 몸속에 오줌이 남고 사지가 모두 떨어져 나가는 느낌이었다. 밤새 나온 오줌은 붉은 몇 방울이 전부였다. 배설되지 않는 마려움으로 내 몸은 무겁고 다급했다. 다급했으나 내보낼 수는 없었다. 밤새 다섯 차례나 화장실을 들락거

렸지만, 오줌은 성기 끝에서 이슬처럼 맺혔다가 떨어졌다. 죽은 아내의 시신이 침대에 실려 나갈 때도 나는 방광의 무게에 짓눌려 침대 위에 따라가지 못했다.[14]

반면 아내의 고통은 그것을 바라보는 자신의 고통에 의해서만 확인될 수 있는 시각적인 것이었다. 즉 아내가 발작적인 두통을 호소하며 머리카락을 쥐어뜯고, 먹던 것을 뱉어내다가 마침내 시퍼런 위액까지 토해 놓고 정신을 잃던 모습은, 남자가 아내의 고통을 이해할 수 있는 유일한 방법이었다.

오줌이 빠져나간 방광이 빈 들판처럼 느껴지던 남자는 돌아와 아내의 빈소 옆 어둠 속에서 잠이 든다. 죽은 아내의 빈소에 설치된 전화기로 걸려온 병원 경리 직원의 치료비와 병실료 납부 요구나, 여름 광고 전략을 마무리 지으라는 사장의 전화, 또는 허기를 면하기 위해 먹어야 하는 라면은 일상이 비루하지만 여전히 흘러가야 함을 보여준다. 아내의 죽음을 몸으로 감당해야 할 사람은 남자였지만, 아내의 장례 일정 속에서 남자가 할 일은 아무 것도 없다. 장례 절차에 필요한 사항은 모두 회사 비서실이나 영안실 직원이 할 일이었다. 장례식장에서조차 남자는 화장품의 여름 광고 이미지 문안을 결정해야 했다.

소설에서 젊은 몸과 병든 몸은 말 그대로 화장품 회사 전무인 남자의 마린블루 화장품과 '소각중. 완료예정시간 오후 두 시'를 알리는 화장장을 덤덤하게 대립시키면서도 마치 하나의 연대를 이루고 있는 것처럼 보인다. 남자가 전무로 있는 화장품 회사는 '세상의 모든 감각들이 관능화되고 세분화되는' 세월 동안에 번창했다. 지금은 기초화장품 20여 종에 색조화장품 30여 종을 생산하고 유통시키는 시장점유율 1위의 회사이다. 기초화장품과 색조화장품의 숫자는 삶과 젊음을 세분화된 약호에 의하여 분류시키고, 이러한 세분화가 젊음과 미를 실질적인 것으로 만들고 있다. 그리고 남자가 화장품 개발의 전략을 짜고 광고카피를 선택하는 동안에도 병든 아내는 죽어갔다. 전립선염을 앓는 남자에게 화장化粧품과 아내의 주검의 화장火葬은 불편하기는 하지만 동거의 자리에서 동음이의어로서 공존한다.

그런데 아내의 의식이나 수치심이 더 이상 작동되지 않는 시간에 남자는 젊은 여직원을 생각했다. 그녀는 남자에게 있어 '여자인 몸, 그 살들이 빚어내는 풋것의 시간' 속에 있는 '완연한 몸'으로서 존재한다. 그러나 젊은 여자는 남자와 관계를 맺는 몸으로서 존재하지 않는다. 남자에게 여자는 건너갈 수 없는 아득한 거리에 있고 닿을 수 없는 욕망으로서의 '기갈'이거나 '허기'일 따름이다.

그럼에도 불구하고 여자에 대한 '사랑'을 독백으로 쏟아놓는 것은 그녀의 몸에서 '살아 있는 것은 저렇게 확실하고 가득 찬 것'을 느꼈기 때문이다. 남자에게 그녀의 푸른 정맥과 빗장뼈와 살은 완전한 존재로서의 실존을 표상했다. 따라서 아내로부터 죽음을 접하는 남자에게 삶은 오랜 투병 끝에 비로소 찾아온 아내의 죽음처럼 무덤덤한 것이기도 하지만 '세상 속으로 밀치고 나오는 (여자의) 몸'처럼 생명의 질감이며 냄새이기도 하다.

이것이 삶이고 일상이다. 아름답고 혐오스러운 몸, 건강하고 병든 몸이 비합리성으로 일상을 메우는 가운데, 죽음을 맞는 아내와 병을 앓는 남자는 젊은 여자와 여자의 젖내 나는 아기와 더불어 불만족이나 불안으로 엉키는 대신 질병, 고통, 노년, 그리고 죽음으로부터 자유롭지 못한 몸에 대해 오롯이 수용해내고 있다.

'미래지향적 몸'을 향하여

몸에 대한 건강윤리는 다른 다양한 사회양식들의 구조체계를 통해 뿌리를 내렸다. 푸코가 19세기에 시작된 임상의학에서 고찰하였듯이, 질병은 가시적인 요인과 언어 작용에 의하여 재편성되었다. 질병이 드러내는 가시성과 발화가능성에 근거하는 속성을 부여받은 것이다. 이러한 속성은 질병을 일상에서 벗어난 비정상성으로 규명하는 기반을 마련하였다.

현대는 무엇보다 몸에 대한 관심이 "개인적 서사들을 지속적으로 재정비하면서 정체성이 형성"[15] 되는 때이다. 일상생활 속에서 더욱더 적극적인 몸 관리를 통해 미적 욕망을 능동적이고 적극적으로 실현하고자 하는 시대인 것이다. 비록 건강이라는 개념이 실존하는 어떠한 존재에 대한 개념이 아니라 규범의 개념이고, 이 때문에 정상적인 것과 병리적인 것에 대한 평가는 몸이 아닌, 상황적 '현상'에 불과하다 할지라도, 사람들은 완전한 존재로서의 실존을 증명하려 하였다. 그러나 병리학이 병에 걸린 개인과 임상을 매개로 맺는 관계이며, 결국 '객관적 병리학'에 대해 말하는 것은 불가능한데도 병리학은 평가로서 정당화되어왔다. 그런데 이러한 객관적 정의에 몰두해왔기 때문에 병리적인 것을 규정하는 것은 늘 오류를 겪어왔다.

그러나 병리학과 의학기술의 발전의 양면처럼 우리는 질병으로 고통받고 결국 누구나 죽음에 이른다. 삶은 죽음이 있기에, 죽음은 삶이 있기에 파르마콘처럼 같음과 다름의 동거와 차이의 관계를 교차시켜 나간다. 서로가 서로에게 이미 연루되어 있고 공모되어 있음이다. 물론 삶의 기간을 연장할 수는 있다. 그러나 죽음의 범주로부터 벗어날 수는 없다.

그럼에도 불구하고 언제나 잊는다. 아마 잊고 싶은 현대인들의 강박증처럼 의도적으로 은폐되는 것일지도 모른다. 엘리아스Norbert Elias가 ≪죽어가는 자의 고독≫에서 지적한 대로 묘지가 일상으로부터 전적으로 격리된 공간이 된 것도 죽음을 정상적 삶의 뒤편으로 밀어 넣으려는 산 자의 무의식적 시도를 보여주는 징후에 불과한 것이다.[16] 매끈한 문물과 문명의 이기에 죽음이 담보되어 있음을 비웃는 〈대사들〉 속의 해골을 우리는 결코 볼 수 없는 것이다.

그러나 질병과 고통으로서의 몸은 건강과 아름다움으로서의 몸과 마찬가지로 삶에의 과정이지 삭제 가능한 파일과 같은 것이 아니다. 그럼에도 불구하고 은폐된다는 것은 단지 삶에의 한 과정이 희생되는 것일 뿐이다. 적어도 담론적으로 질병은 질병 전이든 후든 회자되어야 하고 질병의 고통을 통하여 내적, 외적 초월을 바라다볼 수 있어야 한다.

모리스David B. Morris가 짚어냈듯이, 현대 의약은 객관적으로 입증되는 장애인 '질환disease'과 환자의 주관적인 경험인 '병illness'을 구분하지 못했다. 그럼에도 불구하고 의약품에 대한 과소비나 또는 자신의 몸의 과소비가 극대화되면서 욕구가 극대화되는 것은, 광고 문안이 하나의 은유적 기능으로 효과를 발휘하고 관심 없던 사람을 '열정적으로' 만들어 자신의 일상을 상상 속에 옮겨놓게 되었기 때문이다.[17]

몸을 적극적으로 욕망하게 된 것은 몸이 사회와 연루되어 있기 때문이다. 아름다운 몸에 대한 강박관념이나 그러한 아름다움을 자신감 형성의 수단으로 인정하면서 성형술을 보편화시킨 것도 사회적 담론에 의해서다. 이런 까닭에 현대에는 수두룩한 '얼짱'과 '몸짱'이 생산되고 있다.

그러나 사회는 복제품과 같은 성형미인들에게 점차 질리고 비우호적인 태도를 보이고 있다. 심지어 '요즘은 남과 다른 것이 진짜 예쁜 것'이라고 말하기도 한다. 사회가 부추긴 아름다움은 다시금 몸을 소비하는 주체들을 배신하고 있는 것이다. 어떤 종을 대표하기 위해 우리는 평균에 의해 정해진 상수에서 온 기준을 선택했다.[18] 정상적인 생명체는 이 기준에 합치하는 것들이다.

그러나 기준에서 벗어나는 것을 모두 비정상으로 간주해야 할까? 여기에 통계학의 비판이 따른다. 즉 가장 흔한 것은 평균적인 계산의 결과이다. 질병에 있어서도 마찬가지다. 정상적 인간은 정상적이지 않은 세계에서만 자신이 정상임을 안다. 즉, 깡길렘이 말했듯이 질병에 대한 예감으로서가 아니라 그것이 투사된 그림자에 의해서 알 수 있는 것이다. 질병은 늘 있게 마련이다.

농약을 뿌린 나무가 또다시 농약에 의존하는 반면, 안 뿌린 나무는 큰 손상 대신 스스로 치료하면서 나무의 균들끼리 '식물연쇄'라는 것을 일으킨다. 현대 농업이 관찰 능력을 키우는 대신 농약과 비료에 대한 수학적 계산만 앞세운 것처럼, 현대인도 뭔가 부족한 듯하고 아프다 싶으면 영양제와 의약품을 찾는다. 양분을 주면 박테리아가 활동을 쉬는 반면, 주지 않으면 활동한다. 박테리아가 활동해야 흙이 만들어지는데 인간의 장腸도 마찬가지이다.

물론 이러한 이유가 적절한 질병 치료나 운동에 대한 게으름을 정당화시키는 것은 아니다. 그러나 과도한 의료 숭배나 운동에 대한 집착이 지나치면 지나칠수록 몸은 더욱더 핍박받게 될 뿐이다. 필요한 것은 저항력이 있는 몸이다. '날건 말건, 그까짓 게 사는데 치명적인 것은 아니다'라고 타이르는 주문 때문에 생각날 때만 비문이 보이는 것은, 자기와의 혹은 자신의 몸과의 대화를 통해 불편함을 들여놓기 때문이다. 이것이 절단과 봉합만의 기술적 의학으로부터 몸을 자유롭게 할 수 있는 길이다. 나아가 질병과 고통, 그리고 죽음을 하나의 몸에 흐르게 하면서, 궁극적인 삶으로의 '미래지향적인 몸'을 가질 수 있는 길이다.

성을 향유하는 노년의 예이츠[1]

남성성은 두 가지 형태로 발현될 수가 있다.
하나가 대상을 공격하고 정복함으로써 욕망의 충족을 꾀하는 남근적 성이라면,
다른 하나는 대상과 공존하면서 보살피고 배려하는 비남근적 성이다.
노년에 예이츠는 성을 공격적 무기가 아니라,
쌍방적이고 자유로운 대화로서 경험하기 시작하게 되었다.
그것이 늙은이가 주책이 없다는 핀잔을 들을 정도로 노년에 예이츠가,
마음껏 성에 탐닉할 수 있었던 이유이다.
노년의 성은 비공격적이며 대화적이기 때문에 아름답지 않은가?

김종갑

인간이 세상에 태어나서 살다가 마침내 죽는다는 사실보다 더욱 일상적인 진리는 없을 것이다. 인간의 '있음', 혹은 '있었음'이 마침내 '무'로 막을 내리는 양 극단의 사건은 비극적인 위엄마저 불러온다. 이렇게 죽음이 당연시될 뿐 아니라 하이데거의 ≪존재와 시간≫에서처럼 철학적 논의에서 결정적인 중요성을 갖기도 하는 반면에, 그러한 종말로 향하는 노화의 과정은 철학이나 문학에서 진지하게 취급된 적이 없다.

이유를 짐작하기는 어렵지 않다. 죽음은 잔치가 끝나고 음식 쓰레기 하나 없이 깨끗이 정돈된 식탁처럼 육체의 흔적을 남기지 않는다. 그러나 노화의 과정은 존재가 무로 점차 부패하는 육체적 흔적과 쇠퇴, 질병 등으로 얼룩져 있다. 로마 시대의 풍자 시인이었던 유베날리스는 "일그러지고 추한, 알아볼 수 없는 얼굴, 피부 대신 그 보기 흉한 가죽만이 남아 있으며, 축 늘어진 두 뺨"[2] 등의 신체 변화를 가지고 노인을 묘사하였다. 노년의 처칠과 예이츠는 각기 자신을 "낡은 넝마더미," "넝마를 걸친 지팡이"로 부르기도 하였다. 죽음이 비극이라면 노화는 익살극에 지나지 않는다. 때문에 젊은 사람들은 자신들도 언젠가 늙는다는 너무 당연한 사실을 상상조차 하지 못한다. 그들의 상상적 공간에는 노년이 아예 존재하지 않는 것이다. 그렇다면 삶의 타자는 죽음이 아니라 노년이 된다.

노년은 때로 체화된 지혜나 세속으로부터 초연한 수도승으로 이상화된 모습을 취하기도 한다. 아리스토텔레스는 사려분별의 지혜를 갖출 수 있는 나이로 50을, ≪논어≫에서 공자는 자유자재로 행동해도 덕에서 어긋남이 없는 나이로 70을 손꼽았다.(從心所欲 不踰矩) 노년은 지혜에 이르는 길이라는 것이다. 지혜가 체화된 노인의 모습은 신선처럼 유유자적하는 백발의 노자나 강태공, 혹은 라파엘의 〈아테네 학당〉의 플라톤처럼 진리의 구도자로서 표상되곤 한다. 이러한 이상적 노인상에는 유베날리스의 묘사처럼 흉하게 노화하고 쇠퇴하는 노년의 몸이 배제되어 있다. 상상이 불가능한 타자로서 노년이 탈육체화되고, 이상화된 타자로서 노년으로 대체되는 것이다.

이상화된 노년상은 "넝마를 걸친 지팡이"처럼 노쇠한 몸의 진짜 노인과의 만남을 회피하고 거부하도록 만든다. 렘브란트와 반 다이크와 같은 화가들이 화폭에 옮겨서 더욱 유명해진 〈수잔나와 원로들〉의 에피소드가 단적인 예가 된다.(반

다이크의 그림 참조) 육체적 욕망으로부터 초연해야 할 원로들이 이 에피소드에서는 젊은 수잔나의 몸을 몰래 엿보면서 탐하는 모습으로 제시되어 있다. 백발이 성성한 원로들이 파렴치하게 욕정을 다스리지 못하고 정욕에 눈이 멀어서 목욕하는 여인을 겁탈하려는 것이다.

이 에피소드는 성경의 일부로 편입되지 못하고 외경으로만 전해 내려오게 되었다. 노인이 젊은이처럼 성욕의 주체가 될 수 있다는 사실이 문화적으로 용납될 수 없었던 것이다. 노인은 스토아 철학자들처럼 육체와 관련된 욕망으로부터 자유로워진 영혼이어야 하며, 젊은 사람들에게는 육체의 덧없음을 가르치는 문화적 아이콘의 역할을 해야 한다. 중세의 화가들은 해골을 손가락으로 가리키면서 메멘토 모리memento mori를 상기시키는 오리겐Origen 성자의 모습을 화폭에 자주 담곤 하였다. 노년은 실제 죽음이 도래하기 이전에 미리 앞서서 육체의 상징적 죽음을 죽음으로써 탈육체화된 지혜로 거듭나야 하는 것이다. (셰익스피어의 ≪햄릿≫에서 묘지기가 해골을 가지고 노래하는 장면은 매우 유명하다.)

그렇다면 노인은 두 개의 몸을 가지고 있다는 말이 된다. 하나는 욕망의 주체로서의 사적인 몸, 또 다른 하나는 지혜로 체화된 도덕적 몸이거나 '메멘토 모리'로서의 상징적 몸이다. 이 양 극단의 어느 한편에 노년의 몸이 위치하고 있다. 후자의 노인은 ≪신곡≫에서 방황하던 단테를 천상으로 안내하는 베르길리우스처럼 교화적 기능을 가진다. 바람직한 노인이라면 육체를 탈각한 유령처럼 존재해야 한다. 그렇지 않으면 수잔나를 겁탈하려 했던 장로들처럼 망측한 욕망의 포로로 육체의 악마가 되어버린다. 육체의 죽음이거나 육체의 악마적 탐닉, 두 극단 외에 노년에게는 별다른 선택의 여지가 없는 것일까?

한편으로 대상으로서 노년이 시각적으로 보이는 늙은 육체Körper라

점잖고 지혜로우며 젊은이들의 귀감이 되어야 할 원로들이 도리어 성욕에 눈이 멀어서 목욕하는 수잔나를 겁탈하려 하고 있다.
렘브란트를 비롯한 많은 화가들도 이 소재를 화폭에 담았다.

반 다이크, 〈수잔나와 원로들〉.

면, 또 다른 한편으로 주체로서의 노년은 생각하고 느끼고 욕망하는 몸이다. 나이도 타자에게 "보이는 나이look age"와 주체 스스로 "느끼는 나이feel age"로 나뉠 수 있으며,[3] 더욱 세밀하게는 달력 나이와 건강 나이, 정신 연령, 생물학적 나이, 사회적 나이, 심리적 나이 등으로 분류될 수도 있다. 인간의 평균 수명이 30대에 머물던 로마 시대에는 40이면 노년처럼 취급되었지만, 20세기에 정년의 나이가 65살로 공식화된 이후로 노년의 문턱은 65살로 높아졌다.

네안데르탈인이 50대를 넘게 생존하는 비율이 0%, 크로마뇽인은 10%였다고 하며, 인간의 평균 수명도 기원전 500년경 고대 희랍인은 18년, 기원후 100년경 로마인은 25년, 그리고 1200년경에야 수명이 50년 정도로 높아졌다. 우리나라의 경우 조선시대에 24세였던 평균수명이 1970년에는 남자 60세, 여자 67세, 2000년에는 각자 71세와 79세로 높아졌다.[4]

절대적인 기준이나 연령대가 존재하는 것이 아니라 노년이 적용되는 대상은 시대와 사회적·문화적 조건에 따라서 다양하게 구성된다. 노년은 몸에 나이테처럼 새겨진 세월의 흔적이 아니라 사회적으로 구성되는 기호에 가깝다. 그리고 그렇게 기호화되는 과정에서 욕망의 주체로서 노년의 몸—"느끼는 몸"— 은 배제되어버린다. 그렇다면 이렇게 상징적으로 배제되거나 탈신체화된 노년의 몸은 어떻게 다시 재신체화할 수 있을 것인가?[5] 또 욕망의 주체로서 노년은 자신의 몸을 어떻게 경험할 수 있을까?

작가들 가운데 예이츠보다 희로애락의 주체로서 노년의 몸을 예술적으로 형상화시킨 작가를 찾기가 어렵다. 한동안 그는 노년의 비극을 비정상적으로 괴로워하였지만, 마침내 그러한 비극을 극적 승리로 전환시킬 수 있었다. 그는 여인의 누드를 수없이 스케치했던 노년의 로댕이나 피카소처럼, 과거에 상징적으로 배제되었던 성적 주체로서 노년의 몸을 '노인네가 주책없다'는 비난을 살 정도로 시와 산문으로 표현하였다. 그래서 전기 작가들은 그의 노년을 다루는 장의 제목을 〈어리석음과 우아함〉, 〈어리석고 열정적인 남자〉, 〈노인의 광기〉 등으로 붙여야 했다.

예이츠는 자신의 욕망을 숨기거나 타협하고 양보하려 하지 않았다. 그렇다고 그가 타자에 의해 규정되는 대상으로서 자신의 노년을 망각할 정도로 개인적 욕망에만 탐닉하였던 것은 아니다. 그는 자신이 "부러진 나무Broken tree, Lamentation of the old pensioner", "뼈처럼 앙상하고 흉하게 일그러진 가시나무A man young and old", "거위 발처럼 주름진 피부Crazy Jane and the Bishop, "허수아비Among School Children"처럼 보인다는 사실을 잘 알고 있었다.[6]

예이츠가 노벨상을 수상한 후 약 10년이 지난 1934년 69세의 나이에 회춘 수술steinach operation을 받았다는 것은 잘 알려진 사실이다. 그는 70대의 나이에 위악적으로 자신을 "야성적이면서 늙고 사악한 남자The wild old wicked man"로 호칭하면서 육체적 사랑을 찬미하는 시들과 시극을 발표하였다. 노년에 그는 청년처럼 성적으로 활발한 남자로, 엘만Richard Ellmann의 전기 ≪예이츠의 제2의 사춘기≫의 제목처럼 "제2의 사춘기"를 살고 싶어하였다. 엘만에 따르면 젊은 시절에 그에게 부재하였던 사춘기가 뒤늦게 억압의 귀환처럼 거세게 도래하였다고 한다. 1927년 이후 그는 "자신의 독신주의적으로 살았던 청장년 시절을 몹시 후회하게 되었다."는 것이다.

그러나 예이츠의 노년의 성욕이 단순히 육체적 욕망의 탐닉이나 충족으로 설명될 수 없음은 물론이다. ≪지각의 현상학≫에서 메를로-퐁티가 설명하였듯이 성적 욕망은 우리의 세계관과 뗄 수 없이 긴밀한 관계를 가지고 있다. 성적 욕망의 유형에 따라서 우리가 세상과 관계하는 방식이 달라지는 것이다.

따라서 예이츠는 '제2의 사춘기'와 더불어 자신의 세계관과 남성성을 재구성하게 되었다고 말해야 옳다.

흥미롭게도 그의 청년기와 노년기는 교차대구적 관계에 놓여 있다. 젊은 시절에 육체적 욕망을 버리고 금욕주의적으로 살았던 예이츠가 노년기에는 육체적 욕망을 자유롭게 탐닉하면서 사춘기처럼 열정적으로 살았다. 그의 노년은 청년이고 청년은 노년이었던 것이다.

타자로서의 노년과 주체로서의 노년

예이츠의 시를 논의하기 전에 타자로서의 노년과 주체로서의 노년의 차이를 자세하게 설명할 필요가 있다. 시각적 대상으로서 나의 몸은 타자의 시선이라는 매개를 거치거나 거울에 투사되지 않으면 보이지 않는다. 타자에 의해 나의 존재가 규정되는 것이다. 노년도 마찬가지로, 내가 느끼는 나이는 타자에 의해 보이는 시각적 나이의 간섭에서 벗어나지 못한다. 노년은 주체가 아니라 타자의 편에 있는 것이다. 때문에 욕망의 주체로서 나에게 노년은 이물질처럼 낯설게 느껴지게 된다. 달리 말해서 나는 나를 노년으로 바라보는 타자의 시선을 자연스럽게 받아들이지 못한다.

고야의 판화 〈죽음에 이르기까지〉만큼 그러한 시선의 불일치를 잘 보여주는 그림도 없을 것이다. 이 그림에는 두 개의 상이한 시선, 노파의 시선과 그녀를 둘러싸고 있는 젊은이들의 시선이 희화적으로 교차하고 있다. 거울 앞에서 화려한 머리장식을 하면서 멋을 내는 노파는 여전히 아름다운 자신의 몸을 흐뭇하게 바라보고 있다. 그녀는 젊은이들의 눈에 분명하게 보이는 죽음처럼 움푹 파인

고야는 당시의 세태를 고발하는 판화를 많이 그렸다.
이 작품은 주름살투성이 할머니가 되어서도 여전히 아름다움에 집착하는 여인의 허영심을 풍자하고 있다.
죽을 때까지도 성적인 매력을 유지하고 싶어하는 것이다.

고야, 〈죽음에 이르기까지Until Death〉, 판화.

빰과 주름투성이의 살을 보지 못하는 듯이 보인다. 주체로서 그녀는 원칙적으로 늙지 않는 듯이 느낀다. 그러나 젊은이들의 눈에 그녀는 나이와 분수도 모르고 외모에 집착하는 추한 노파로 비친다. 그들은 빈정대고 조롱하면서 노파의 자기도취의 모습을 구경하는 것이다.

소설가이며 극작가로서 명성을 떨쳤던 프리슬리J. B. Priestley도 자신이 늙었다는 것을 도저히 납득할 수 없었다고 한다. 79세의 그는 젊고 혈기왕성한 자신이 극장에서 노인으로 변장하고 노인의 역을 연기하는 배우처럼 느꼈다. "내 나이 들어 보이는 [가짜] 모습의 이면에는 젊게 느끼고 젊게 생각하는 [진짜] 내가 있다."고 느꼈던 것이다. 그는 자신의 진정한 정체를 감추고 거지로 변장한 마크 트웨인의 ≪왕자와 거지≫의 왕자처럼 자신의 노년을 경험했다. 주체로서의 그에게 노년은 관객을 위한 가면극, 타자에게 보여주기 위한 상징적 역할에 지나지 않는다.

그러나 우리는 자폐증 환자처럼 자신의 상상적 공간에 머물지 않는 이상 타자의 시선을 수용해야 한다. 우리의 의미와 가치도 상징적·사회적인 질서에 의해서 주어지기 때문이다. 고야의 노파도 상상적 젊음을 포기하고 자신을 노파로 호명하는 타자의 언어를 받아들여야 한다. 그러면서 그녀의 삶의 현장은 상상적 몸과 상징적 몸 사이의 균열과 모순 사이에서의 아슬아슬한 곡예가 된다. 한편에 그녀의 존재(자신의 고유한 욕망과 쾌락)가, 다른 한편에 그녀의 사회·문화적 의미(노파는 젊은 여자들처럼 외모에 집착해서는 안 된다)가 대립하는 공간에서 분열된 주체가 되는 것이다.

그렇다면 그녀는 어떻게 상징적 질서를 거부하지 않으면서도 자신의 욕망을 포기하지 않을 수 있는 것일까? 필자가 예이츠를 논의하려는 이유는 이러한 질문과 무관하지 않다.

젊은 시절의 예이츠: 상징적으로 분열된 주체

전기 작가들이 지적하듯이 젊은 시절 예이츠는 내적인 모순과 균열을 화두처럼 짊어지고 살았다. 어린 시절부터 그는 어머니의 전원적이며 보수적인 성향과 아버지의 도시적이며 진보적인 성향 사이에서 내적 균열과 불안을 경험하였다. 어머니처럼 소심하며 내향적이고 공상에 잠기기 좋아했던 그는 강한 남성상을 요구하는 아버지의 기대를 만족시킬 수 없었다. 집안의 독재자이며 정력적이고 달변가였던 아버지 존은 어린 예이츠에게는 공포의 대상이기도 했다. 아버지 존은 자신의 기대에 미치지 못하는 아들에게 체벌을 가하기도 하면서 엄격하게 교육시켰다. 그러한 경험은 예이츠의 미래의 학업에 부정적인 영향을 미쳤다고 한다. 그는 한번도 학업에서 두각을 나타냈던 적이 없었다.[7]

예이츠는 힘센 아버지가 바라는 이상적 남성상에 다가서기 위해서 크고 작은 노력을 기울여야 했다. 그는 아직 자신은 자신이 소망하는 온전한 남자가 아니라는, '나는 아직 내가 아니다'는 분열된 자의식을 가지고 있었다. 그가 ≪유년과 청년 시절에 대한 몽상≫에서 자신의 "삶은 결코 일어나지 않았던 사건을 위한 준비인 것처럼 보였다."라고 고백했던 것도 그러한 맥락에서 이해할 수 있다. 이러한 자기 분열은 나중에 개인으로서 예이츠와 시인으로서 예이츠를, 삶과 작품을 구분하는 예술관으로 발전하였다. 시인은 주체와 반주체anti-self라는 두 대립적 주체로 균열된 존재로, 전자가 사랑과 행복을 갈망하는 사적이며 개인적인 자아(존재)라면, 후자는 이상적인 시적 자아(의미)이다. 일상에서 그가 다른 사람들과 똑같이 평범한 일상인homo quotidianus이라면 예술적 공간에서 이상적 자아로 자신을 재창조해야 했던 것이다.

이러한 그의 존재론적 균열은 예이츠가 20대 초반에 첫눈에 반하고 평생을 사랑했던 모드 곤Maud Gonne과의 관계에서 극적으로 드러난다. 남자로서 그는 곤에게 구애하고 결혼해서 그녀와 더불어 행복한 삶을 살기를 원했음에도 불구하고 시인으로서 그는 그러한 세속적인 행복을 거부하였던 듯이 보인다. 1898년에 그는 그녀와 결혼할 수 있는 절호의 기회를 가지고 있었다. 그러나 시인으로서의 자아와 남자로서의 자아 사이의 갈림길에서 갈등하다가 그는 결국 전자를 선택하였다.

당시 함께 도서관에서 켈트 신화를 연구하면서 그들은 과거의 어느 때보다도 가까운 사이가 되었는데, 어느 날 그는 그녀와 키스하는 꿈을 꾸었다. 다음 날 그러한 꿈 이야기를 들은 그녀는 그에게 진한 키스를 하였다. 당시 예이츠와 결혼할 의사가 있었던 그녀는 나름대로 그러한 의도를 적극적으로 표현하였던 것이다. 그럼에도 그는 즉시 구애를 하지 않고 망설이기만 하였다. 마침내 며칠 후에 청혼하였을 때 그녀는 그의 청혼을 진정에서 우러나온 것으로 받아들이지 않았던 듯이 보인다. 그를 거절하고 파리로 떠났기 때문이다. 그러한 사태를 짐작하고 있었던 예이츠의 후원자 그레고리 부인Lady Gregory은 그녀를 뒤따라가 다시 간절하게 청혼을 하도록 조언하였다. 그러나 그는 "나는 너무나 몸이 피곤해서 더 이상 아무것도 할 수 없다."고 말하면서 그녀의 충고를 따르지 않았다. 그녀와 결혼하고 싶은 생각이 간절했었다면 피곤을 핑계 삼아서 청혼을 거절할 수 있었겠는가!

나중에 예이츠는 "깊은 밤중에 자주 잠에서 깨어 일어나 [그 일을 머리에 떠올리면서] 내 자신을 비난하는 때가 많았다."라면서 자신의 선택을 후회하기도 했지만, 당시에 그는 결혼에 대해서 긍정적이지 않았다. 가까이 예이츠의 일거수일투족을 지켜보았으며 그와 정신적인 교감을 나누었던 모드 곤도 그러한 양가적 감정을 짐작하고 있었다. 1902년에 다시 자신에게 청혼을 한 예이츠에게 그녀는 그가 자신과 결혼하면 불행할 것이라는 이유로 거절하면서 다음과 같은 말을 덧붙였던 사실이 그 점을 증명한다.

"당신은 자신이 생각하는 불행으로부터만 아름다운 시를 생산할 수 있어요. 그래야 당신은 행복해요. 결혼은 따분한 일상에 지나지 않아요. 시인은 결혼하면 안 돼요." 그녀는 시인으로서 예이츠와 남자로서 예이츠, 그의 예술적 행복과 일상적 행복이 결코 양립할 수 없다고 본능적으로 느끼고 있었던 것이다. 예이츠는 창작이라는 의미 생산의 작업을 위해서 금욕주의자처럼 자신의 개인적 욕망의 충족을 단념해야 했다. 20대에 그가 신지학神智學이나 연금술 연구와 같은 금욕주의적 신비주의 단체에 적극적으로 참여했다는 것은 잘 알려진 사실이다.

예이츠는 모드 곤을 사랑하면서도 그녀에게 적극적으로 다가가서 사랑을 성취하는 대신에 멀찌감치 물러나서 관망하는 미학적인 자세를 취해야 했다. 아니면 그녀를 사랑하면서도 성적 결합을 단념하는 '정신적 결혼'의 형식이어야 했다. 그는 일기에 다음과 같이 적은 적이 있다. "나는 지금보다 그녀를 더욱 사랑한 적이 없었다. 그러나 언제나 강렬하였던 나의 욕망은 다른 방향으로 흘러야 했다. 그녀는 나의 순결이며 나는 그녀의 지혜였다." 흥미롭게도 그녀에 대한 그의 사랑은 욕망과 의미로 분절되어 있으며, 그는 시적 의미(지혜)의 생산을 위해 그녀의 성적인 육체를 포기하지 않으면 안 된다는 것이다. 이를테면 성적인 몸이 시의 몸으로 대체되어야 하는 것이다. 〈오랜 침묵 후에After Long Silence〉에서 그는

육체의 쇠퇴는 지혜이다.
젊어서 우리는 서로 사랑했지만 무지했다.
Bodily decrepitude is wisdom; young

We loved each other and were ignorant.

라고 노래하였지만, 무지하고 열정적이었던 이 시의 화자에 비하면 예이츠의 젊음은 노인의 지혜에 근접해 있다. 자칫하면 예술적 눈을 멀게 할 수도 있을 뜨거운 열정은 노인의 분별로 다스려져야 했다.

〈학자들Scholars〉에는 사랑의 열병을 앓는 젊은이들이 잠을 못 이루고 뒤척이면서 내뱉었던 "시구들을 편집하고 각주를 다는" 연로한 학자들이 등장한다. 여기에서 예이츠는 사랑의 열병을 앓는 연인들이 아니라 절차탁마하는 학자들의 모습에 가까웠던 듯이 보인다. 그는 정염의 화염에 휩싸이거나 성적 쾌락에 탐닉하면 자신의 영감이 고갈될지 모른다는 두려움을 가지고 있었다.(1890년대에 예이츠는 여자와의 성적 관계 자체에 대한 불안과 두려움이 컸다고 한다. 그는 당시에 신경성 발기불능에 시달리고 있었다.) 따라서 시적 상상력을 훼손됨이 없이 온전히 유지하기 위해서 그의 사랑은 실현이 불가능한 사랑이나 정신적 사랑으로 전환되어야 했다. 이 점에서 그가 1899년에 쓴 〈그는 사랑하는 애인이 죽기를 바라네He wishes his beloved were dead〉는 의미심장한 내용을 담고 있다.

당신이 죽어서 차가운 시체가 되어 누워 있고
서편에서 햇빛이 점차 자취를 감추고 있다면
당신은 나에게로 다가와서 머리를 숙이겠지.
그러면 나는 그대의 가슴에 머리를 기대리.
Were you but lying cold and dead,
And lights were paling out of the West,

You would come hither, and bend your head,

And I would lay my head on your breast;

이 시는 죽은 애인을 잊지 못하고 여전히 그녀를 사랑하는 애틋한 남자의 심정을 노래한 연애시처럼 보인다. 그러나 이상하게도 화자는 시체애호자처럼 쌍방의 사랑이 불가능한 구조에서 애인을 사랑하고 있다는 사실이 간과되어서는 안 된다. 살아 있는 애인은 그의 사랑에 적극적으로 응함으로써 요부처럼 문학적 상상력을 고갈시킬 위험이 있다. 키츠의 〈무자비한 미녀La belle dame sans merci〉에서 요정의 유혹에 넋을 잃었던 기사는 움직이는 시체처럼 정처 없이 황야를 방황해야 하지 않았던가. 그러나 죽은 애인이라면 그러한 두려움이 없이 안심하고 사랑을 해도 좋다. 다행스럽게도 그녀는 시인의 사랑에 응할 수 없는 조건에 있기 때문에 그는 예술적 영감을 빼앗길 염려를 하지 않아도 된다.

젊은 시절의 예이츠는 에로스적 쾌락과 예술적 노고, 존재의 향유와 의미의 생산이라는 양 극단 사이에서 갈등해야 했다. 그와 같이 분열된 예이츠의 모습은 〈악마와 야수Demon and beast〉나 〈동요Vacillation〉와 같은 시에서 증오와 욕망이라는 상반된 감정으로 분출되기도 하였다. 이 시의 화자는 "교활한 악마"와 "포효하는 야수"가 "밤과 낮을 가리지 않고 나를 괴롭히"기 때문에 한시도 마음의 안정을 취할 수 없었다고 토로한다.

한편으로 포효하는 야수는 사냥감에 달려들어 물어뜯으며 허기를 채우고 싶은 야성적 욕망에 사로잡혀 있다. 그러나 다른 한편 증오라는 "교활한 악마"는 그러한 행동을 저지시킨다. 욕망의 대상을 취하지도 못하고 그렇다고 완전히 포기하지도 못하는 화자는 증오(척력)와 욕망(인력)이라는 상반된 세력 사이에서 불안한 균형을 유지하고 있어야 한다. 그래서 모드 곤과 결혼했던 맥브라이드처럼 "본능적 충동에 따라 행동하는"[8] 인물들을 부러워하기도 한다.

그러나 그의 존재론적 상실이 절대적 손실로 끝나지 않음은 물론이다. 시인으로서 화자는 존재의 상실을 의미의 생산을 통한 예술적 승리로 전환시키기 때문이다. 뿐만 아니라 그러한 불가능한 사랑은 역설적으로 정물화 속의 연인들처럼 사랑을 영속화하고 불멸의 잉여를 생산하기도 한다. 예이츠는 〈극에 있는 두 개의 노래Two songs from a play〉에서 "사랑의 쾌감이 사랑을 쫓아낸다."라고 말하였다. 궁정연애의 전통처럼 욕망이 충족되지 않아야 사랑은 계속해서 유지될 수 있는 것이다.

존재론적 균열과 남근

그렇다면 이러한 존재론적 균열을 초래했던 원인을 어디에서 찾을 수 있을까? 이에 대한 대답은 사랑에 대한 예이츠의 남성적이며 양가적인 감정에서 단서를 찾을 수 있다. '사랑의 쾌감이 사랑을 쫓아낸다'는 명제는 그러한 남성성의 모순에 대해서 많은 것을 시사하고 있다.

≪다른 목소리로≫에서 길리건Carol Gilligan이 여성적 "보살핌의 윤리ethics of care"에 대립되는 남성적 "정의의 윤리ethics of justice"을 빌어 설명하였듯이 육체적 힘, 공격성, 독립, 정력 등으로 정의되는 남성성은 그가 욕망하는 대상과의 평화로운 공존을 어렵게 만든다. 그것은 공존이 아니라 정복을, 상호 소통적 사랑이 아니라 독점적 소유를 지향하며, 전쟁에서 전리품을 노리듯이 대상을 공격하고 노획해서 자신의 영원한 소유물로 삼고 싶어한다. 물론 일단 소유된 대상은 더

이상 욕망을 자극하지 않는다. 앞서 말했듯이 궁정연애처럼 성취가 불가능한 욕망만이 계속해서 욕망을 자극할 수 있다. 이러한 남성의 논리에서 욕망의 충족과 사랑은 서로 공존할 수 없는 배타적인 관계에 놓인다.

어려서 아버지로부터 남성적이지 못하다는 핀잔을 받기도 했지만 청장년 시절에 예이츠는 강한 남성성의 신화에 집착하였다. ≪줄무니 새*The Speckled Bird*≫에서 그는 "모든 예술은 성적 사랑에서 유래한다."고 주장하였다. 앞서 언급하였듯이 성적인 사랑은 예술로 승화될 수 있는 원재료나 마찬가지였기 때문이었다. 그는 자신이 후원했던 젊은 시인 싱John Millington Synge의 남성성을 칭찬하면서 그의 시적 능력을, 공격적 성의 상징인 돈 주앙과 비교하기도 하였다. 그리고 지옥에는 돈 주앙의 "근육질 허벅지가 너무나 부러운 나머지 정신이 돌아버린 [환관들이] 온 몸에 땀을 흘리면서 [그를] 저주하고 있다."고 말하였다. 환관들이란 남성성이 거세된 남자, 명목상으로는 남자이지만 실질적으로 남자가 아닌 남자들이다.

여기에서 예이츠가 창조력의 원천으로 비유했던 남성성의 정체, 즉 은유적이며 신화적인 의미를 생성하는 남성의 생물학적 기원이 분명해진다. 그것은 환관이 감히 상상할 수도 없을 정도로 "단단하게 발기된," "기계"나 "무기"[9]로 비유되는 강력한 페니스, ≪성의 정치학≫에서 밀렛Kate Millet이 신랄하게 지적했던 헨리 밀러의 영웅적 페니스, 영장류들이 세력을 과시하기 위해 과장하는 과시용 페니스이다.

물론 이러한 남성성의 신화를 유독 예이츠만이 동경하였다는 이야기는 아니다. 화가 르노와르는 자기는 페니스로 그림을 그린다고 호언하기도 했다. ≪다락방의 미친 여자≫에서 구바Susan Gubar와 길버트Sandra Gilbert가 페니스와 펜을 동일시하는 남성 작가들을 비난하였던 이유도 그러한 맥락에서 이해할 수 있다. 1906년을 전후해서 예이츠는 남성적 정력과 권력의지를 강조했던 니체에게 매료되어 있었다. 힘과 아름다움을 동일시하였던 니체는 ≪우상의 황혼≫에서 "허약하고 고통을 주는 것은 추악하다. 추는 부패, 위험, 무기력에 다름 아니다. 그런 것들과 함께 있으면 인간은 에너지를 잃게 된다."고 주장하였다.

물론 이와 같이 강력한 무기나 기계로서 페니스의 이미지는 한갓 신화에 지나지 않는다. 뉴기니의 남자들은 그러한 신화적 외양을 유지하기 위해서 길이 60cm, 폭 10cm에 이르는 거대한 가리개로 성기를 가리고 다닌다고 한다.[10] 드러나는 순간에 남성적 신화가 해체되기 때문에 은폐함으로써 신화적 외양을 유지할 필요가 있는 것이다. 라캉의 지적처럼 팔루스phallus는 페니스가 아니다. 보르도Susan Bordo가 ≪남성의 몸≫에서 잘 묘사하였듯이 공격적 무기(팔루스)와 달리 페니스는 욕망이 일단 충족되고 나면 힘을 잃고 시들어버린다. 점강법처럼 극대화되는 순간 남성성은 상실되면서 니체가 찬양했던 아름다움이 쇠퇴와 부패의 추로 변질되기 시작하는 것이다. 예이츠의 초기 시에 나타났던 궁정연애적 사랑이 남성성의 신화와 맞물리는 지점이 여기에 있다.

남성성의 신화가 유지되기 위해서는 사랑이 성취되지 않아야 한다. 욕망이 충족되는 순간 모차르트의 〈돈 조반니〉가 그러하듯이 사랑은 죽은 사랑, 숫자놀음으로 변질되기 때문에 모드 곤을 향한 예이츠의 사랑은 자신의 욕망을 부정하는 금욕주의적 사랑의 형식을 취해야 한다. 돈 주앙적 남근이 그의 존재와 의미의 간극을 벌리면서 존재론적 균열을 조장하는 빗장으로 작용하는 것이다. 예이츠의 존재는 결코 예이츠의 의미와, 시인으로서 예이츠는 개인으로서 예이츠와 일치하지 않는다. 양자 사이를 남근의 빗장이 가로지르고 있기 때문이다.

노년의 주이상스

예이츠의 노년은 그의 존재론적 균열을 초래했던 남근적 빗장과 더불어서 논의되어야 한다. 그의 노년은 젊은 시절의 그를 지배했던 남성성의 신화로부터 풀려나는 과정으로서 이해되어야 한다. 앞서 환관 논의의 연장선에서, 남근적 논리에 따르면 환관은 남자가 아니다. 창과 활처럼 공격적 칼날을 세운 성기가 결여되어 있으며, 남녀 차이의 원인이면서 동시에 그러한 차이의 궁극적 보증이고 결과이기도 한 남근이 거세되어 있기 때문이다.

그러나 노년에 발기불능이 된 예이츠는 자신이 조롱하였던 환관과 같은 처지에 놓인다. 그는 한동안 남성성의 상실을 괴로워하면서 회춘 수술을 받기도 한다. 역설적으로 바로 그러한 상실이 계기가 되어서 지금까지 자신을 짓눌렀던 남근적 부담으로부터 자유로워지면서, 자신의 성적 욕망도 있는 그대로 긍정할 수 있게 된다. "발기불능이 성적 자유를 가져온 것이다."[11] 그의 성이 이제 더 이상 위험한 공격적 무기로 표상되지 않기 때문이다. 남근이 탈중심화되면서 그는 비남근적으로 성을 향유할 수 있게 된 것이다.

예이츠는 노벨상을 수상했던 1923년을 전후해서 자기가 늙었다는 사실을 점차 의식하기 시작하였다. 그러나 당시 노쇠를 한탄하기에 그는 매우 건강하고 정력적이었다. 그는 실제로 노년기로 접어들기 훨씬 이전에 미리 앞당겨서 노년의 자의식을 가지고 있었던 듯이 보인다. 1927년에 쓰여진 〈비잔틴으로의 항해Sailing to Byzantium〉, 〈탑〉, 그리고 〈학생들 가운데서Among school children〉에서 화자는 노년의 가면을 쓰고서 등장하며, 자신이 노년이라는 것을 아주 당연하게 받아들이고 있다. 〈비잔틴으로의 항해〉에서 화자는 자신의 늙은 몸을 지팡이에 비유하며 희화적으로 묘사한다.

> 영혼이 박수를 치면서 노래하지 않으면
> 늙은이는 다만 허접,
> 막대기에 걸어놓은 낡은 외투
> An aged man is but a paltry thing,
> A tattered coat upon a stick, unless
> Soul clap its hands and sing, and louder sing

화자는 자신을 이미 고사한 나무 막대기나 화석화된 유골처럼 취급한다. 젊은이가 약동하는 봄처럼 육체적으로 왕성하다면 늙은이는 죽은 몸이나 마찬가지이다. 따라서 늙은이는 육체적 욕망을 포기하고 정신이나 예술과 자신을 동일시해야 한다. 그러나 이러한 육체의 거부와 정신과의 동일시의 배후에는 〈탑〉의 화자처럼 노쇠한 자신의 육체를 한탄하고 원망하는 정서가 깔려 있다. 그는 자신이 늙었다는 사실을 도저히 받아들이거나 인정할 수가 없다.

> 이 말도 안 되는 일을 가지고 어찌할까?—
> 가슴이여, 상심한 가슴이여—이 익살스런 몸이란,
> 강아지의 꼬리처럼 매달린
> 이 늙은 몸을 어찌할꼬?
> What shall I do with this absurdity—
> O heart, O troubled heart—this caricature,

Decrepit age, that has been tied to me

As to a dog's tail?

그러면서 〈탑〉의 화자는 자신이 과거의 어느 때보다도 "격앙되고 열정적이며 환상적인 상상력"을 가지고 있다고 강변한다. 우리는 이 두 개의 시에서 자신의 노년을 앞두고 갈등하는 60대 초반 시인의 모습을 짐작할 수 있다. 한편으로 그는 타자의 눈에 자신이 노인으로 비칠지도 모른다는 불안감을 가지고 있다. 또 그러한 불안감에서 벗어나기 위한 방편으로 타자에 앞서서 노인의 가면을 쓰고서 자신이 노인이라는 것을 백일하에 폭로하면서, 노년의 사회적 역할에 따라서 탈신체화된 지혜(영혼)와 자신을 동일시하는 생활을 해야 한다고 다짐한다.

그럼에도 주체로서 예이츠는 자신을 노인으로 바라보는 타자의 시선을 견디지 못한다. 〈쿨 호수의 백조The wild swans at Coole〉의 한 구절처럼 "가슴은 결코 늙지 않는다."고 생각하기 때문이다. 〈비잔틴으로의 항해〉에서 육체적 욕망을 포기하였던 화자가 〈탑〉에서는 자신의 남성성을 거대한 탑처럼 쌓아올리고 싶어하는 것이다. 예이츠에게 탑은 공격적 남성성의 상징이었다. 우리는 여기에서도 그의 존재론적 균열을 발견할 수 있다. 모드 곤에 대한 이율배반적 사랑과 마찬가지로 그는 자신의 노년을 공공연히 선포하면서도 정작 그러한 노년을 인정할 수 없는 것이다. 그렇다면 젊은 시절에 노년의 가면이 자기방어의 기제였듯이, 60대 초반에 든 그의 노년의 희화적 가면도 앞으로 다가올 노년을 은폐하기 위한 방어 전략이라 볼 수가 있다. 타자로서의 노년과 주체로서의 노년은 일치하지 않는 것이다.

그러나 그가 회춘 수술을 받았던 1934년을 전후해서 예이츠의 남성성과 노년의 의미는 새로운 국면으로 접어들게 된다. 예이츠처럼 당시에 발기 불능으로 괴로워하는 사람들에게 회춘 수술은 매우 환영 받았다. 67세의 프로이트와 다수의 유명 인사들이 그 수술을 받았을 정도로 유행했었다. 그러한 유행의 이유를 짐작하기는 어렵지 않다. 돈 주앙과 같은 강력한 발기 능력이 남성성의 근원이자 보장이며 결과로 생각되었기 때문에, 발기의 부재는 남성적 정체성의 위기를 초래할 수밖에 없었다. 그것은 남자를 진짜 남자로 만들어주는 실재의 보증이었다. 다음과 같은 편지의 한 대목이 말해주듯이 예이츠는 수술 결과에 매우 만족하였다.

> 그 수술이 나를 다시 젊은이로 만들었네. 지금으로서는 나의 혈압에 어떠한 변화가 있었는지 알 수가 없네. 그러나 내가 원기를 회복한 것은 분명하네. 삶의 막다른 골목에 서 있다는 느낌이 사라졌네.

이 대목에서 우리는 매우 흥미로운 사실을 발견할 수 있다. 그에게 회춘 수술의 효과는 위약처럼 생물학적이기보다는 심리적이었다. 발기가 가능하기 위해서는 페니스를 둘러싸고 있는 실핏줄의 혈압이 증가해야 함에도 불구하고 그에게 혈압의 변화는 없었다. 생물학적으로 발기가 불가능하였음에도 불구하고 그는 심리적으로 성적 기력을 회복하였던 것이다.

여기서 남성적 욕망의 보장이며 근거로서 돈 주앙적 페니스가 부재한 상태에서 그의 성적 욕망이 회복되었다는 사실은 무시할 수 없는 중요성을 갖는다. 발기된 페니스의 상실과 더불어서 남녀의 차이를 비롯해서 그의 존재론적 균열을 조장했던 빗장이 동시에 사라지게 되기 때문이다. 그러면서 분열되었던 주체가 하나로 통합될 수 있는 길도 열리게 된다.

견고한 빗장으로서 페니스는 남성적 성욕과 여성적 성욕의 차이를 강조하고 이분법적으로 대립시키는 역할을 했었다. 이러한 성적 구조에서 남성적 성욕이 무기처럼 공격적이라면, 여성적 성욕은 저항 없이 쉽게 함락되는 성처럼 수동적으로 정의되어야 한다. 또 남녀에게 동일하게 작용할 수도 있었던 성욕이나 열정은 능동적/남성적 열정과 수동적/여성적 열정으로 이분되어야 한다. 열정 자체가 균열되면서 남성적 열정(열정+남자)과 여성적 열정(열정−남자)으로 분열되어야 하는 것이다. 그리고 이러한 균열의 결과로 여자에게 고유한 열정은 자취를 감추게 된다. 여자의 열정은 남성적 열정의 부재로서의 "열정−남자," 공격적 남성을 받아들이는 수용기로서 해석되어야 하기 때문이다. 이러한 이유로 인해서 남자의 성적 쾌락은 여자의 존재를 부정하고 지우는 효과를 가져오게 된다.

노년의 예이츠에게 발생한 돈 주앙적 페니스의 상실이라는 사건이 중요한 의미를 갖는 까닭이 여기에 있다. 무기로 은유되는 남성적 신화가 사라지면 페니스는 더 이상 위험한 공격성을 지니지 않게 된다. 따라서 그는 충족된 욕망은 곧 사랑의 죽음이라는 두려움에서 자신의 욕망에 대해 방어적인 자세를 취할 필요가 없다. 욕망과 사랑, 존재와 의미, 예술적 영감과 사랑은 더 이상 모순적인 관계에 놓이지도 않는다. 그의 열정은 가부장적으로 분화되고 상징화된 남성적 열정이 아니라, 그러한 분화 이전의 실재계적 열정, 크리스테바Julia Kristeva가 코라cora라 명명하였던 "순수 열정"이 되는 것이다. 과거에 남성·여성으로 이분되고 영토화되었던 쾌락plaisure이 위계적 구분이 없는 순수한 열정, 주이상스jouissance로 바뀌기 때문이다. 예이츠의 회복된 열정(발기가 없는 성욕)은 그러한 순수 열정의 관점에서 이해되어야 한다. 그렇다면 돈 주앙의 남성성을 찬양하던 시절의 예이츠가 경멸하였던 환관의 욕망도 순수 열정의 이름으로 긍정될 수 있게 된다. 더불어서 정신적 사랑을 보존하기 위해 육체적 욕망을 억압해야 할 필요성도 사라지게 된다.

예이츠가 1928년에 쓴 〈자아와 영혼의 대화A dialogue of self and soul〉는 그러한 변화가 잘 반영되어 있다. 〈비잔틴으로의 항해〉에서 탈육체화된 영혼의 기쁨을 찬양하였던 화자가 이 시에서는 그러한 금욕주의적 가면을 벗어던지고서 아무런 도덕적 검열이나 억압이 없이 육체적 욕망을 고스란히 긍정하고 찬양하기까지 한다. 이전에 정신과 육체로 이분되었던 몸이 이제 하나의 몸으로 통합되었기 때문에 전자의 이름으로 후자를 거부할 필요가 없기 때문이다. "우리가 어떻게 영혼과 어둠을 구분할 수 있겠는가?" "모든 것이 우리를 축복하고/우리가 바라보는 모든 것은 축복을 받았다."

이러한 몸의 긍정은 시집 ≪아마도 음악을 위한 언어Words for Music Perhaps≫의 전체를 일관하는 주제이기도 하다. 여기에 실린 〈미친 제인과 주교Crazy Jane and the bishop〉에는 육체의 경멸자인 주교와 몸과 쾌락을 찬양하는 제인이 등장해서 서로의 상반된 입장을 피력한다. 낡은 성경책을 손에 들고서 주교는 육체의 쾌락에 탐닉했던 그녀와 잭Jack은 "동물과 동물처럼 살았다."며 그녀의 부도덕을 질책한다. 또 〈미친 제인이 주교와 나누는 이야기Crazy Jane talks with the bishop〉에서 그는 육체는 곧 죽어서 사라질 더러운 우리에 지나지 않는다면서 영원히 죽지 않는 영혼의 절대성을 강조한다.

'[그녀의] 가슴은 탄력을 잃고 시들었으며
정맥에 흐르는 피도 곧 마르게 되리.
그러니 우리는 더러운 우리가 아니라
거룩한 집에서 거해야 한다.'

'Those breasts are flat and fallen now,

Those veins must soon be dry;

Live in a heavenly mansion,

Not in some foul sty.'

주교에게 인간은 죽는 몸과 죽지 않는 몸, 영혼과 육체로 분절된 존재이다. 당연히 인간은 후자와 동일시하면서 금욕적 삶을 살아야 한다. 그러나 제인은 그와 같이 이분법적이며 로고스중심주의적인 주교의 조언에 대해 다음과 같이 반박한다.

아름다움과 더러움은 서로 이웃

아름다움은 더러움을 필요로 하네.

Fair and foul are near of kin,

And fair needs foul.

제인은 주교가 힘을 주어 강조하는 이분법적 대립과 위계를 간단히 해체해버린다. 아름다움과 추함과 마찬가지로 영원과 순간, 젊음과 늙음, 초월성과 내재성 등도 이항대립적 관계로 설명될 수 없음은 물론이다. 추함은 아름다움의 또 다른 얼굴이며, 정신은 육체의 또 다른 표현에 지나지 않는다. 동양의 음양처럼 양자는 서로 뗄 수 없는 상보적 관계에 있기 때문이다.

아름다움과 추함의 대립적 구별은 젊음과 노년, 상과 하, 남성성과 여성성, 공격성과 수용성, 본질과 현상, 초월성과 내재성, 내면과 외면, 겉과 속 등과 같은 상징적 질서와 맞물려 있다. 비록 "미친 제인"이라는 달갑지 않은 호칭으로 불리기는 하지만 제인이 그러한 차이에 대해 무지하지는 않다. 그녀도 그러한 차이를 잘 알고 있다. 그럼에도 그녀는 양자의 절대적 차이와 위계를 강조하는 주교에 대항해서 양자의 상대적 차이와 상보성, 비위계성을 주장하는 것이다. 주교에게 차이가 배타적인 대립 관계에 있다면 그녀에게 차이는 평등하며 상호 보완적 이웃 관계에 있다. 주교에게는 양자가 비연속적 단절과 분리이며 절대적이며 초월적인 차이로 표상이 된다. 그래서 그는 "분리되지 않은 것은 유일하지도 완전하지도 않다."고 주장한다.

여기서 그는 이민족들의 풍습과 음식으로부터 분리됨으로써 야훼와의 유대를 강화했던 구약의 유대인의 입장을 대변하고 있다. 신성함의 기원은 다름 아닌 분리이다. 정도와 양의 차이를 절대와 질의 차이로 정립하는 행위에 의해서 성스러운 질서와 제도가 생산될 수 있는 것이다. 또 그와 마찬가지로 여성의 성과 자신을 절대적으로 분리하는 행위에 의해서 한 덩어리의 살점에 지나지 않았던 페니스는 팔루스의 위엄과 아우라를 지닐 수 있게 된다. 이때 팔루스는 로고스의 은유이면서 진리와 거짓을 분리하는 빗장이 되는 것이다. 그러나 주교의 권위는 그녀에게 아무런 의미도 갖지 못한다. 그녀가 사물을 바라보는 지점이 그의 지점과 일치하지 않기 때문이다. 그녀는 양극으로 단절되고 분리된 지점이 아니라 양자가 만나는 경계의 지점liminal, 혹은 혼돈의 가장자리에서 사물을 바라보고 있다. 그녀는 탈육체화된 정신이 아니라 체화된 정신, 정신과 육체의 단절과 분리가 아니라 연속과 소통의 지점에 서 있는 것이다. 그녀가 서 있는 지점은 상징적 구조를 해체하고 탈중심화하는 반反구조의 지점이 된다.

예이츠는 제인의 입을 빌리고 그녀의 광기를 핑계 삼아서 쉽게 고백할 수 없는 진실을 말하였다. 전기 작가들은 이러한 새로운 진실을 그의 젊은 시절의 금욕주의에 대한 — 회춘 수술 이후 — 노년의 보상이나 반동으로 설명을 하고는 한다. 그러나 억압되었던 성욕의 귀환이 그의 노년의 성적 욕망을 충분히 해명해주지는 않는다. 만약 억압의 귀환이라면, 귀환하면서 상징적 질서를 와해하는 반구조의 형태로 귀환했다고 말해야 옳다. 그의 젊은 시절을 지배했던 남근적 빗장이 제거되면서 정신과 육체의 관계에도 지각변동이 일어났기 때문이다. 배타적인 관계에 있었던 에로스와 예술이 상보적인 관계로 바뀐 것이다.

젊은 시절 예이츠의 세계는 제인 연작시의 주교의 세계처럼 이상과 현실, 가면과 얼굴, 성과 속 등으로 이분되어 있었다. 그는 세속적 일상과 현실이라는 지시대상으로부터 스스로를 단절시키고 분리함으로써 예술적 창조를 성취할 수 있었다. 또 스스로의 존재의 향유를 포기함으로써 존재에 상징적 의미를 부여할 수 있었다. 라캉의 위상학적 개념을 빌면, 실재계로부터 소외되면서 예이츠의 존재는 상상적 자아와 상징적 주체로 분열되었다. 제인 연작시에서 주교는 이러한 분열의 지점을 명명하고 있다.

반면 제인의 반구조적 담론은 주교(혹은 젊은 시절 예이츠)가 거부했던 실재를 향한 강한 지향성을 보여준다. 제인이 바라보는 반구조의 지평에서는 죽지 않는 영혼과 죽는 몸, 아름다움과 추함 등의 상징적 구별이 힘을 잃는다. 중요한 것은 그러한 대립적 분절이 보장하는 기쁨이 아니라 실재로 회귀하는 운동으로서 주이상스jouissance이기 때문이다. 〈학생들 가운데서〉도 그러한 맥락에서 이해할 수 있다.

밤나무여, 거대한 뿌리의 꽃이여,
그대는 나뭇잎인가? 꽃인가? 나무줄기인가?

아, 몸은 음악에 맞춰서 흔들리고 눈빛은 반짝이는구나,
어찌 춤추는 그대를 춤과 구별할 수 있으리!
O chestnut tree, great rooted blossomer,
Are you the leaf, the blossom or the bole?
O body swayed too music, O brightening glance,
How can we know the dancer from the dance?

이 시에서 밤나무를 바라보는 화자의 시선은 제인을 반영하고 있다. 물론 밤나무는 잎과 꽃, 줄기, 뿌리 등의 부분으로 상징적으로 분절될 수 있다. 그럼에도 실재에 있어서는 몸과 마음의 관계처럼 하나의 유기적 전체를 이루고 있다. 춤을 추는 사람과 춤의 관계도 마찬가지이다. 탈육체화된 정신처럼 춤이 무용가와 무관하게 독립적으로 존재하지는 않는다. 춤은 춤을 추는 사람으로 육화됨으로써 존재할 수 있는 것이다.

성과 속, 마음과 몸이 분화되지 않은 세계에서 예이츠는 〈야성적이며 사악한 노인〉의 화자처럼 자유롭게 성적 욕망에 탐닉해도 좋다. 이 시의 화자는 "나는 여자를 미치게 좋아하기 때문에/언덕도 미치게 좋아하네."라면서 자신의 성적 욕망을 고백한다.

그렇다고 그가 사회적으로 요구되는 노년의 상징적 역할이 무엇인지 모르는 것은 아니다. 그는 지혜와 분별을 갖추어야 할 나이임에도 불구하고 자신이 지나치게 성적 욕망에 탐닉하고 있다는 사실을 잘 알고 있다. 그가 타자의 관점을 답습하면서 자신을 야성적이며 사악한 늙은이로 규정하는 까닭이 여기에 있다. 그럼에도 주체로서 그의 노년은 타자가 자신에게 강요한 금욕적인 역할을 철저히

거부한다. 다음의 구절에서 우리는 타자로서의 노년과 주체로서의 노년의 시선이 서로 교차되는 지점을 읽을 수 있다.

어둠 속에서 나는 젊은이,
그러나 햇빛 속에서는
고양이도 지나가면서 웃어댈 미친 늙은이
A young man in the dark am I
But a wild old man in the light
That can make a cat laugh

이 시의 화자는 상징적으로 분화된 세계와 미분화의 실재의 세계의 경계에 서 있다. 햇빛이 사물을 분리하고 분화시켜 놓는다면 어둠은 그렇게 분화된 것들을 다시 미분화의 상태로 되돌려놓는다. 미분화된 후자의 세계에서는 젊음과 노년, 남자와 여자, 성공과 실패 등의 구분이 해체되어 있으며, 분절적 의미나 위계가 아니라 에너지와 쾌락이, 성적 구별이 아니라 성적 결합이 지배하는 세계이다. 중요한 것은 젊음과 늙음의 범주가 아니라 순수 열정으로서의 식지 않는 뜨거운 피이다. 그래서 그는 "늙은이의 피가 차갑게 식을 때"까지 사랑을 멈추지 않을 것이라고 호언을 한다. 젊음과 늙음이란 열정을 가리는 가면에 지나지 않는 것이다.

주체로서 예이츠는 이른바 "피의 정신성"으로 일컬어질 수 있는 에너지, 혹은 열정의 관점에서 자신의 노년을 경험하였다. 〈쿨 호수의 백조〉의 한 구절처럼 열정은 결코 노쇠할 수가 없으며 욕망은 결코 죽거나 멈추지 않는다. 따라서 열정이 없는 노년이란 "넝마를 걸친 지팡이"나 "부러진 나무"에 지나지 않는다. 그러나 바그너의 〈탄호이저〉에 나오는 주인공의 지팡이처럼 열정이 오르면 지팡이에서도 새순이 돋아날 수 있다. 예이츠는 그러한 열정을 통해서 세계와 교감하며 세계를 새롭게 경험할 수 있었다. 〈동요Vacillation〉에서 화자는 어느 날 번잡한 런던의 카페에서 고독하게 홀로 앉아 있었던 자신이 그러한 열정의 도래로 얼마나 커다란 행복을 경험하였는지를 노래하였다.

> 카페에 앉아서 거리를 내다보는 동안에
> 내 몸이 갑작스럽게 달아올랐다.
> 20여 분 남짓 나의 행복은 이루 말할 수 없었다.
> 내가 아직도 축복을 받을 수 있고,
> 축복을 줄 수가 있다니!
> While on the shop and street I gazed
> My body of a sudden blazed;
> And twenty minutes more or less
> It seemed, so great my happiness,
> That I was blessed and could bless.

열정과 더불어서 지치고 노쇠한 늙은이도 갑작스런 행복의 불길에 사로잡힌다. 〈자아와 영혼의 대화〉의 한 구절을 방불케 하는 이 시에서 화자의 시선은 돈 주앙처럼 공격적이지 않다. 그는 자신의 욕망을 자극하는 것들을 환영하고 감사하면서 답례의 인사를 보내고 싶어하기 때문이다. 그의 열정은 대상을 정복하는 무기가 아니라 관계와 대화의 몸짓으로, 남근적 열정이 아니라 순수 열정이라

할 수 있다. 때문에 욕망의 대상으로서 여성들도 "시선과 시선이 만날 때 나는 뼛속까지 떨린다네."라고 고백하는 제인처럼, 그러한 시선을 환대하며 자유롭게 응답할 수 있다. 주체로서 예이츠의 노년은 탈신체적 영혼과의 동일시가 아니라 제인처럼 뼈가 떨릴 정도의 강렬한 열정인 것이다.

그러한 열정은 이분법적 섹스나 젠더로 분화되기 이전의 미분화 상태의, 남성적이지도 않고 여성적이지도 않으면서 동시에 양성적이기도 한 열정으로, 프로이트적인 의미의 리비도와 동일시되지 않는다. ≪성욕에 관한 세 편의 에세이≫에서 프로이트는 리비도가 성별로 분화되기 훨씬 이전에도 공격적이며 능동적인 속성을 가지고 있다고 주장했다. 이 점에서 예이츠의 열정은 쇼펜하우어의 맹목적 삶의 의지에 가까운 듯이 보인다.

그는 나이에 관한 수필에서 다음과 같이 말했다. "삶의 진정한 중심으로서 열정이 사라지면 인간에게는 공허한 껍질밖에 남지 않는다는 점을 잊지 말아야 한다. 달리 말해서 삶은 처음에 출연했던 배우가 나중에 그들의 옷을 걸친 자동기계로 대체되는 희극이 되어버린다." 여기에서 쇼펜하우어의 자동기계는 〈비잔틴으로의 항해〉에서의 예이츠의 "외투를 걸친 지팡이"로 옮겨놓아도 무방할 것이다. 이러한 지팡이는 탈육체화된 생각이나 지혜, 피와 살이 통하지 않으며 흥분하지도 않는 지식과 마찬가지이다. 〈노년을 위한 기도A prayer for old age〉에서 예이츠는 자신이 그렇게 현명하지만 열정을 잃어버린 노년이 되지 않도록 기도를 하였다. 그는 제인처럼 뼈가 떨릴 정도의 강렬한 열정을 가지고 여생을 살기를 원했던 것이다

신이여, 제가 마음으로만 생각하는 그런 사람이 되지
않도록 저를 보살펴 주소서.

마지막 노래를 하는 사람은

골수로 생각해야 합니다.

God guard me from those thoughts men think

In the mind alone;

He that sings a lasting song

Thinks in a marrow-bone;

그러한 성적 · 제도적으로 미분화된 상태로서 열정은 예이츠의 후기 시극을 지배하는 주요 주제이기도 하였다. 1934년에 무대에 올렸던 시극 ≪부활*The Resurrection*≫에서 그는 예수를 육체적 쾌락을 찬양하는 디오니소스적 인물로 제시하였다. 이러한 디오니소스적 세계는 남녀의 차이를 비롯해서 희랍인과 유대인의 구별이 애매모호하며, 이성애적으로는 도착으로 간주될 수밖에 없는 온갖 성적 행위들이 허용되고 축복되는 반남근적 세계이다. 그러면서 죽어야 할 타락한 몸과 죽지 않은 순결한 영혼으로 인간을 해석했던 기독교적 전통이 미분화적이며 이교도적 전통, 즉 몸=영혼으로 재해석된다.

그는 ≪거대한 시계탑의 왕*King of the Great Clock Tower*≫과 같은 시극에서도 종교와 성, 원시적 의례 등에서 경계가 무너지고 모든 것이 허용되는 세계를 축제적으로 묘사하였다. 이러한 미분화적 세계관이 형성되는 과정에는 그가 말년에 심취했던 힌두교의 신비주의도 한 몫을 했다고 한다. 스와미Shri Porohit Swami로부터 그는 기존의 성에 대한 관념을 해체하는 성애의 새로운 차원을 배우기도 하였다. 이것은 그의 ≪수필과 서문*Essays and Introduction*≫에 다음과 같이 반남근적으로 반영되어 나타났다.

성적으로 결합하는 때가 아니더라도 — 성행위시 반드시 정액의 분비를 금하는 것은 아니다 — 함께 명상을 하면서 남편은 아내에게서 그녀에 내재되어 있는 신성을 찾고 아내도 남편에게서 그러한 신성을 발견하는 부부가 있다. 황홀한 경지에 이를 수도 있으며, 서로 멀리 떨어져 있어도 서로 그러한 결합을 할 수 있다.

이러한 성적 욕망이나 결합보다 더욱더 훌륭하게 예이츠의 순수 열정의 모습을 제시할 수는 없을 것이다. 그가 ≪초자연적 노래*Supernatural Songs*≫에서도 묘사한 바 있는 이러한 세계에서는 이른바 남근적 질서를 구성하는 성기의 유무, 발기의 유무, 정액의 유무 등의 구별이 해체되어 있다. 상징적 질서의 버팀목으로서 남근이 탈중심화되어 있는 것이다. 때문에 발기불능의 노년이나 환관도 돈 주앙을 부러워할 필요가 없다. 그들은 모두 반남근적 주이상스를 향유할 수 있기 때문이다.

실재로서의 노년

공자와 맹자는 물론이고 아리스토텔레스, 호라티우스, 볼테르까지도 나이에 걸맞은 삶의 자세를 권장하였다. 어린이에게는 어린이에 합당한, 어른에게는 어른에 합당한, 노인에게는 노인에 합당한 삶의 태도와 행동, 방식이 있다는 것이다. 특히, 연륜과 지혜로 머리가 무거운 노인은 젊었던 시절의 혈기와 객기, 만용, 거친 욕망을 뒤로 하고 평온하고 너그러운 인생의 황혼을 보내야 한다. 로빈슨 크루소처럼 무인도에서 혼자 고립되지 않은 이상 누구도 이러한 상징적 요구로부터 자유롭지 못하다.

물론 그러한 노년의 이미지와 거리가 먼 노인들이 없지는 않다. 톨스토이나 위고, 발작의 ≪사촌 베트≫의 바람둥이 유로 남작, 가르시아 마르께즈의 ≪내 슬픈 창녀들의 추억≫의 주인공은 젊은이보다 더욱 젊고 왕성한 삶, 결코 늙지 않는 열정적 삶을 살았다. 그들의 겉모습의 배후에는 변치 않는 젊음이 자리 잡고 있었다. 이것은 예이츠의 경우에도 예외가 아니다. 그에게 열정은 나이가 들지 않는 에너지였다. 그럼에도 그는 타자의 눈에 자신이 늙은이로 보인다는 사실을 잘 알고 있었다.

인간의 노년은 사회적 요구와 개인적 욕망이라는 양 극단 사이에서의 갈등과 타협으로 이루어진다. 공자의 70처럼 상징적 질서가 완전히 내면화되어 제2의 습관으로 체화되지 않은 이상 노년은, 내면의 젊은 에너지와 외면의 늙은 가면, 주체로서의 노년과 타자로서의 노년, 느끼는 나이와 보이는 나이 등으로 분열된다. 그래서 젊은 시절에 그러했듯이 자신이 원하는 삶을 충분히 살지 못한다. 자신의 욕망을 숨긴 채 노년의 가면을 쓰고 타자의 규칙에 따른 가면극에 임해야 하는 것이다. 물론 욕망의 표출에 대해 사회는 젊은이보다 노인에게 훨씬 인색하다는 것은 두 말할 나위가 없다.

그럼에도 젊은이도 노년과 마찬가지로 내면에 두 개의 상반된 자아가 충돌하고 있다는 점에서 균열된 주체라는 사실에는 변함이 없다. 남성성은 한편으로 정력과 공격성으로 정의되지만 자기절제를 수반해야 한다는 점에서 자기모순적이기도 하다. 그의 몸은 자유로운 몸이 아니라 사회적 기호가 각인된 상징적인 몸인 것이다. 자연적 욕망의 표출을 금지하는 상징적 질서가 빗장처럼 개입하면서 그의 몸은 개인적 몸과 사회적 몸으로 분화되는 것이다. 이와 같이 프로이트적 의미에서 자아와 초자아, 라캉적 의미에서 상징계와 상상계로 균열되는 과정에서 실재로서의 몸은 상실되어버린다.

예이츠의 청장년 시절은 실재로서의 몸의 상실에 따른 존재론적 자기 균열의 과정으로 요약될 수 있다. 아들이 더욱 남성적이기를 원했던 아버지의 욕망은 예이츠로 하여금 '나(상상적 자아)는 아직 내(상징적 주체)가 아니다.'라는 자기분열적 자의식을 강화시켰다. 이러한 존재론적 균열은 모드 곤에 대한 금욕주의적 사랑, 조지아와의 결혼, 그리고 그의 시론에도 반영되었다.

개인적 자아로서 그는 모드 곤과 결혼해서 행복하게 살고 싶지만 시적 주체는 그러한 세속적 욕망의 성취를 허용하지 않는다. 또 그는 자신의 성적 욕망을 자극하지 않는 조지아와 결혼을 원치 않음에도 시적 주체는 바로 그러한 이유로 결혼을 권장한다. 궁정연애풍의 불가능한 사랑만이 예술로 승화될 수 있기 때문이다. '가면'을 중심으로 전개했던 그의 시론도 마찬가지이다. 시인은 자신의 '얼굴'이 아니라 '가면'을 쓰고서, 개인적 자아가 아니라 이상화된 주체의 자격으로 독자에게 말을 건네야 한다. 그는 얼굴과 가면으로 분열되어 있었던 것이다.

이러한 존재론적 분열은 성적으로 성기와 남근의 분열과 같은 구조에 속한다. 가부장적이었던 예이츠의 아버지는 충분히 남성적이지 못한 예이츠를 돈 주앙적 예이츠로 훈육시키고 싶어했다. 그러나 20대 중반까지도 그는 환관처럼 발기불능이었다고 한다. 나중에 그는 후배 극작가 싱의 강한 남성성을 부러워하고 찬양하면서 거세된 환관의 처지를 조롱하기도 하였지만, 남근적 강박관념은 평생 그를 그림자처럼 따라다녔다. 그리고 그러한 강박은 자신의 욕망에의 탐닉을, 그의 욕망과 욕망의 대상과의 조우를 불가능하게 만들었다. 돈 주앙적 남근은 욕망의 대상을 정복하고 향유하는 동시에, 대상을 파괴하고 그것의 존재를 지우기 때문이었다. 달리 말해서 모드 곤을 영원히 사랑하기 위해서 그는 그녀를 성적으로 사랑하지 않아야 했다.

이러한 이유로 예이츠의 젊음과 노년의 관계는 헨리 제임스Henry James의 ≪밀림의 야수≫의 주인공 존 마처의 모습을 방불케 한다. 그는 미래에 자기에게 엄청난 사건이 발생할지 모른다는 두려움에 조마조마하면서 하루하루를 살아간다. 매사에 지나치게 방어적인 그는 사랑하는 여자에게 사랑을 고백하지도 못한다. 자칫 방심하면 그의 마음속 밀림에 숨어 있던 사나운 야수가 뛰어나와 그녀에게 달려들 수도 있기 때문이다.

그렇게 방어적으로 살아가던 그는 그녀가 병들어 죽은 다음에서야 그토록 두려워했던 야수는 아예 존재하지도 않았다는 것을, 또 야수란 미래에 대한 그의 상상적 두려움에 지나지 않았다는 것을 깨닫는다. 그는 야수일지 모른다는 상상에 지레 겁을 먹고서 평생 두려움 속에서 살았던 것이다. 자기 내면의 상상적 야수에 대한 두려움이 없었더라면 그는 존재론적 자기균열에 시달리지도 않았을 것이며, 욕망의 대상으로부터 자신을 방어할 필요도 없었을 것이다. 상상적 두려움이 마처를 자신의 존재와 욕망의 대상으로부터 분리시키고 소외시켜놓았던 것이다. 그의 존재론적 균열은 일찍이 존재하지도 않았던, 그러나 존재한다고 상상되었던 허구에 의한 환상적 효과에 지나지 않았다. 젊은 시절 예이츠의 성욕도 마찬가지였다.

당시의 빅토리아인들이 그러했듯이 그는 충분히 향유할 수도 있었던 자신의 성적 욕망이 야수처럼 광폭하고 파괴적일지 모른다는 두려움에 금욕적으로 살아야 했다. 그는 자신의 성이 돈 주앙의 남근-무기처럼 사랑을 파괴할지 모른다는 무의식적 불안감을 가지고 있었다. 물론 그러한 두려움의 정체가 완전히 개인적인 환상은 아니었다. 그것은 남근중심주의적인 상징적 질서가 주체에게 부과한 성적 정체성의 효과였다. 상징적 남근이라는 빗장이 예이츠의 존재를 그의 욕망으로부터, 개인적 자아를 상징적 주체로부터 분열시켜놓았던 것이다.

≪밀림의 야수≫에서 마처가 상상적 야수의 두려움에서 풀려나게 만드는 계기는 사랑하는 여자의 죽음이었다. 예이츠에게 그러한 계기는 발기불능의 사건, 돈 주앙적 남근의 죽음이라는 사건이었다. 처음부터 마처의 마음에 밀림의 야수가 존재하지 않았듯이 예이츠의 성에도 돈 주앙적 남근이 존재하지 않았다. 그가 두려워서 몸을 사려야 할 정도로 광폭하게 날뛰는 젊음이나 성욕도 일찍이 존재한 적이 없었다.

그럼에도 존재하지 않았던 상상적 남근의 무게에 짓눌려서 그는 젊은 시절을 노년처럼 살았다. 그는 노년에 이르러서야 야수적 젊음이 일찍이 존재한 적이 없었다는 사실을 깨닫게 되었다. 그것은 광폭한 젊음이라는 상상적 전제에 의해서 대립적으로 파생되었던 노년이라는 개념도 존재하지 않는다는 깨달음이기도 했다. 60대에 상실했다고 생각하며 애도해야 했던 돈 주앙적 남근이 일찍이 존재한 적이 없었다면 그가 슬퍼하고 애도해야 할 이유도 사라지게 된다. 그는 다만 허구적인 상실을 다시 한 번 허구적으로 상실하기만 하면 된다. 남근적으로 상징화되었던 몸을 탈상징화하는 과정이 그의 노년이 된 것이다. 이러한 탈상징화의 운동은 동시에 그의 존재론적 균열이 봉합되고 치유되는 운동, 성적으로는 비남근적 쾌락의 운동이기도 했다. 그의 노년은 존재와 욕망이 일치하는 실재로서의 노년이 되었던 것이다.

젊은 시절에 욕망을 부정하는 대가로 예술적 승화를 꾀해야 했던 그는 노년에 무조건적으로 욕망에 탐닉할 수 있게 되었다. 전자의 기쁨이 돈 주앙적 공격성을 제어하는 만족감이었다면 후자에게는 제어의 주체와 대상 자체가 욕망의 장에서 아예 사라지고 없다. 극복의 주체로서 정신과 극복의 대상으로서 육체가 하나의 몸으로 통합되는 존재론적 일치가 발생한 것이다. 이때 모든 성聖과 속俗은 아름다우며, 모든 성聖적인 것은 성性적인 것이 된다.

물론 완벽하게 균열이 없는 주체란 있을 수가 없다. 그러나 노년의 예이츠에게 균열은 더 이상 내부의 존재론적인 잡음의 형태를 취하지 않는다. 균열의 장소가 존재 내부에서 외부로, 그와 사회의 관계로 치환된 것이다. 다시 말해 타자에게 대상으로 보이는 그의 노년과 주체로서의 그의 노년은 '사회적으로' 일치하지 않게 된다. 주체로서 예이츠는 자신의 존재를 향유하지만 타자에게 그의 몸은 "넝마 외투를 걸친 막대기"의 이미지로 표상되는 것이다. 그가 하회탈처럼 희화적인 노년의 가면을 쓰고 등장해야 하는 이유도 그러한 타자의 시선에서 비롯된다. 성과 속이 일치함에도 불구하고 그는 그렇지 않은 듯이 행동하며 자신을 사악한 늙은이로 불러야 하는 것이다.

물론 이러한 예이츠의 노년이 자기탐닉적이며 도피주의적이라는 비판이 있을 수 있다. 그러나 그가 노년에 도달한 욕망과의 화해, 반남근적 욕망의 발견, 몸된 정신, 혹은 정신화된 몸의 쾌감은 하나의 커다란 성취임에는 틀림이 없다. 그의 욕망이 남근적 욕망이 아니라 크리스테바의 코라처럼 미분화 상태의 순수 열정이 되는 것이다. 더불어 그의 반남근적 욕망이 상징적 질서에 가하는 충격의 효과도 쉽사리 무시할 수 없는 중요성을 갖는다.

상징적 질서에 대한 그의 욕망의 관계는 당나라 숙종과 라찬선사의 관계를 빌어서 요약될 수 있다. 당나라 숙종은 바위굴에 살고 있는 라찬선사를 몸소 방문했다고 한다. 그러나 그는 자신을 지켜보는 황제의 존재를 아예 무시하고 콧물을 줄줄 흘리면서 감자를 먹느라 여념이 없었다. 그를 지켜보기가 민망했던지 황제가 한마디 던졌다고 한다. "스님, 우선 그 콧물이나 닦으시지요." 선사는 다음과 같이 대답을 했다. "흥, 사람들 보기 좋으라고?" 그는 타자의 시선에 자신의 존재를 담지 않았던 것이다. 그럼에도 그는 타자의 언어로 자신의 욕망을 표현할 줄 알았다.

인종주의로 바라본 타자의 몸[1]

현대의 인종주의는 '인종 없는 인종주의'로 불리며
인종이 아니라
문화의 차이를 근거로 공존할 수 없다는 논리를 편다.
오늘날의 '몸을 떠난 인종주의'는
신체적 차이의 다양성에 대한 인식을 은폐한 채
문화라는 개념으로 치환하고 있는 것이다.
인종주의를 비판하고 몸의 차이에 대해 제대로 말하기 위해서는
파농이 지적했듯이 타자와 만나는 일상의 생생한 경험을
복원하는 일에서부터 시작해야 하지 않을까?

염운옥

2009년 9월 7일 우리나라에서 외국인에게 인종차별적 발언을 한 내국인 남성이 기소되는 첫 사례가 나왔다. 이 남성은 부천에서 버스에 함께 타고 있던 인도인 보노짓 후세인 씨에게 "더럽다", "냄새 난다" 등 차별적인 발언으로 모욕감을 준 혐의를 받고 있다.[2] 이번 사건을 계기로 인권단체와 법조계에서 인종차별금지법 제정을 주장하고 나오면서 '우리안의 인종주의'에 대한 반성이 공론화되고 있다. 이번 사건은 한국 민족주의가 순혈주의를 극복하는 계기가 될 수 있을까?

2007년 법무부는 인종과 민족, 피부색에 의한 차별을 금지하는 법안을 국회에 제출한 적이 있었지만 당시 시기상조라는 냉대에 부딪쳐 흐지부지되었다. 이번에는 첫 기소 사례가 나오면서 부당한 차별을 막자는 법제정의 취지와 필요성에 힘이 실리고 있지만, 한민족 공동체의 해체를 초래하고 자국민에 대한 역차별을 불러올 수 있다는 우려도 적지 않은 실정이다. 인종차별금지법 제정을 역차별이라고 몰아붙이는 감정적 반응 뒤에는, 외국인 노동자를 불법 체류자나 잠재적 범죄자로 간주하고 그들 때문에 일자리를 빼앗긴다는 오해와 반감이 숨어 있다.

그런데 과연 대한민국은 인종차별적 언사가 사회문제의 전면에 떠오를 만큼 이민 사회가 되었는가? 현재 국내 체류 외국인은 약 110만 명을 넘어섰고 2050년에는 국내 거주자 10명 중 1명은 외국인이 될 것이라고 한다. 법무부 통계에 의하면 2007년 6월 현재 국내 거주 외국인은 약 96만 명으로 한국 인구의 약 2%를 차지하고 있다. 2010년에는 외국인 비율이 2.8%, 2020년에는 5%, 2050년에는 9.2%로 증가할 것으로 추산된다.[3] 전체 인구에서 이민자의 비율이 어느 정도가 되어야 이민 사회로 볼 수 있는가에 대해서는 학계에서 합의된 기준은 없으나, 대체로 이민자 비율이 10% 내외에 이르면 이민 사회로 간주해도 무리가 없다고 본다. 현재 프랑스의 이민자 비율은 약 7%, 영국은 약 8%, 독일은 약 12%, 캐나다 18.9%, 미국 12.2%이다. 한국은 아직 이민 사회, 다민족 다문화 사회라고 보기에는 이르지만 그런 사회로 진입하고 있다고는 분명히 말할 수 있다.

따라서 인종주의는 더 이상 한국 사회의 일상과 무관한 주제가 아니다. 이민 사회로 진입하고 있는 한국에서 '이주민 100만'의 존재는 난공불락의 요새처럼 보였던 한국 사회의 민족주의와 순혈주의에 균열을 만들어내고 있다. 정부가 앞장서서 '다문화주의multiculturalism', '다문화가정 지원', '함께 살아가기' 같은 정책을 주도하고

있는 한편, 불법이주노동자 추방운동 같은 소수자 반대운동의 목소리도 조직화되고 있는 것이 현실이다.[4]

앞으로 현재 한국의 상황이 '우리 안의 인종주의'를 살펴보게 하는 자기성찰의 계기를 제공할지, 아니면 '우리 안의 인종주의'를 확대재생산하는 양상으로 전개될지 뜨거운 관심사가 아닐 수 없다. 위에서 언급한 인종차별금지법을 둘러싼 논란은 그 뚜렷한 징후이다. 이민 사회의 역사가 오래된 유럽에서도 사정은 비슷하다. 높아지는 신자유주의 물결 속에서 소위 '새로운 인종주의new racism'가 고개를 들어 이주민과 내국인, 이주민과 이주민 간에 갈등이 끊이지 않고 있는 실정이다. 이러한 상황에서 근대의 인종주의를 다시 사고하는 작업은 절실한 현재적 의미를 갖는다고 하겠다.

그런데 20세기 후반에 등장한 '새로운 인종주의'에서는 '몸'을 떠난 인종주의가 거론된다. '새로운 인종주의'는 '인종 없는 인종주의'라고도 불린다. 인종이라는 개념을 쓰지 않고 몸으로 드러나는 가시적 차이에 대해 말하지 않기 때문에 마치 인종 개념이 사라진 것처럼 보이기 때문이다. '인종 없는 인종주의'는 이주민과 함께 살 수 없는 이유를 생물학적 인종으로 설명하는 것이 아니라 문화가 상이하고 공통의 경험이 부재하기 때문이라고 말한다. 인종주의로 인한 억압과 배제를 비판하는 진영에서도 마찬가지다. 소수자의 평등을 보편적 인권의 이름으로 주장하고, 소수자의 문화적 다양성을 다문화주의로 보호할 것을 내세우면서, 인간의 몸의 차이에 대한 논의를 가로막는 결과를 가져오는 것은 아닐까? 근대의 발명품인 '인종race'이라는 범주로 분류해야 할 필연성은 없다 할지라도 인간 집단과 집단 사이, 혹은 개인과 개인 사이의 생물학적 차이는 엄연히 존재한다. 그럼에도 오늘날의 인종주의와 그 대항 담론에서는 신체적 차이와 다양성에 대한 인식이 추상적 보편성과 다문화주의 뒤에 은폐되고 있는 것이다.

이 글에서는 주체와 타자의 몸의 차이를 '인종'이라는 특권화된 범주로 고정시키며 차별과 지배를 정당화하는 '인종주의' 이데올로기가 형성되는 과정을 거슬러 올라가 보고자 한다. 역사적 구성물로서 인종주의에 대한 성찰을 통해 우리는 타자의 몸에 대한 담론이 인종일 필연성은 없다는 사실을 읽어낼 수 있으며 인종 없는 인종주의로의 변형 과정을 살필 수 있다.

인종주의는 '근대성modernity'과 어떻게 관련 맺고 있는가? 근대성이 구성되는 과정에서 주체는 타자의 몸에 대해 어떻게 말해왔는가? 서구적 근대성에서 타자의 몸은 어떤 위상을 차지하는가? 모스George Mosse는 인종주의는 무엇보다도 '시각'에 의존하는 이데올로기라고 말한다. 인종주의는 인간적 가치의 척도로서 고전주의 미학의 모델에 따라 형성된 아름다움의 '전형들' 위에 성립된 '시각적 이데올로기visual ideology'라는 것이다.[5] 주체의 시각에 포착되는 타자의 몸은 인종 개념을 발명하고 인종주의 이데올로기를 구성하는 주재료인 셈이다.

몸을 근대 권력의 미시물리학이 작동하는 지점이자 사회적 문화적 구성물로서 인식하기 시작한 출발점으로는 미셸 푸코의 이름을 거론해야 할 것이다. 푸코는 ≪감시와 처벌≫, ≪성의 역사≫에서 근대 권력이 개인을 주체로 생산하는 과정을 계보학적으로 분석하며, 데카르트의 정신과 육체의 이분법을 넘어서는 개념으로서 몸을 제시했다. 푸코에게 몸은 자연적 소여가 아니라 지식과 권력의 상호작용에 의해 사회적으로 구성되는 이데올로기적 구축물이다. 주체를 생산하는 과정에서 그 대상이 되는 것은 정신이 아니라 몸이다. 따라서 푸코의 몸은 권력의 미시물리학이 작동하는 대상이며 권력의 규율화, 통제, 감시 시스템이 작동하는 물리적 장소이다. 인종주의가 국가의 메커니즘 안에 기입되는 것은 이러한 생정치biopolitics가 부상한 시기였다. 이후 인종주의는 배제와 통합의 이중적 작용을 통해 구성되는 국가 권력의 기본 메커니즘으로 작동하게 된다.[6] 이러한 의미에서 푸코의 몸과 인종주의에 대한 시각은 해방과 억압이라는 근대의 양면성을 드러낸다.

요컨대 근대성과 인종주의의 관계에 대한 사고는 근대적인 것이 진보적이며, 전근대적인 것은 반동적이라는 진부한 이분법적 도식을 넘어서는 하나의 방법이다. '타자의 몸'에 대한 차별과 편견을 노골적으로 보여주는 인종주의는 전근대적 야만의 산물이 아니라 이성과 합리성을 최상의 가치로 삼는 근대성과 함께 등장했기 때문이다. 인종주의는 근대성의 또 다른 얼굴이며, 그렇기 때문에 인종주의를 통해 근대성이 갖는 병리적이고 파괴적인 측면이 드러날 수 있는 것이다.

타자의 몸을 말하기

"모든 것이 인종이다. 다른 진실은 존재하지 않는다."[7] 이 말은 영국의 수상 디즈레일리Benjamin Disraeli가 1847년에 발표한 정치소설 ≪탕크레드 혹은 새로운 성전≫의 한 구절이다. 디즈레일리의 발언은 인종주의가 19세기 영국 사회의 일상 속에 안착했음을 말해준다. 19세기 이래 '백인 부르주아 남성' 주체는 타자인 비백인과 여성의 몸을 말하는 '과학'의 언어를 갖게 된다. 과학사가 슈테판Nacy Stephan이 정확하게 지적하듯이, 과학자들은 인종과 젠더에 관해 무의식적으로 받아들여지던 은유와 유비를 자각된 이론의 수준으로 끌어올렸다. 은유는 쉽고 자유롭게 환기될 때 위력을 발휘한다.[8] 과학이 기존의 관습을 정당하고 자연스러운 것으로 만들면, 관습은 일상적인 것이 되고 이렇게 일상화된 관습은 이데올로기를 재생산한다.

인종주의는 이런 과정을 거쳐 근대의 일상에 자리 잡았다.

피부색에 근거해 백인의 우월성을 논하는 이데올로기 인종주의는 프랑스의 페미니스트 사회학자 기요맹Colette Guillaumin의 지적처럼 '피부색'이라는 '기표'와 '우월성'이라는 '기의'가 결합되어 성립한다. 그런데 기표의 선택은 사회적 관계를 따르지 그에 선행하지 않는다. 흑인이 노예가 되는 것은 피부색이 검기 때문이 아니다. 피부색이 중요해진 것은 근대에 들어서 흑인이 노예가 되는 사회적 관계가 성립했기 때문이다.[9] 타자의 '흑인성blackness'의 대타성으로서 주체의 '백인성whiteness' 범주의 자의성은 미국에 갓 이민 온 아일랜드인이 '백인 니그로white negro'로, 동유럽계 이민은 '아직 백인이 아닌 자not-yet-white'로 불렸다는 사실에서 잘 드러난다.[10]

고대 그리스 사회로 거슬러 올라가 보면 인종은 도덕과 무관한 범주였다. 고대 그리스 사회구성체에는 인종 개념이 존재하지 않았고 따라서 인종적 배제도 존재하지 않았다. 아리스토텔레스의 ≪정치학≫, 마르코 폴로의 ≪동방견문록≫, 만데빌의 ≪여행기≫ 같은 텍스트에서 인종은 종species으로 번역되었고, 사람들peoples 혹은 인간man을 의미했다. 사회적 차별과 배제가 인종화된 형태를 띠게 되고 인종 개념이 유럽인의 의식 속에 명시적으로 자리잡는 것은 15세기경이다. 유럽을 집합적으로 '우리'라고 묘사한 최초의 기록은 15세기 중엽 교황의 문서에서 보이며, 이후 인종의 첫 용례가 나타난다. 물론 그리스어 텍스트에는 문화적 우월성을 주장하는 자민족중심주의나 외국인혐오xenophobia의 상당한 증거들이 존재하지만, 이런 불평등이 생물학적으로 결정되어 있다고 여기지 않았다. 용어와 개념이 부재했기 때문에, 사회적 주체와 타자는 인종적으로 사고되지 않았고, 사회 구성은 인종적이지 않았다.

중세의 이방인이나 외국인은 '괴물monster'로 일컬어졌다. 1세기경 로마의 박물학자 플리니우스의 목록이 제시하듯이 괴물의 범주에는 두 가지 함의가 있다. 하나는 예언능력을 지녔으나 흉측한 모습으로 태어난 결함을 가진 자라는 것이고, 다른 하나는 인간적 형식을 갖추지 못한 이상한 사람들이다. 이러한 생각에는 몸은 시민적 자유의 연장이며 법을 지키는 능력이자 합리성의 증거물이라는 관념이 깔려 있다. 예를 들면, 피그미인들은 인간의 발달 단계에서 원숭이보다 조금 높게 위치해 있다. 피그미인들은 진정한 이성을 결여한 인간성의 낮은 단계에 머물러 있으며, 이성에 의해 통제된 본능과 상상력의 규율을 갖고 있지 않다는 것이다.[11]

인간성을 합리성과 동일시하는 사고나 검은 색을 비열함, 범죄, 사악함, 추함으로, 그리고 흰색을 미덕, 순수함, 신성함, 아름다움과 연결짓는 대립적 사고법은 중세 초기에 이미 정립되었다. 그러나 이것이 인종 집단을 나누는 결정적인 기준으로 적용된 것은 근대에 들어서였다. 중세의 괴물을 근대에는 '야만인savage man'이라는 새로운 범주가 대체했다. 그런데 18세기 계몽주의 시대에 서구인이 비서구인을 대하는 태도에는 '고귀한 야만인noble savage'이라는 개념에서 알 수 있듯이, 인류의 동질성에 대한 믿음이 한편에 깔려 있었다. 보편적 인류라는 관념에 근거한 비유럽 문명에 대한 동경은 비록 식민지 플랜테이션의 이상화와 낭만화에 지나지 않는다 하더라도 19세기에 정립된 인종주의적 태도와는 명백히 달랐다. 18세기 중반 린네Linné의 동식물 분류법을 받아들여 인종 간의 차이를 이론화한 독일의 해부학자 블루멘바흐Blumenbach는 인류를 코카서스인, 몽골인, 에티오피아인, 아메리카인, 말레이인의 다섯으로 분류해, 백인종에게 가장 아름답고 재능 있는 인종이라는 지위를 부여했다. 블루멘바흐의 시도는 인종 간의 위계를 정하는 첫 시도였다.[12]

19세기에는 탐험, 여행, 무역, 식민지 개척의 영향으로 인종에 대한 관심이 폭발적으로 증가했다. 19세기 과학의 양대 테마는 인종과 젠더gender라고 할 정도로, 식민지인과 여성의 열등성을 증명하는 과학이 유행하게 된다. 물리학의 에너지 보존 법칙, 생물학의 생리적 성별분업설, 심리학의 뇌의 크기 논쟁, 인류학과 골상학, 우생학 등은 타자의 몸을 말하는 과학에 다름 아니었다

19세기 중반의 고비노Gobineau는 흔히 '과학적' 인종주의의 창시자로 여겨지지만, 사실 그의 저서 ≪인종불평등론≫은 지구상에 존재하는 민족의 언어와 문화를 총체적으로 설명하는 일종의 문명론이었다. 고비노의 의도는 콩트나 스펜서와 마찬가지로 사회 현상을 단일한 하나의 이론틀로 설명하려는 것으로, 그 준거가 인종이었다. 고비노는 인종적 특질은 하나의 이념형으로 존재하며 완벽하게 순수한 인종은 존재하지 않는다고 말하면서도 인종 간의 서열화를 시도했다. 백인, 황인, 흑인의 정신적 특질을 서술한 구절에서 흑인은 동물적 특성이 강하고 육체적으로 강인하다, 황인종은 평균화를 지향하고 안정과 질서를 추구하므로 창조적이지 못하다고 했다. 이에 비해 백인은 역동적 지성과 정신력, 창조성을 갖추고 있으며 백인에게도 세 인종의 특질은 혼재한다고 보았다.[13]

흥미로운 점은 이러한 인종주의가 여성이나 하층계급 등 '열등한 몸'에 대한 담론과 얽혀 있다는 것이다. 인종주의의 핵심은 타자를 말하면서 주체의 허구적 종족성을 구성한다는 것에 있다. 근대적 주체의 대립항에 속하는 타자를 설정함으로써 주체가 배제시킨 타자에 의해 주체가 거꾸로 규정된다는 말이다. 중세의 괴물을 대신하는 야만인이라는 범주는 주체의 내부에 존재하는 야만적 속성을 타자에게 투사한 것이었다. '호텐토트의 비너스Hottentot venus'는 백인・남성적이지 않은 모든 것을 표현하는 상징이었다. 근대적 주체의 대립항으로 구획되는 타자는 비백인만이 아니라 역사적 조건과 맥락에 따라 소위 '열등한 자'로 분류되는 여성, 빈민, 장애자 등으로 나타난다. '남성/백인', '여성/비백인' 대립항은 상보・치환

‘호텐토트의 비너스’로 알려진 코이족 여성 사라 바트만.

출처: http://www.westminster.gov.uk/libraries/archives/blackpresence/16.cfm

여기에서는 신대륙 아메리카를 여성으로 재현하였다.

테오도르 갈Theodore Galle, 〈아메리카〉 판화, 1600년경.

출처: Anne McClintock, *Imperial Leather. Race, Gender and Sexuality in the Colonial Contest*, London & New York : Routledge, 1995, 25쪽.

관계에 있으며 숨겨진 근대적 주체는 '백인 부르주아 남성'으로, 하층계급 남성이나 여성, 비백인을 타자화한다.

외부의 타자와 구별짓기는 내부의 타자에게도 적용되었다. 영국의 과학사가 말릭Kenan Malik은 ≪인종의 의미≫에서 19세기 후반 계몽주의가 휴머니즘적 인종 관념으로부터 급격한 이탈을 보인 것은, 제국주의 열강의 식민지 확장의 결과 때문만이 아니라고 주장한다. 외부의 타자에 대한 식민화와 문명화는 유럽 선진 국가들 내부에서 심화되던 사회적 불평등과 계급적 적대감의 반영이기도 했다. 말릭은 다음과 같이 말한다.

> 유럽 엘리트 계급이 비유럽 사회에 대해 품고 있던 인종적 우월감은 국내 일반 대중에게 부과된 열등감을 빼고서는 이해될 수 없다. (……) 인종주의 담론은 유럽 사회 내부에서 감지된 차이들로부터 발생했고, 그 이후에서야 피부 색깔의 차이에 조직적으로 적용됐다.[14]

내부의 '열등한 타자'를 관리하고 통제해야 할 존재로 구획하는 데 봉사한 과학은 위생학이다. 영국의 사회개혁가 채드윅Edwin Chadwick이 1842년 위생 보고서를 발간한 이래, 불결하고 병을 옮기는 하층민의 몸은 '사회적 몸social body'의 건강을 해치는 존재로서 관리와 통제의 대상이 된다. 도시 공간에서 가정과 공장 같은 안정된 장소에 붙박혀 있지 않고 유랑하는 하층민은 언제든지 혁명을 부르짖는 폭도로 변할 수 있었다. 이러한 부르주아의 불안감은 하층민의 몸에 대한 통제와 도시 위생이 얼마나 밀접하게 연결되어 있었는지를 보여준다. 주거 불명은 가장 불온한 죄악이었다.

위생 개혁은 노동자들의 급진적인 정치운동인 차티즘이 한창이던 시기에 추진되었다. 런던 중심의 트라팔가 광장에 넬슨상 건설이 한창이던 이 무렵, 광장에서는 시위대와 경찰의 투석전이 벌어졌다. 시위대가 진압되고 나자 ≪타임스≫는 "트라팔가 광장 분수대의 물은 장식용이 아니라 시위진압용인데 이제 폭도들의 시위는 끝났으니 필요 없게 되었다."[15]는 기사를 실었다. 부르주아들은 이제 '불온한 몸들'이 더 이상 거리를 배회하지 않는다는 사실에 놀란 가슴을 쓸어내렸다.

식민지와 인종의 전시

근대성과 식민지는 동전의 양면을 이룬다. 근대의 왜곡된 형태가 식민지가 아니라 근대 자체가 식민지를 내포한다. 따라서 제국과 식민지는 정신과 육체, 내부와 외부처럼 따로 떼어서 생각할 수 없는 자웅동체이다. 그런 의미에서 인종의 전시는 근대성의 필수적인 구성 요소로서 식민지를 눈앞에 생생하게 보여주는 장치였다. '호텐토트의 비너스'라 불렸던 사라 바트만Saartjie Baartman의 몸은 생식기 이상이라는 기형을 전형적으로 보여주는 식민지인의 몸으로 전시되었다. 1789년 남아프리카 케이프 동부에서 코이족 일원으로 출생한 그녀는 1810년 노예로 팔려 런던으로 온다. 1814년까지 그녀의 몸은 영국 곳곳에서 전시되었고 관객들은 사라의 몸이 호텐토트족 여성의 몸의 일반적인 형태라고 믿었다. 사창가로 넘겨져 1815년 파리로 간 그녀는 1816년 파리에서 사망했다. 시신은 조르주 퀴비에George Cuvier, 앙리 드 뱅빌Henri de Blainville 등에 의해 해부되었고 석고본과 잔해가 1974년까지도 파리 인간사박물관에 전시되었다.

19세기의 발명품 박람회는 산업혁명으로 쏟아져 나오는 상품을 전시하고 자랑하는 공간이었다. 박람회는 1851년 런던 수정궁에서 열린 첫 세계 박람회를 시작으로 19, 20세기 내내 유럽과 미국에서 유행했다. 그런데 박람회와 인종 전시의 결합은 19세기 말부터 등장한다. 1899년 파리박람회에서 처음으로 파빌리온을 짓고 '인간 자체'를 전시하기 시작했다. 식민지의 동식물뿐만 아니라 '미개한' 원주민을 살아 있는 인류학적 '교재'로 전시하는 기획은, 문명과 야만의 대비를 무엇보다도 극명하게 보여주는 역할을 했다. 원주민 전시는 1899년 파리박람회 당시 입장객 수를 늘려 적자를 극복하기 위한 수단으로 기획되어 성공을 거두었다.[16]

영국은 프랑스처럼 인종을 전시하지는 않았으나, 제국의 수도 런던의 도시 경관을 구성하는 데에 '타자의 몸'은 또한 빠질 수 없는 요소였다. 사실 제국의 수도라는 런던의 이미지는 처음부터 얻어진 것이 아니라 1870, 80년대 의식적인 노력을 통해 만들어졌다. 파리나 비엔나의 웅장한 규모에 비해 초라하다는 열등감이 런던에 제국의 상징물 건설 붐을 조성하는 데에 한몫을 했다. 1840년대에 조성된 트라팔가 광장과 넬슨상을 제외하면 제국의 중심이라는 사실을 반영하지 못하는 지리멸렬한 런던의 경관에 제국의 아우라를 입히는 작업은 1870년대 이후 본격적으로 진행되었다. 로열 앨버트 홀(1871), 타워 브리지(1886), 자연사박물관(1881), 빅토리아&앨버트 박물관(1899) 등 제국의 위대함을 실물화하는 볼거리들이 조성되는 시기가 바로 이 무렵이었다.

런던은 파리나 비엔나처럼 대규모 재개발 계획을 통해 근대화된 도시가 아니었기 때문에, 오히려 여행 광고나 여행 가이드북 같은 텍스트가 제공하는 상상력의 힘이 발휘될 여지가 존재했다. 실제 눈에 보이는 것보다 텍스트를 통해 부여된 의미가 '제국의 수도' 런던의 이미지를 창출했다.[17] 대중 관광의 시대에 관광객들은 눈으로 보기 이전에 여행 가이드북을 먼저 접하고, 잡다하게 섞여 있는 혼란스런 풍경 속에서 가이드북에서 미리 읽은 내용을 하나씩 확인한다. 여행 가이드에서 제국의 수도 런던의 이미지는 대영제국을 지배하는 심장부나 머리로서뿐만 아니라, 세계를 구성하는 요소들이 빠짐없이 어우러져 있는 소우주microcosm로 재현되었다.[18]

그런데 런던이라는 소우주에는 건축물과 같은 건조 환경뿐만 아니라 갖가지 피부색의 '사람들'이 거리를 활보하는 모습도 빠짐없이 등장했다. 다양한 피부색을 지닌 인간 자체가 제국의 문화적 경관의 일부를 구성한 것이다. 트라팔가 광장에서 거행된 1887년 빅토리아 여왕 즉위 50주년 기념제와 1897년 60주년 기념제에 모인 피부색이 다른 '제국의 신민들'은, 인종의 위계를 표현하는 자연스러운 전시물이자 구경거리로서 제국 통합의 상징이자 소우주 런던의 구성물이었다.

근대 인종주의는 서구 중심주의나 백인 우월주의와 쉽게 결합되었지만 사실 인종주의가 백인의 전유물은 아니다. 서구 세계에 속하지 않지만 근대화를 달성해 스스로 서구가 되고자 했던 일본의 경우는 흥미로운 예를 제공한다. 일본의 인종주의를 이해하는 데는 '오리엔탈 오리엔탈리즘Oriental Orientalism'[19]이라는 개념이 유용하다. 이는 '동양'이면서 '서양'이기를 추구했던 일본, 지리상으로 '동양'에 위치하면서도 '상상의 지리imaginative geography' 상으로는 스스로를 '서양'으로 위치 지우려 했던 일본의 근대성과 민족주의의 특징이라 할 수 있다.

아시아의 '타자'에 대해 '주체'의 문화적 차이를 분명히 하는 과정에서 일본은 타자 '동양'을 창조했다. 동양에 위치하면서 다른 동양과의 문화적 차이를 끊임없이 강조하고, 서양에 대해서는 일본의 독자성을 강조하는 일본의 '오리엔탈 오리엔탈리즘'은 타자에 대한 '포함'과 '배제'의 양가적 논리구조를 갖는다. 일본의

'오리엔탈 오리엔탈리즘'에서 '포함'은 서양에 대항해 동양의 문화적 다양성을 포용하는 '문화적 상대주의'로 나타나며, '배제'는 대동아공영권하에서 '내부 식민지화'와 '외부 식민지화'라는 형태로 나타난다. 여기서 '내부 식민지'란 아이누와 오키나와를, '외부 식민지'란 타이완과 조선을 말한다. 오키나와, 홋카이도, 타이완, 조선은 모두 일본의 '타자' 만들기의 대상으로 일본의 '동양'이 된 지역이다.[20]

1910년 조선을 합병한 일본은 런던에서 영국과 공동으로 대규모 박람회를 개최한다. 1910년 일영박람회The Japan British Exhibition를 통해 일본은 영국과 유럽 여러 국가들에게 동양에 속하지만, 서구와 어깨를 나란히 하는 문명화된 국가임을 과시하고자 했다. 문명의 위계질서에서 문명국 일본이 차지하는 위상과 대비시키기 위해 대만인과 아이누인이 전시되었다. 조선의 경우는, 조선인과 일본인 사이에 눈에 띄는 인종적 차이를 찾을 수 없기 때문에 인간 전시는 없었고, 대신 수공예품 등 전근대적 생활양식을 보여주는 물품들이 전시되었다.[21] 일영박람회에서 일본에 의한 조선의 식민지화는 문명의 차이를 근거로 정당화되었고, 열등하고 미개한 민족에 대한 문명국 일본의 온정주의적 지배는 문명화 사명의 실천으로 선전되었다.

몸을 떠난 인종주의?

19세기 중반의 고전적 인종주의가 백인의 유색 인종에 대한 인종적 우월성 이데올로기에 바탕을 두고 주로 서구 선진국들에서 나타났다면, 20세기 후반의 인종주의는 기존의 인종주의에 사회·경제적 및 종교·문화적 요인이 더해진 개념으로 전

세계로 확산되었다. 제2차 세계대전과 홀로코스트를 겪고 난 후 인종의 개념에는 사이비 과학에 의존한 특정 집단에 대한 차별과 학살이라는 스티그마가 따라다니게 되었다. 그래서 이후에 누구도 공공연하게 인종을 운운하지 않게 되었다. 인종을 대신하는 개념으로 부상한 것은 민족성ethnicity이었다. 여기서는 문화적 요소가 중시 되었다.

그런데 '피부색'이 아니라 '문화'가 다르기 때문에 함께 살 수 없다는 프랑스 국민전선 당수 장-마리 르펭의 논리는 문화적 인종주의가 생물학적 인종주의보다 더 강력한 배제의 논리로 작동할 수 있음을 시사한다. 국민전선은 1972년 창당한 이래 사형제 부활, 이민자 추방 등을 내걸고 보수층의 지지를 획득했으며 2002년 선거에서 약진했다. 최근 프랑스 국가대표팀 선수들 중에 이민 2세가 많다는 사실을 비꼬아 "라 마르세예즈도 부를 줄 모르는 선수가 많다."고 발언해 물의를 빚기도 했다.

여기서 인종간의 우열은 문화적 차이로 치환된다. 역설적이게도 다문화주의가 '인종 없는 인종주의'를 조장하는 상황이 벌어지는 것이다. 그러나 영국의 사회학자 벤튼Michael Banton이 적절하게 지적한 것처럼, '인종'이란 용어를 안 쓴다고 해서 '인종'이 없어지는 것은 아니다. 문화적 차이라고 표현되는 속내를 들여다보면, 여전히 피부색에 따른 편견이라는 고전적 인종주의가 작동하고 있는 것은 아닐까?

더구나 오늘날 인종 문제가 더욱 심각해지는 이유는 인종 갈등의 구분선이 오히려 '백인 대 유색인'의 구도에서 '유색인 대 유색인'으로 이동하는 양상을 보인다는 사실에 있다. 2006년 10월 영국 버밍엄에서 벌어진 남아시아계 이민과 아프리카-카리브해계 이민 간의 갈등[22]이 한 예가 될 수 있다. 영화 〈크래쉬Crash〉에서 묘사하는 미국에서 벌어지고 있는 흑인과 아시아계 간의 대립 역시 마찬가지다.

이런 의미에서 일찍이 1968년에 이주민 문제의 잠재적 폭발성을 '예언'했던 영국의 정치가 이녹 파올Enoch Powell은 진정 '예언자'이다. 단순히 이주민의 양적 증가를 '예상'했기 때문이 아니라 인종 갈등의 새로운 전개를 내다보았다는 의미에서말이다. '피의 강물' 연설에서 드러난 파올의 소신은 문화적 정체성의 같고 다름을 통한 분리를 주장하는 '새로운 인종주의'의 영국판으로 해석할 수 있다.

파올은 1950년에서 1987년까지 36년간 국회의원을 지낸 보수당의 거물 정치가이다. 그는 1968년 로마의 시인 베르길리우스의 ≪아에네이드≫ 6권에 나오는 예언자 시빌의 말 "티베르 강에 피가 끓어 넘쳐흐르는 것을 보는 듯하다."는 구절을 빌어, 이민의 증가로 인한 사회갈등의 폭발을 경고했다. 1998년 파올이 사망하자 텔레비전 방송국 '채널 4'는 기다렸다는 듯이 '파올은 인종주의자인가'라는 여론조사를 실시했는데, 64%가 "아니오."라고 대답했다고 한다.[23] 2005년 7월 7일 런던 테러 이래 이녹 파올의 이름은 더욱 자주 거론되고 있다. 파올의 예언처럼 격렬하진 않았지만, 2009년 1월 28일에는 노스 링컨셔의 린제이 정유공장 노동자 4천여 명이 "영국의 일자리는 영국 노동자에게"라는 구호를 내걸고 이탈리아, 포르투갈 출신의 외국인 노동자 고용을 반대하는 시위를 벌였다.[24]

"자신은 인종주의자가 아니라 이주에 반대하는 사람에 불과하다."는 파올의 의미심장한 발언을 통해 이주/이주민과 인종주의의 연관을 생각해보자. 사실 이런 주장은 파올 개인의 견해일 뿐만 아니라 이민과 인종 문제에 대한 영국 대중매체와 여론의 주류적인 태도이다. 즉 '인종주의'는 비이성적이고 편견으로 가득 찬 태도인 반면, '이민에 대한 강경책'은 현실적 · 합리적 대책이라는 것이다.

이렇게 보면 보수당의 이민 강경책은 '이민자의 증가'에 근거한 정당한 반응이지, 근거 없는 증오나 편견을 조장하는 행위가 아닌 것이 된다. 이런 태도의 정치적 함의는 영국 국민당과 같은 극우 정당과 보수당과 노동당 등 나머지 건전한 정당을 구분 짓고, 주요 정치정당은 인종주의의 부활이나 잠재적인 인종주의적 태도와 관련이 없음을 주장하는 것이다.

그런데 바커Martin Barker에 의하면, '새로운 인종주의'는 '진정한 공포감genuine fears', '생활 양식way of life', '인간 본성론human nature' 등의 요소로 구성된다.[25] 바커는 1979년 선거전에서 대처가 BBC 라디오 4 토론에서 생활 양식이 너무나 다른 사람들이 거리에 넘쳐날 때 느끼는 당혹감과 불안감에 대해 발언한 것을 새로운 인종주의의 일례로 들고 있다. 다소 초超역사적인 바커의 정의를 따르지 않더라도, 파올의 연설이 이주민에 대한 외국인 혐오증을 확산시켰다면 파올의 견해는 인종주의의 일종에 다름 아니다.

이녹 파올을 지지하는 부두 노동자들의 파업이 일어났다는 사실은 인종 문제과 계급 문제의 교차지점을 보여준다는 면에서 흥미롭다. 자본주의 체제하에서 노동력의 국제적 이동은 자연스러운 현상이다. 이주 노동자의 유입은 노동시장에서 토착민 노동자와의 경쟁을 유발한다. 이주 노동자에 대한 내국인 노동자의 적대감에는 이주 노동자와의 경쟁이 고용 기회를 박탈하고 임금 하락 요인을 형성한다는 현실적이고 경제적인 이유가 있다. 〈크래쉬〉에 등장하는 인종 차별적 언사를 일삼는 백인 경찰 라이언의 가족사가 바로 이런 고통을 말해준다.

멕시코 노동자들과 경쟁해야 했기 때문에 힘든 삶을 산 하층 노동자 출신 아버지, 병든 아버지의 수발에 지친 라이언의 몸에 밴 폭력적 언사에는 이주 노동자에 대한 짙은 증오가 깔려 있다. 노동자의 상대적 박탈감과 타 인종에 대한 혐오감에 기인하는 토착민 노동자와 이주 노동자 간의 갈등 양상은 영국에서도 한국에서도 현재진행형이다.

인종주의를 넘어서

서인도 제도의 프랑스 식민지 마르티니크 출신으로 자신의 모국이 아닌 알제리의 민족해방투쟁에 일생을 바친 프란츠 파농은 《검은 피부, 하얀 가면》의 마지막 문장을 "오, 나의 몸이여. 나를 끊임없이 회의하는 인간으로 만들어다오!"[26]라고 맺었다. 파농은 백인성과 이에 대립하는 범주인 흑인성을 모두 비판한다. 백인이 백인성이라는 봉인 속에 갇혀 있다면, 흑인도 흑인성 속에 갇혀 있다는 것이다.[27]

인종주의 이데올로기가 백인을 흑인보다 우수한 존재라고 말하는 것에 대해, 흑인 역시 어떤 대가를 치르더라도 흑인의 사상과 지성이 풍요롭고 뒤떨어지지 않는다는 사실을 백인들에게 증명하려고 애쓴다. 백인성과 흑인성의 이항대립 구조 자체를 비판하지 않고 고정된 정체성 속에서 주체와 타자의 관계를 사고하는 한, 파농이 지적한 대로 근대성이 만들어놓은 매트릭스에서 한걸음도 빠져나올 수 없다. 그럼 문제가 되는 백인/흑인 혹은 백인성/흑인성이란 개념을 포기하면 되지 않을까? 하지만 앞에서 살펴본 바와 같이 인종이라는 말을 입에 올리지 않는다고 해서 인종주의가 없어지는 것은 아니다.

파농은 이어서 말한다. "우월감? 열등감? 타자를 만지고 타자를 느끼며 동시에 그 타자를 내 자신에게 설명하려는 그런 단순한 노력을 왜 그대는 하지 않는가?"[28] 끊임없이 유동하는 사회적 구성물로서 몸을 파악하는 시각은 인종주의를 비판하는 데 유용한 시각이다. 몸을 둘러싼 담론은 언제나 재구성되고 재배치된다는 사실을 염두에 두면, 근대의 인종주의에서처럼 인종을 주어진 생물학적 또는 사회적 범주로서 의심 없이 수용하거나 탈근대의 새로운 인종주의에서처럼 인종을 암묵적으로 수용하는 태도를 비판할 수 있다. 주체와 타자의 몸은 고정된 실체가 아니라 역사적 맥락에 따라 항상 새롭게 구성된다.

인종주의는 타자의 몸에 대해 주체가 자의적으로 말함으로써 주체의 허구적 종족성을 만들어낸다. 인종주의를 제대로 비판하고 몸의 차이에 대해 말하면서도 그 차이에 속박되지 않기 위해서는 무엇보다도 살과 살이 부딪히는 체험으로부터 시작해야 할 것이다. 타자의 몸에서는 나와 다른 냄새가 나며 타자의 피부는 나와 다른 색을 가졌다. 파농이 말한 것처럼 차이를 손쉽게 선악이나 우열의 가치와 연결 짓지 않고, 우선 타자와 만나는 일상의 생생한 경험을 통해서만 주체는 변화를 시작할 수 있을 것이다.

03

기호와 재현으로서의 몸

판소리에 나타나는 일상과 몸

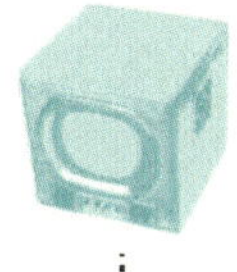

판소리는 그 이전에 다루어지지 않았던 일상과 실제,
그리고 몸과 같은 요소들을 새롭게 전경화前景化하고 있다.
이는 판소리가 실제와 일상에 대한 높은 관심을 가지고 있었던
특질로부터 기인된 것이다.
이와 마찬가지로 판소리에 나타나는 몸 담론은
당대 유교적 이념의 금기에 묶여 있던 몸을 새로운 방식으로 구현한다.
즉 몸이 가지고 있는 생래적 욕망을 인정하고
유교적 도덕관념의 도구처럼 인식되던 인간의 육체가 가지고 있는
본질적 의미를 다시금 조망한다.

서유석

CF스타의 하루에 대해 알고 있는가? 피겨 스케이팅의 불모지인 이 땅에 화려하게 등장한 이 천재소녀의 CF를 연결해보면 현대인이 꿈꾸는(?) 일상을 만들어낼 수 있다고 한다. 아침부터 저녁까지 소소한 일상이 이 소녀가 등장하는 CF만으로 만들어진다는 것이다.

그녀의 하루는 대충 이러하다. 먼저 아침에 일어나서 본인이 광고하는 냉장고에서 자신의 이미지를 극대화한 생수를 꺼내 마신다. 그런 뒤에는 자기

이름이 새겨진 빵으로 아침을 해결하고 역시 자신이 광고하는 화장품으로 기초화장을 한다. 그리고 후원사의 운동복을 입고 가볍게 아침운동을 한 뒤 자신이 부른 CM송으로 유명한 에어컨으로 집안을 선선하게 만든다. 그리고 나선 후원 은행의 ATM기에서 돈을 찾아 자신의 이름이 네이밍된 전화기로 친구와 만날 약속을 한다는 것이다.

광고 속에 등장하는 물품 하나하나가 자본주의를 살아가는 현대인들의 욕망이라고 생각해본다면, 이 소녀의 하루는 현대인이 꿈꾸는 가장 이상적인 일상을 보여주고 있다고도 가정해볼 수 있다. 가장 좋은 물과 화장품, 그리고 신선한 음식으로 몸을 가꾸고, 부의 상징처럼 되어버린 고급 핸드폰으로 자신을 드러내는 이 모습은 현대인의 일상이 어떠한 것인지, 그리고 그 일상 안에서 드러나는 욕망이 어떠한 것인지 잘 보여주고 있다.

그렇다면 판소리가 등장하고 향유되던 조선 후기 사람들의 일상과 욕망은 어떠했을까? 광고라는 자본주의의 총아가 그 당시에는 존재하지 않았을 것이 분명하니, 그 당대인들의 일상을 살펴보기 위해서는 일단 역사적 기록들과 함께 그 시대에 유행하던 문학이나 예술을 살펴보아야 할 것이다.

일단 조선 후기 사람들의 일상과 욕망을 살펴보는 데 주요한 자료로 판소리를 꼽아볼 수 있다. 판소리는 조선 후기 역동적인 문예 부흥기에 풍속화, 탈춤, 사설시조 등과 같이 새롭게 등장한 문예 갈래로, 이전의 문예 갈래들이 지녔던 것과는 전혀 다른 형식을 가지고 있는데, 그 내용에서 보면 이전 갈래에서 찾아볼 수 없는 실제와 일상에 대한 높은 관심을 보이고 있기 때문이다.

먹고, 마시고, 잠자고, 사랑하고, 기뻐하고, 슬퍼하는 일상의 순간들을 판소리는 그 이전의 문예 갈래들과는 전혀 다른 방법을 통해 구현해낸다. 그리고 그 구현의 중심에는 몸이 존재한다.

실제로 일상의 순간을 영위하는 주체는 몸이다. 물을 마시고 아침을 먹는 것은 물론이거니와 아름다워지기 위해 화장을 하고 친구를 만나는 행위 하나하나를 구현해내는 것은 몸이기 때문이다. 조선시대 사람들의 일상이 어떠했는지, 그리고 그들이 그 일상 속에서 느꼈던 욕망은 현대인들과는 어떻게 다르고 같았는지를 살펴보기 위해서는 그 일상과 그 안의 욕망의 주체가 되는 몸을 통하는 것이 가장 정확할지 모른다. 특히 지금의 일상이 아닌 조선 후기 사람들의 일상을 재구해내기 위해서는 더욱더 그 당대인들의 몸 담론이 어떠했는지를 살펴보는 것이 중요할 것이다.

실제와 일상에 대한 새로운 관심

판소리에 나타나는 몸과 그 몸이 영위하는 일상은 그 이전의 것과는 어떻게 다른 것일까? 유가적儒家的 사유가 조선왕조 500년 동안 주요한 사회 이념이었음을 생각해 본다면, 판소리에 나타나는 몸과 일상의 모습은 그 이전의 것과 크게 다르지 않은 것처럼 보일 수 있기 때문이다. 하지만 이를 확인하기 위해서는 먼저 판소리가 등장한 배경과 그 당대의 시대적 분위기를 먼저 살펴야 한다. 분명한 것은 판소리가 나타난 조선 후기 문예 부흥기는 그 이전 시대와 전혀 다른 형식과 내용을 담고 있는 새로운 문예 갈래들을 창출해내고 있었다는 점이다.

판소리는 조선 후기에 등장한 대표적인 신흥 예술의 하나이다. 이 시기에는 판소리뿐만 아니라 다양한 신흥 예술 갈래들의 등장을 확인할 수 있다.

판소리, 탈춤, 사설시조는 기존의 문예 장르와는 차별되는 형식을 가지는 새로운 것들로, 전대에는 존재하지 않았으나 시대의 변화에 따라 새롭게 등장한 갈래였음이 분명하다. 따라서 이들 갈래에는 당대의 사회 문화적 상황과 문제들이 예리하게 초점화되어 있을 가능성이 높다.

조선 후기, 특히 영·정조의 문예 부흥기에 새롭게 생성된 문예 양식들은 기존의 사회 지배 담론에서 벗어난 새로운 내용과 형식을 가지고 있는 것들이 많다. 판소리가 서민의식의 반영과 사실적인 표현, 그리고 희극미의 구현을 통해 서민 예술의 정화로 꼽히는 점이나, 동시대의 회화가 '진경시대眞景時代'라 부를 수 있는 새로운 시대를 열어, 실제적인 것에 대한 높은 관심을 보이면서 동시에 풍속화라는 새로운 화풍을 이루어냈던 사실, 그리고 더 나아가 관념적인 성리학을 넘어 실생활에 주목한 실학의 발흥도 주목해야 할 당대 사회적 분위기였음은 기억해 둘 필요가 있다.

실제적인 것에 대한 관심이나 사실적인 표현들은 당대 새롭게 등장한 문예 양식들에서뿐만 아니라, 동시대 다른 예술 갈래에서도 쉽게 찾아볼 수 있는 것이다. 사대부 문학의 전유물처럼 여겨졌던 한시는 여항한시閭巷漢詩라는 명칭처럼 그 향유층이 중인계급까지 확대되었다. 또한 산수나 자연을 소재로 한 관념적인 내용에서 탈피하여, 일상으로 관심을 돌려 도시 하층민의 다양한 군상까지를 그려내는 데까지 주제와 제재의 범위가 확장되고 있다.

음악에서도 비슷한 양상을 찾아볼 수 있다. 음악, 문학, 연행의 세 가지 요소를 모두 가지고 있는 판소리의 음악적 특성을 살펴보면, 기존에는 찾아보기 힘들었던 다양한 장단의 구성을 통해 서사 진행의 '이면裏面'의 사실성을 추구하였다. 즉 서사 진행에 어울리는 음악 구성을 통해 실제 현실에선 일어날 수 없는 상황이라

하더라도 이야기의 핍진성을 높이기 위한 음악 구성을 보여주고 있다는 것이다.

회화도 비슷한 양상을 보이고 있다. 진경시대라고 불리는 새로운 화풍을 열었던 조선 후기 화단은 풍속화라는 새로운 갈래를 개척하기도 한다. 관념적인 삶의 모습이나 이념에 근거한 생활상을 드러내는 것이 아니라, 실제 일상에, 그것도 평민들의 진솔한 삶의 모습에 시선을 돌린 풍속화의 등장을 통해 인간의 몸에 대한 새로운 긍정의 모습을 살필 수 있다.

잠시 조선 후기 회화의 특성을 살펴보도록 한다. 조선 후기 회화사상은 사실주의寫實主義 정신이라고 볼 수 있다. 경제적 주도권을 장악한 계층 사이에서 자신들의 이상을 구현할 현실에 애정을 쏟으려는 풍조와 함께 주체적 문예의식이 싹텄기 때문이다. 따라서 옛것을 본받기보다는 새롭게 창작되는 당대 문예를 긍정적으로 바라보게 되었다. 특히 사실묘사력의 발전이 두드러지는데 세심한 대상 관찰을 통한 '실득實得(윤두서)'으로부터 살아 있는 그림을 위해 현장 사생을 시도한 '즉물사진卽物寫眞(조영석)'으로 그리고 사실주의적 창작 방식을 강조하여 형상 묘사까지 완벽하게 구현한 '곡진물태曲盡物態(김홍도 그림에 대한 강세황의 평)'의 경지에 이르게 된다.

즉 조선 후기 회화는 진경산수든 풍속화든 간에 사실주의 정신을 바탕으로 있는 그대로의 현실과 실제에 높은 관심을 가지고 있었다는 설명이 가능할 것이다. 특히 진경산수와 풍속화의 발달은 조선시대 회화사에서 그 이전과 이후의 시기를 구분하는 단서가 된다. 예컨대 중국 산수화 형식에 의존하여 관념성 짙게 전개되던 조선 회화에 진경산수가 출현한 것은 미술계의 새로운 변화였고, 풍속화는 다른 유형의 회화와 달리 주제의식과 표현 형식에서 후기의 시대정신에 맞는 예술의지를 담고 있는 것이다.

특히 풍속화에는 새롭게 도래된 물질주의적 세계관과 실사구시實事求

是적이고 이용후생利用厚生적인 실학정신이 함축되어 있고, 세계를 정태적인 대상이 아니라 역동적인 실체로 인식하고자 하는 동태적 현실안이 내재되어 있으며, 유교의 위선적이고 금욕적인 껍데기를 벗어버리고 본능과 욕망을 긍정하려는 서민정신이 발현되어 있다. 그리고 풍속화의 이러한 성격은 판소리에도 고스란히 나타난다고 볼 수 있다.

먼저 풍속화를 살펴본다. 풍속화의 주요 소재는 실제이자 일상이다. 초기의 풍속화는 지배계층이 피지배계층인 일반 백성들의 삶을 내려다보는 듯한 기록화적 성격이 강했던 것이 사실이다. 하지만, 김홍도에 이르러 풍속화는 '속화俗畵' 라는 명칭에서 벗어나 민중들이 일상에 집중하여, 땀 흘리며 일하는 모습, 삶의 한 단면, 일상의 순간에 집중하게 된다.

≪단원풍속도첩≫의 몇몇 그림을 생각해보자. 앞에서 설명한 것처럼 이전의 풍속화가 기록화적인 성격이 강했다면 단원의 그림은 말 그대로 일상과 실제에 집중하고 있다. 그간 아무도 돌아보지 않았던 민중의 삶의 한 부분을 묘사하고 있는 것이다. 더욱 중요한 것은 이러한 일상의 묘사가 정태적이지 않다는 점이다. 풍속화의 등장인물들은 살아 숨 쉬고 있는 것처럼 생생한 일상을 보여준다. 일상의 순간을 '기록'하는 의미의 풍속화가 아닌 '일상의 지속'을 있는 그대로 표현하고 있는 셈이다.

예를 들어 베를 짜고 있는 작품은 베틀에 앉아 있는 그 모습만을 포착해낸 것이 아니라 베를 짜고 있는 그 일상을 담아낸다. 베를 짜는 본인뿐만 아니라 이를 보고 있는 할머니와 손자의 모습이 함께 담겨 있는 것이 그러하다. 기와를 이는 장면을 포착한 풍속화도 마찬가지이다. 이 작품은 기와를 어떻게 올리는 것인지를 기록하고 있지 않다. 오히려 그 과정이 어떻게 이루어지며 그

기와를 올리는 일상이 어떠한 것인지에 그림의 초점이 모아지고 있다. 또한 신윤복에 이르러서는 도시 유흥의 모습을 여속女俗을 중심으로 드러내고 있어 주목된다.

신윤복은 김홍도와 다른 풍속화의 세계를 보여주고 있다. 단원이 서민의 일상에 주목했다면, 혜원은 도시의 여속에 주목했다. 하지만 단원과 혜원의 풍속화는 모두 정태적이지 않고 역동적인 일상의 단면을 포착하고 있다는 점에서 동일하다.

〈단오풍정〉에는 다양한 시선이 존재한다. 단옷날 벌어지는 여성들의 다양한 풍속이 사실적으로 기록되어 있지만, 이 작품의 평가는 역시 다양한 시선에 있다. 작품의 왼쪽 상단에 있는 남성들의 시선, 여성들의 목욕을 몰래 훔쳐보는 저 시선이 보여주는 해학성은 이 작품이 왜 단순한 의미의 풍속의 기록이 아닌 역동적인 의미의 풍속화가 될 수 있는지를 잘 보여주고 있다.

결국 조선 후기 풍속화의 주제는 일상이다. 더 정확히 설명하자면 그 일상을 영위하는 몸이다. 단원의 풍속화에 등장하는 몸은 살아 있다. 화가가 원하는 포즈를 취하고 있는 것도 아니고, 하나의 기록을 위해 인위적인 모습을 나타내고 있는 것도 아니다. 일상을 영위하는 있는 그대로의 몸이 오롯이 드러나 있는 셈이다. 혜원의 풍속화도 마찬가지다. 오히려 혜원의 풍속화 속의 일상과 몸은 여속을 중심으로 하면서 단원의 것보다 더 파격적이다. 여성의 몸이 남성의 몸보다 더 많은 금기를 내포하고 있다는 점에서 더욱 그러하다. 목욕을 위해 신체의 일부를 드러내고 있는 여성의 몸은 당대의 그림으로서도 파격적이다. 유교적 금기에 묶여 있던 인간의 몸, 특히 육체가 그 지배적 담론에서 벗어나 새로운 몸 담론을 형성하면서 오롯이 전경화前景化되고 있는 셈이다.

이렇게 판소리와 동시대에 등장한 다양한 문예 갈래들은 그 이전의 예술 갈래들과는 달리 실제와 일상에 대한 높은 관심을 드러내고 있다. 이제는 이러한 실제와 일상에 대한 관심이 판소리에서 어떻게 구현되고 있는지 확인해 볼 차례다.

판소리에 나타나는 일상과 몸

앞에서 살펴본 바와 같이 단원과 혜원의 풍속화가 일상의 역동적인 모습을 있는 그대로 드러내면서 그간 드러나지 않았던 삶의 일상과 함께 그 일상을 영위하는 몸을 구현해내는 양상은 판소리에서도 동일하게 확인해볼 수 있다. 판소리도 역시 일상의 모습을 묘사하고 드러내는 데 주저함이 없다. 또한 풍속화와 마찬가지로 실제에 대한 높은 관심을 보여주기도 한다. 다음을 살펴보도록 한다.

> 방자 분부 듣고 나구청으로 들어가, 서산나귀 솔질하야 갖은 안장을 짓는다. 홍영, 자공, 산호편, 옥안, 금천, 황금륵, 청홍사 고운 굴레, 상모 물려 덥벅 달아, 앞뒤 걸쳐 질끈 매야, 칭칭 다래, 은엽 등자, 호피돋움으 태가 난다. 모탄자 걸쳐 덮고 채질을 툭 쳐 돌려세워, "말 대령허였소."
>
> _조상현 창본 춘향가

광한루 경개 구경을 나서는 이 도령이 탄 나귀에 대한 묘사이다. 이러한 특정 대상에 대한 매우 세밀한 묘사는 그간 판소리의 문체적 특징으로 많은 논의가 이루어진 부분이다. 판소리가 가지고 있는 이러한 묘사, 즉 장면의

〈춘향전〉의 서사는 회화의 중요한 소재로 사용되었다. 그리고 이 그림 속 인물들의 행동은 이야기 안에서 뛰어나온 것처럼 생생하기 이를 데 없다. 이야기가 그림으로 연결될 수 있다는 것은 판소리가 그만큼 실제와 일상에 관심이 높았다는 증거이다.

〈춘향전도〉 중 일부, 병풍, 경희대학교 중앙박물관 소장.

극대화 혹은 부분의 독자성 같은 성격들은 판소리가 연행될 때, 그 장면이 주는 중요성을 강조하거나, 연행의 미적 성취를 높이기 위한 측면에서 그간 논의되었지만, 동시에 나귀 장식 하나하나를 자세히 들어 설명하는 것은 당대 향유층이 주변의 사물과 실제적인 것에 높은 관심을 가지고 있었다는 증거가 될 수 있다.

즉 서사 진행과 특별한 관계없이 벌어지는 사물들의 열거와 나열은 이 도령이 광한루 주변 경관 구경을 나서는 장면의 미적 성취를 높이는 역할을 담당하기도 하지만, 일상과 실제에 대한 판소리 향유층의 높은 관심을 증명하고 있는 셈이다. 특히 판소리는 임금에서 하층민에 이르는 다양한 향유층을 가지고 있던 예술 갈래였음을 상기해본다면, 이러한 일상과 물질에 대한 묘사는 판소리가 향유되던 당시의 시대 분위기가 관념에서 탈피하여 실제와 일상에 대해 높은 관심을 보여주고 있음을 다시 한번 확인시켜주고 있다고 할 것이다.

일상과 실제에 관한 높은 관심, 그리고 판소리가 가지고 있는 사실적 표현의 성격은 기존의 문장체 고소설과의 비교를 통해 더욱 쉽게 확인할 수 있다. 예컨대 문장체 고소설의 경우 공간과 외양에 관한 묘사라는 것을 쉽게 찾을 수 없다. 즉 일상의 공간과 실제적인 공간의 묘사가 드러나지 않는다는 것이다. 혹 있다 하더라도 관념적인 비유나 관용어구로 처리되어 있는 경우가 대부분이다. 하지만 판소리의 경우 앞서 지적한 바와 같이 실제적인 것에 대한 높은 관심을 바탕으로 문장체 고소설과는 전혀 다른 성격의 묘사를 보여준다.

먼저 판소리부터 살펴본다. '~치레', '거동보소'와 같은 어구 뒤에는 묘사 대상의 행위나 차림새에 대한 상세한 진술이 뒤따른다.

방자놈 거동바라 도련님 분부듯고 쇠털갓탄 누렁벙치 듸의 짓겨씨고 건장한

두 다리로 논틀밧틀 우당퉁탕 셥젹셥젹 건너가셔 츈향다려 하는 말이

_ 성우향 창본 춘향가

신연급창新延及唱 거동擧動보소. 키 크고 길 잘 걷고 맵씨있고 어여쁘고 영리伶利한 저 급창. 김제망건金堤網巾 대모관자玳瑁貫子 자지당줄 달아 써 가는 양태 평포립平布笠 갑사甲紗 갓끈을 넓게 달아 한 옆 기울여 비식이 써, 전배자氈背子 전토수氈套手 보라동옷에 방패천익防牌天翼 앞자락 맵씨있게 뒤로 돌쳐 잡아매고, 비단쌈지 전주머니 은장도銀粧刀 비식 차 누비바지 새질버선 새날초신을 얽게 신고, 결백潔白한 장유지壯油紙 조롱단님에 거드러졌다.

_ 장자백 창본 춘향가

'거동보소'와 같은 문구 뒤에는 언제나 실제 행동이나 그 상황에 대한 매우 사실적인 묘사가 뒤따른다. 물론 '거동보소'가 드러내고 있는 행동이나 상황의 주체는 몸이다. 한 인물의 행위에 대한 사실적 묘사를 구현해내고 있는 셈이다. 이러한 사실적인 묘사는 문장체 고소설에서는 쉽게 확인할 수 없는 것들이다. 방자가 춘향에게 급히 뛰어가는 모습은 눈앞에 펼쳐진 것처럼 "우당퉁탕 셥젹셥젹"과 같은 의태어로 묘사된다. 신연급창의 외모도 마찬가지이다. 작품을 읽고 있는 독자의 눈앞에 그림을 그리듯 회화적 상상력이 매우 뛰어난 표현을 보여주고 있다. 또한 앞서 살펴본 바와 같이 신연급창의 외양은 자세한 장신구나 옷차림 하나하나에 주목하여 설명하는 표현을 쉽게 확인할 수 있다. 하지만 문장체 고소설에서는 전혀 다른 모습을 찾아볼 수 있다.

ᄎᆞ시 남소졔 용뫼 긔이ᄒᆞᆯ ᄲᅮᆫ 아니라 시셔를 능히 외오며 녀공에 하ᄉᆞᄒᆞᆯ 곳이 업고 ᄯᅩ 면목이 쳥영ᄒᆞ야 일졈 듸글의 긔운이 업스니 부인 이 공구ᄒᆞ야 앗기더라.

_ 창선감의록

장화 형뎨 졈졈 ᄌᆞ라ᄆᆡ 얼골의 화려ᄒᆞ니라 ᄌᆡ질의 리묘ᄒᆞ미 셰상의 무ᄡᅡᆼᄒᆞ니 효ᄒᆡᆼ이 더욱 득츌ᄒᆞ니 좌슈부체 ᄉᆞ랑ᄒᆞ미 비ᄒᆞᆯᄃᆡ 업는 즁의

_ 장화홍련전

시서로 세월을 보내더니 광음이 임염하여 명년 춘을 만나니 방공자의 나이 십이 세라. 풍용한 기질과 꽃다운 용안이 백옥 운석인 듯 단순호치와 양목이 개제 기이하여 인간 연인 중 사람 같지 않더라. 그 엄위 강열하여 조금도 여자의 연연자약한 태도 없어 묵묵단좌한즉 동천 한월이 벽천에 걸렸는 듯 담소를 이른즉 유한하고 유순함이 삼동 눈이 녹는 듯하고 풍채 양유 같고 채봉 양익이 표표하니 진실로 적강선인인 줄 알더라. 겸하여 문필이 날로 장진하여 패택 오십수와 종요의 필학을 압도하고 자명이 자자하여 일향에 모르는 이 없어 시인이 흠탄 충복하더라.

_ 방한림전

〈창선감의록〉은 인물을 소개하는 장면에서 묘사라기보다는 서술에 가까운 모습을 보여준다. 특히 등장인물의 외모에 대한 묘사는 "긔이하다" 정도로 그치고, 오히려 시서를 능히 외우고 여공이 뛰어나다는 당대 여성에게 요구되는

덕목이 뛰어남에 초점이 맞추어져 있을 뿐이다. 〈장화홍련전〉도 마찬가지이다. 얼굴 묘사는 "화려하다"라는 말에 그칠 뿐 여성의 재질이 뛰어남을 설명하고 효행이 특출난 것을 칭찬하는 이 부분은 묘사라기보다는 서술에 더 가까워 보인다.

〈방한림전〉도 비슷한 양상을 보인다. 남복을 하고 아들의 역할을 했던 방한림의 모습은 "풍용한 기질" 그리고 "꽃다운 용안", "단순호치"와 같은 반복적인 관용어구를 통해 묘사될 뿐이며, 그 태도를 묘사할 때도 "심동 눈"이나 "양유", "채봉"과 같은 고사에 나오는 인물들에 비교될 뿐, 그 실상의 외모가 어떠한지 찾아보기는 힘들다. 하지만 같은 인물 묘사라도 판소리의 묘사는 전혀 색다르다.

> ᄇᆡᆨᄇᆡᆨ홍홍난만즁의 엇ᄯᅥ한 일 미인 나오난듸 ᄒᆡ도 갓고 별도 갓ᄶᅡ 져와 갓튼 게집죵과 함기 츄쳔을 ᄒᆞ랴ᄒᆞ고 난쵸갓치 푸린 머리 두 귀 눌너 고이 ᄶᅡᆺ고 금ᄎᆡ를 정지ᄒᆞ고 나군의 두룬 허리 이랍답ᄉᆞ고 고흔 ᄐᆡ도 아장거리고 흐늘거려 가만가만 나오던이 장님 슙쇽의 드러가셔 장장ᄎᆡ싱 근의쥴-을 휘느러진 벽도가지 휘휘친친 가마 ᄆᆡ고 셤셤옥슈를 번듯 드러셔 양 근의쥴을 갈나 잡고 션ᄯᅳᆺ 올나 미러갈 졔 한 번 굴너 압피 놉고 두 번 굴너 뒤가 놉파 압뒤 졈졈 놉파갈 졔 머리 우의 푸른 입은 몸을 ᄯᅡ라셔 흔들흔들 난만도화 놉푼 가지 쇼쇼리쳐 툭툭 찬이 숑이숑이 ᄆᆡᆺ친 ᄭᅩᆺ시 츄풍낙엽 젹의로 ᄯᅮᆨᄯᅮᆨ ᄯᅥ러져 ᄂᆡ리친이 풍무ᄎᆔ엽녹엽이라 낙포션여 구름 타고 옥경의로 상ᄒᆞ는 듯 무산션여 학을 타고 요지연의로 ᄂᆡ리난 듯 그 얼골 그 ᄐᆡ도난 셰상 인물이 안이로다
>
> _ 장자백 창본 춘향가

이 도령의 시점에서 혹은 서술자의 시점에서 묘사되는 춘향의 모습은 매우 실제적이다. 영화의 한 장면을 보는 듯한 카메라 시선의 이동이 느껴질 정도다. 즉 한 프레임 내에서 인물이 등장하고 그 인물의 행동 하나하나를 쫓아가며 묘사하는 시선이 확인되는 셈이다. 먼저 아름다운 꽃들이 피어 있는 가운데 정체를 알 수 없는 한 미인이 등장하고, 그 미인의 몸을 쳐다보는 시선은 머리부터 시작해서 얼굴로, 그리고 허리로 이어진다. 즉 아름다운 여인의 자태는 시선의 이동 순서에 따라 묘사되는 셈이다. 그네를 타는 모습도 비슷하다. 몇 가지 관용어구가 아름다운 춘향의 자태를 비유하기 위해 등장하지만, 실제로는 어떻게 그네를 타고 있는지 세세한 행동 묘사를 확인할 수 있다. 이러한 묘사 끝에야 "무산선녀"와 같다는 비유가 등장하고, 더 나아가 "세상 인물이 아니다"라는 평가적 발언이 나온 셈이다. 즉 문장체 고소설이 몇 가지 관습적인 비유나 고사에 등장하는 유명 인물을 들어 작품 속 등장인물의 외모와 사람됨을 관념적으로 평가하는 데 비해, 판소리는 아름다운 여인의 외모나 자태를 눈에 보이는 듯이 묘사하여, 실제 공간과 실제 인물에 대한 세세한 묘사를 보여주고 있다.

따라서 문장체 고소설에 등장하는 인물은 정신이나 관념 속에서 상상할 수 있는 인물이라면, 판소리에 등장하는 인물은 말 그대로 주변에, 일상에 살아 숨 쉬는 인물처럼 묘사된다. 이러한 묘사가 사실성을 획득하기 위해서는 당연히 그간 문장체 고소설의 묘사나 설명에서 배제되어왔던 인간의 몸에 대한 묘사가 자세히 드러나게 되는 것이며, 동시에 새로운 의미의 몸 담론이 형성되고 있다고 볼 수 있다.

물론 이러한 문장체 고소설들은 실상 판소리가 등장했던 시기에 같이 향유되었던 작품임에는 틀림없다. 하지만 판소리가 17~8세기 무렵 풍속화나 사설시조, 탈춤과 함께 새롭게 등장한 문예 갈래라면, 문장체 고소설은 그 이전부터 그 연원을 확인할 수 있는 것 또한 사실이다. 더구나 판소리는 하나의 문학 갈래이면서 동시에 연행 갈래에 속하기도 하기 때문에 그 묘사에 관한 방법이 달라질 수도 있다.

하지만 판소리가 보여주는 실제적인 것, 그리고 일상의 사물에 대한 묘사는 의미가 다르다. 앞서 지적한 바와 같이 전 시대에는 존재하지 않았으나 시대의 변화에 따라 새롭게 등장한 갈래에는 당대의 사회 문화적 상황과 문제들이 예리하게 초점화되어 있을 가능성이 높다는 선학先學들의 지적처럼, 판소리가 보여주는 실제와 일상에 대한 관심은 관념적이고 관습적인 문장체 고소설의 담화 조직 방식과는 근본적인 차이점을 찾아볼 수 있다.

더욱 눈여겨보아야 할 점은 판소리가 가지고 있는 이러한 사실적인 표현의 소재들, 일상과 실제에 대한 높은 관심들이 모두 인간의 몸을 바탕으로 하고 있다는 점이다. 위에서 살펴본 바와 같이 문장체 고소설에서는 찾아볼 수 없는 인물 묘사가 그러하고, 나귀의 장식이나 복색의 특성을 하나하나 짚어내는 점이 그러하다. 나귀도 그렇고 옷도 그렇고 모두 사람이 타고 입는 것이며 일상을 구성하는 한 부분이기 때문이다.

즉 그간의 문장체 고소설에서는 한 사람의 정신적 측면, 그 인물이 가지고 있는 높은 덕성과 훌륭한 성품만을 중점적으로 드러냈다면, 판소리는 오히려 그러한 정신적인 측면보다는 인간의 육체를 직접적으로 묘사하여 하나의 서사 안에서 실제로 살아 있는 대상으로 그려내고 있다. 육체를 둘러싸고 있는 장신구나 탈것, 그리고 의복의 화려한 치장을 통해 육체가 판소리라는 서사 안에서 하나의 기호로 작용하고 있는 것으로 볼 수 있기 때문이다.

결국 일상이나 주변에서 확인할 수 있는 실제적인 것에 대한 관심은 몸을 통해 구현될 수밖에 없다. 몸은 언제나 일상과 실제를 영위하는 주체이기 때문이다. 따라서 판소리가 가지고 있는 이러한 사실적인 표현 방식들은 앞서 지적한 바와 같이 모두 인간의 몸을 통해 구현된다. 즉 판소리에 나타나는 몸은 판소리 이전의 문예 갈래가 드러내고 있는 방식과는 전혀 다른 방식으로 담론화되고 있다. 말하자면 그간 다루어지지 않았던 인간의 일상과 몸이 작품의 문면에 오롯이 드러나고 있는 것이다.

일상 속 몸의 발견과 긍정

풍속화는 관념적인 인간을 드러내지 않는다는 것을 앞에서 살펴봤다. 즉 일상과 현실에 존재하는 인간을 묘사한다. 특정한 포즈를 잡는 것이 아니라 생활과 일상 자체에 집중하고 있는 셈이다. 결국 풍속화에 등장하는 인물군은 모두 실제에 존재하는 것들이며, 일상 속에서 발견할 수 있는 것들이다. 동시에 그 안에서 생동하는 인물들은 그간 관념의 외피 속에 갇혀 있던 몸의 일부인 육체를 드러내고 있다고 볼 수 있다.

특히 풍속화 중에서는 소위 '춘의도春意圖' 혹은 '춘화春畵'라고 불리는 새로운 갈래의 등장은 주목을 요한다. 춘화의 등장 이유는 여러 가지 측면에서 설명할 수 있겠지만, 일단 실제 인간의 몸과 그 몸의 행위가 사실적으로 재현되고 있다는 측면에서 그 의의는 사뭇 새로운 것이라 할 수 있다.

춘화 혹은 춘의도의 등장에 대해서는 그간 많은 논의가 있었다. 그 중 최근의 연구 성과에 따르면 춘화와 같은 새로운 장르의 회화는 내재적인 발전에 따라 발생했다기보다는 분명 외부의 자극, 즉 중국으로부터의 수입이 촉발한 현상이라는 지적도 찾아볼 수 있다. 하지만 춘화가 외부의 자극에서 발생되었든지, 아니면 내재적인 발생을 이루었든지 간에 분명한 것은 그간 쉽게 드러낼 수 없었던 인간의 몸을 있는 그대로 드러내고 있다는 점에서 의의를 찾을 수 있다는 점이다. 즉 성적인 표현은 물론이거니와 육체를 드러내는 표현도 판소리나 풍속화가 향유되던 시기에는 매우 금기시되는 것이었음은 분명하기 때문이다.

따라서 풍속화든 춘화든, 일상과 실제에서 확인할 수 있는 인간을 그림의 주요 소재로 삼았다고 하는 것은 실제적인 인간의 몸에 대한 새로운 발견이라 설명해도 별 무리가 없을 것이다. 풍속화 이전의 산수화가 실제 자연이 아닌 관념화된 자연을 담고 있었던 점이나, 또한 동시에 관념적 산수화에 등장하는 어옹漁翁이나 신선神仙과 같은 인물들이 실제에서는 찾아볼 수 없는 존재였던 점을 생각해본다면, 풍속화가 주목했던 일상과 몸의 의미는 매우 새로워 보인다. 즉 관념에 감추어져 있었던 인간의 몸을 재확인함으로써, 몸이 영위하는 일상과 실제에 대해 새로운 관심을 드러낼 수 있었던 것이다.

특히 춘화가 보여주는 성행위는 그 의미가 깊다. 조선 후기 춘화에 나타나는 성이 단순히 성이 억압되던 시기에 그 성적 행위를 묘사하고 있다고 해서 성의 해방이나 소위 근대적 의식이 싹트고 있다는 말은 아니다. 춘화가 보여주는 성행위, 그리고 판소리에 나타나는 성묘사나 성적 육체에 대한 묘사는 관념의 굴레에 갇혀 있던 육체를 해방시킴과 동시에, 진정한 의미의 몸을 발견하고 몸의 의미를 긍정하고 있는 것으로 보이기 때문이다.

조선 후기를 지배했던 사회 이념인 성리학적 질서에서 육체에 대한 금기, 즉 몸에 대한 금기는 상당했던 것으로 보인다. 이는 인간의 본래적인 욕망을 인정하면서도 그 욕망의 주체와 대상에 따라 절제와 금기를 따로 요구했던 당대 조선사회의 지배 담론의 요구 때문인 것으로 보인다.

즉 당대 유교 담론 혹은 유교 이념은 지배층 사대부 남성의 성적 욕망은 인정하면서도 여성의 성적 욕망은 인정하지 않았고, 예禮라는 도덕적 규범이나 효孝라는 가치 이념에 따라 육체에 대한 금기를 제시하고 있었던 것으로 보인다. 하지만 판소리에 등장하는 육체는 이러한 규범이나 이념에 묶여 있지는 않은 것으로 보인다. 먼저 인간의 육체 중 일부, 그것도 가장 금기시되는 성기性器가 극단적으로 묘사되는 〈변강쇠가〉의 '기물타령'부터 살펴보도록 한다.

> 계집이 허락 후에 청셕관을 처가로 알고 두리 손질 마죠 잡고 바우 우의 올나가셔 대사를 자ᄂᆡᄂᆞᆫ듸 신랑 신부 두 년놈이 이력찬 것이라 일언 야단 업거ᄊᆞ나 멀금ᄒᆞᆫ ᄃᆡ낫에 년놈이 훨셕 벗고 ᄆᆡᄉᆞᆫ이 쎈 작난ᄒᆞᆯ제 천생음골 강쇠놈이 여인 양각 번듯 들고 옥문관을 구버보며 이상이도 ᄉᆡᆼ기엿다 맹랑이도 ᄉᆡᆼ기엿다 늘근 즁의 입인넌지 털은 돗고 이ᄂᆞᆫ 업다 소낙이를 마자썬지 어덕 깁게 파이엿다 콩밧팟밧 지ᄂᆡ던지 돔부ᄭᆞᆺ이 비최엿다 독긔ᄂᆞᆯ을 마져던지 금 발루게 터져잇다 생수처 옥답인지 물리 항상 고여 잇다 무슨말을 하랴관ᄃᆡ 옴질옴질 ᄒᆞ고 잇노 천리행용 나려오다 주먹바위 신통ᄒᆞ다 만경창파 죠ᄀᆡ던지 혀를 셰쏨 쎅여시며 임실 곡감 먹어썬지 곡감씨가 장물이오 만첩산중 으름인지 제라 졀노 벌어젓다 健계탕을 먹어던지 ᄃᆞᆰ긔 벼슬 비최엿다 파명당을 ᄒᆞ엿썬지 더운 김이 그져 난다 제 무엇이 질거워셔 반튼 우셔 두엇구나 곡감 잇고 울음 잇고 죠ᄀᆡ 잇고 연계 잇고 제사장은 걱졍업다.
>
> _ 신재효본 변강쇠가

성기에 관한 묘사는 지금의 이 시점에도 금기시되어 있는 것이다. 소위 포르노그래피pornography라 불리는 외설물이나 속칭 에로물 혹은 에로티카erotica라 불리는 그림이나 동영상에서도 체모나 성기에 대한 직접적인 묘사는 금기처럼 되어 있다. 특히 공공방송이나 출판물의 경우에는 더욱 그러하다.

하지만 〈변강쇠가〉에 등장하는 성기 묘사는 매우 적나라하다. 위의 인용은 옹녀의 성기, 즉 여성의 성기에 관한 묘사이다. 옹녀의 성기는 '이상'하고 '맹랑'하다고 설명된다. 그리고 성기는 일상에서 볼 수 있는 다양한 사물들에 대한 비유를 통해 매우 사실적으로 묘사되고 있어 주목된다. 일단 성기의 외양은 늙은 중의 입처럼 털은 있지만 이는 없고 소나기 맞은 언덕처럼 깊게 파인 것으로, 또한 도끼날을 맞은 것처럼 금은 바르게 터져 있고 무슨 말을 하려는지 옴질옴질하고 있다고 설명된다. 외양 묘사는 여기서 그치지 않는다. 먹을 것으로 연결된다. 인간의 가장 기본적인 욕망이 식욕과 성욕이라는 것은 ≪예기禮記≫에서도 지적한 바 있는데, 성기를 묘사하면서 먹을거리와 연결 짓는 비유는 의미심장하다. 여성의 성기는 일반적으로 여성의 성기를 속되게 비유하는 조개에 연결되기도 하고 동시에 임실 곶감, 산중의 으름처럼 벌어져 있기도 하다고 설명된다.

재미있는 것은 이러한 먹을 것에 대한 비유가 마지막에는 강쇠의 눈을 통해 "제사장 볼 걱정"은 덜게 된다는 표현에 의해 죽음에까지 그 의미를 확장시키고 있다는 것이다. 식욕과 성욕이 인간의 가장 본래적인 욕망임을 유교 경전의 하나인 ≪예기≫가 인정했던 것처럼, 인간의 육체는 다시 삶과 죽음을 공유하는 장소가 될 수 있다. 따라서 죽음 또한 육체와 몸이 반드시 겪어야 하는 과정 중에 하나임에는 틀림없다.

특히 성기를 묘사하면서 제사상을 생각해보는 태도는 특이해보인다.

남녀의 성기는 기본적으로 생명의 수태를 가능하게 하는 장소이다. 하지만 여성의 성기는 더 특별한 의미를 지닌다. 여성의 성기는 곧 출산의 장소이기 때문이다. 따라서 극단적으로까지 보이는 이 적나라한 성기 묘사는 실제로 인간의 육체, 인간의 몸이 본래적 욕망과 함께 삶과 죽음이라는 근원적인 문제까지를 모두 담아낼 수 있는 공간임을 인정하고 있는 셈이다. 즉 지배 담론의 금기에 묶여 있는 몸이 아닌 본래적 욕망과 삶과 죽음의 문제를 드러내는 장소로 묘사되고 있으며, 동시에 금기된 육체를 긍정하고 있다고까지 설명해볼 수 있다.

> 져 여인 반소ᄒᆞ며 가품을 ᄒᆞ노라고 강쇠 긔물 가ᄅᆞ치며 이ᄉᆡᆼ이도 ᄉᆡᆼ기엿네 맹랑이도 ᄉᆡᆼ기엿네 전배사령 셔랴ᄂᆞᆫ지 쌍걸랑을 늣게 ᄃᆞᆯ고 오군문 군노던가 복ᄯᅥᆨ이를 불게 씨고 ᄂᆡᆫ물가에 물방안지 ᄯᅥᆯ구덩덩 ᄭᅳ덕인다 송아치 말ᄯᅮᆨ인지 털곱비를 둘너ᄊᆞᄂᆡ 감기를 어더ᄯᅳᆫ지 말근 ᄉᆞᆯᄂᆞᆫ 무ᄉᆞᆷ일고 성정도 혹독ᄒᆞ다 화 곳 나면 눈물난다 얼린아ᄒᆡ 병일넌지 젓은 엇디 게워시며 제사에 쓴 수어인디 ᄉᆞ장이 궁기 그져 잇다 뒤 ᄯᅧᆯ 큰 방노승인지 만ᄃᆡ가리 둥구린다 소년인사 다 ᄇᆡ왓다 ᄉᆞ박 ᄉᆞ박 절을 ᄒᆞᄂᆡ 고초 찟턴 절구ᄯᅢᆫ지 검불ᄶᅵᄂᆞᆫ 무삼 일고 칠팔월 알밤인지 두 ᄶᅩᆨ 한ᄐᆡ 부터잇다 물방아 절구되며 쇠곱비 걸낭 드물 세간사리 걱정 업ᄂᆡ
>
> _ 신재효본 변강쇠가

옹녀의 성기 묘사를 살펴보았으니 이젠 강쇠의 성기 묘사를 살펴볼 차례다. 강쇠의 성기에 대한 묘사도 옹녀의 것과 비슷한 양상을 보인다. 남성의 고환은 전배사령의 쌍주머니에 비유되며 성기 주변의 체모는 '털고삐'로 희화화된다.

그리고 정액이 조금씩 흐르는 모습은 감기 얻은 코의 모습 또는 화나서 눈물짓는 모습으로 표현된다. 발기된 성기에 대한 묘사는 더욱 재미있다. 한껏 발기되어 끄떡끄떡하는 모습은 "소년 인사를 다 배웠다. 꼬박꼬박 절을 하네"라는 해학적인 묘사를 보여주고 있다. 옹녀의 성기와 마찬가지로 강쇠의 성기도 역시 일상에서 쉽게 볼 수 있는 사물에 빗대어 묘사되고 있다.

변강쇠가 옹녀의 성기를 보면서 삶과 죽음을 생각했다면, 옹녀는 강쇠의 성기를 보면서 일상과 현실을 직시하고 있다. 옹녀는 강쇠의 성기에서 세간을 발견한다. 즉 강쇠의 성기를 물방아, 절굿대, 쇠고삐, 쌍주머니로 비유해서 '세간'에 대한 걱정을 덜어낸다. 강쇠가 생활에서 꼭 필요한 의식주 중 식食의 부분을 옹녀의 성기에서 찾았다면, 옹녀는 의식주의 의衣와 주住 부분을 강쇠의 성기에서 찾아내고 있는 셈이다. 이는 현실적인 삶에 충실할 수밖에 없는 여성의 특징을 잘 보여주는 예가 될 수도 있을 것이다.

결국 인간의 육체 중에서 가장 금기시되어 있는 부분인 성기에 대한 노골적인 묘사는 인간의 육체가 더 이상 금기의 영역에 속해 있지 않음을 보여주고 있다는 좋은 사례가 될 수 있다. 다른 사례를 하나 더 살펴보도록 한다.

> 방자야 예 환장이 나너야 예 잇소 불너야 예 불너 왓소 화장이 올나보온이너 그이야 무어실 그이야오 되야지을 그이오 가야지을 그이야오 우이 ᄆᆡ화을 그이야 환장이 ᄃᆡ답ᄒᆞ되 ᄆᆡ화을 보지 못ᄒᆞ야싯이 어지 그이니가 우이 ᄆᆡ화너 아이 보야난야 니가 으지 거그이야 그여야 그여야 우이 ᄆᆡ화 크도 젓도 아이 ᄒᆞ고 훤칠ᄒᆞ지 장인 저집타도 조건이와 ᄆᆡᆫ도이도 조던이야 그여야 머리ᄂᆞᆫ 감ᄊᆞ갓고 아이마전은 톡진덧 ᄒᆞ고 눈썹은 슈나부 안진덧ᄒᆞ고 눈은

사별멸가고 코은 마을쪽 겨구로 세운덧 ᄒᆞ고 어가은 자바다일 푼이오 허이은 줌반으오 ᄒᆞ고 궁둥이은 매작 갓고 다이은 초ᄃᆡ 갓고 발싯은 외싯 갓고 두구 멀이은 겨안 갓고 거그은 그제그제 ᄭᅮ단지만치 그어야 눈을 부ᄃᆡ 잘 그이랴 예날의 왕소군王昭君도 눈 한번 잘못 글어 원한이 도어싯이다 시눈○ 잘 근예랴 환장이 다담ᄒᆞ고 박릉 화지 펼재들고 즁산 토兎ᄉᆞㅓ 초필을 반즁동 험벽 풀어 둘루둘루 무채 들고 이니 저이 그일저긔 ᄆᆡ화 탓도 얼근 그여 나더진이 골생원骨生員 거동보소 들입더 안고 아고 이거 우이 ᄆᆡ화오다 사냥을 노니다가 임 마초고 장판 방궁을 맨세 거불거불ᄒᆞ다가 셔 분이 임 다 이지어라 어지고 코셜 주다가 문더러지이 골생원 어이업셔 방자야 환공이 불너야 ᄒᆞ이 방자야 예 불너 왓소 그임감창 덕근 듸ᄂᆞᆫ 무어시 악이야 다시 그 이며 그이재 약이 어지 시이가 골생원 탄嘆식ᄒᆞ고 자ᄂᆞᆫ 방 방풍 두예 부재 두고 주야말 노일 저 긔

_ 강릉매화타령

사설만 남고 소리는 전하지 않는 판소리 〈강릉매화타령〉에서는 놀랍게도 인간의 나신裸身이 노골적으로 나타난다. 그리고 소위 '누드화'를 그리는 장면이 직접 묘사되어 있다. 물론 인간의 벌거벗은 몸을 드러내고 있다는 것은 어찌 보면 앞서 제시한 성기 묘사보다 그 표현의 정도가 덜한 것처럼 보일지도 모른다. 하지만 이 장면에서 주목해야 할 부분은 매화의 벗은 몸을 그려 놓은 그림을 골생원은 혼자만 감상하고 특정 부분을 매만져 결국 그림을 다시 그리게 되고, 더 나아가 "자는 방 병풍 뒤에 붙여 놓고 주야로 노닐"게 된다는 설명이다. 나신을 그려놓고 이를 즐긴다는 것은 매우 파격적이다. 지금의 현실에 비추어볼 때도 그리 쉽게

계곡의 입구에서 드러나는 이 춘정春情은 새롭다.
사람의 음양 결합도 은근하지만, 무너진 흙과 바위의 결합이 의미하는 것도 새롭다.
자연 경관의 묘사와 음양 결합이 암시적 형태로 표현되어 주제가 부각되는 그림이다.
단순히 남녀의 성적 결합을 유희적으로 표현했다기보다는
한폭의 아름다운 정경으로 묘사된 작품이다.

단원 김홍도 〈운우도첩〉 중.

이해될 수 있는 모습이 아님은 분명하다. 문제는 금기시되어 있던 몸이 이렇게 공공연한 담론화가 이루어지고 있다는 사실 자체이다.

몸이나 성에 대한 억압적 요소들이 강하면 강할수록 그 억압에서 일탈하려는 욕구도 강하게 드러나는 것은 자명한 이치일 것이다. 인간의 벗은 몸을 있는 그대로 보여주고, 더 나아가 인간의 몸에서 가장 금기시되는 성기를 자세히 묘사하는 이러한 표현들은 말 그대로 기존의 지배 이념이 요구하던 몸 담론에서 벗어나 새로운 형태의 몸 담론을 보여주고 있는 좋은 사례라 할 것이다.

인간의 육체에 대한 다양한 비유가 환기하는 사실적인 의미들은 실제로 육체를 기호화하여 개개인의 사생활을 엿보고자 하는 서사적 특성을 잘 보여주고 있는 것으로도 설명할 수 있다. 즉 그간 담론화되지 못했던 인간의 육체 중 가장 내밀한 부분을 이야기 속에서 재현시키고자 하는 것은, 육체가 정신에 대비해서 가지고 있던 타자성을 드러내어 육체가 오롯이 몸을 구성하는 중요한 부분의 하나임을 인정함과 동시에, 인간 육체에 대한 새로운 의미를 부여하고 있는 것으로도 설명할 수 있다.

따라서 금기시되던 몸, 더 나아가 관념의 도구처럼 사용되었던 몸은 이제 몸이 가지고 있는 정신적인 측면에 집중되던 기존의 방식을 넘어 몸의 육체적 측면을 새롭게 발견하고 긍정함으로써 기존의 몸 담론의 많은 금기들을 공박하고 있는 것이다.

일상에서의 욕망과 그 표출

인간의 몸은 그 자체로 욕망의 집합체다. 욕망을 느끼는 곳이 정신이고 이를 수행하는 곳을 육체로 나누어본다 하더라도, 인간이 몸을 통해 욕망하고 있다는 것을 부인할 수는 없을 것이다. 일상을 영위하는 것이 몸이고 몸이 욕망하는 것이 삶의 한 부분이라면, 일상에서의 소소한 욕망들은 역시 몸을 통해 표출될 수밖에 없다. 일상에서 누리는 큰 기쁨은 무엇일까? 개개인의 일상이 다르니 무엇인가 하나를 꼭 집어 이야기할 수는 없겠지만, 앞서 지적한 것처럼 일상을 영위하는 것이 몸이니, 몸이 느끼는 욕망의 충족이 일상에서 누리는 큰 기쁨 중 하나임은 분명해보인다. 왜냐하면 인간은 누구나 편히 잠들고, 맛있는 것을 먹고, 사랑하는 사람과 기쁨을 함께하고자 하는 기본적이고 생래적인 욕망을 내재하고 있기 때문이다.

인간의 생래적 욕망 중 가장 근원적인 것으로 식욕과 성욕을 꼽아볼 수 있다. 그리고 ≪예기≫에서 식욕과 성욕이 근원적임을 인정하고 있었다는 것은 앞에서도 살펴본 바이다. 문제는 이러한 식욕과 성욕이 판소리가 등장하고 향유되던 조선 후기에는 부정되기보다는 절제의 대상으로 생각되었다는 점이다. 하지만 생래적인 욕망을 부정하지 않고 절제해야 하는 것으로 바라보았다고는 하나, 이는 어찌 보면 지배층에게만 통용되는 담론이었을 가능성이 높다. 왜냐하면 피지배층에게 식욕과 성욕의 절제란 당대 사회의 지배 이념에 의해 요구되는 도덕적 가치였을지는 모르나, 이를 지켜 절제할 만한 식욕과 성욕을 채울 수 있었는지 의문스럽기 때문이다.

판소리에 등장하는 주인공들은 대개 지배층에 속한다기보다는 피지배층에 속하는 인물들이 대부분이다. 그리고 판소리는 경험적 세계를 사실적으로 그려내고 일상에 주목하며, 그와 동시에 인간의 욕망을 긍정한다는 측면에서 근대 지향적이라는 평가를 받기도 하다. 따라서 판소리가 인간의 욕망을 긍정한다고 해서 그 지향이 근대적인지 아닌지는 잠시 논의에서 제외시켜둔다 하더라도, 판소리가 보여주는 욕망, 그 중 특히 식욕과 성욕의 표출은 생각해볼 만한 문제임에는 틀림없다. 식욕과 성욕은 인간의 본능적인 욕망이면서 삶의 일상에서 쉽게 확인해볼 수 있는 것이기 때문이다.

먼저 식욕에 대해 살펴보도록 한다. 판소리에는 유독 음식에 관한 묘사가 많이 등장한다. 음식을 먹는 것은 생존을 위한 기본적인 행위이며, 동시에 일상에서 언제나 반복되는 중요한 문제이다. 하지만 판소리에 등장하는 음식과 식욕의 표출은 묘사가 매우 사실적이나, 실제로는 가질 수 없는, 즉 먹을 수 없는 화려한 음식과 그에 대한 식욕의 표출일 뿐이며, 이는 하나의 판타지처럼 기능하고 있다.

판소리의 화려한 음식 묘사는 먼저 〈춘향전〉에서 찾아볼 수 있다. 이 도령과 춘향의 첫날밤에 등장하는 주안상과 신관 사또의 생일잔치에 등장하는 상차림은 지금 이 시점에서도 쉽게 받아볼 수 있는 것이 절대 아니다. 음식과 식욕에 대한 묘사에서 〈흥부전〉도 빼놓을 수 없다. 지독한 가난에 빠져 있는 흥부의 자식들은 평생 먹어보지도 못한 음식들의 이름을 줄줄줄 읊어댄다.

> 여러 놈덜니 들어안ᄌᆞ 각기 음식을 ᄎᆞ지듸 ᄋᆡ고 어먼니 ᄇᆡ곱ᄑᆞ 못살게ᄂᆡ 흰밥 ᄉᆞᆨ커 짓고 ᄀᆞ장국의 밥 마라쥬계 ᄯᅩ ᄒᆞᆫ 놈 ᄂᆡ다르며 ᄂᆞᄂᆞᆫ 거긔 호쵸ᄀᆞ로ᄂᆞ 만니 너어쥬계 ᄯᅩ ᄒᆞᆫ 놈 ᄂᆡ다라 ᄋᆡ고 어만니 ᄂᆞᄂᆞᆫ ᄋᆞ모 것도 말고 셥산젹 두리치기 화ᄎᆡ ᄒᆡᆼ면 양지머리 청장슈육 ᄎᆞ돌박니 어식어식 비여쥬게 나놈덜

잠간 ᄎᆞ져도 갑진 음식만 ᄎᆞᆽ고 안져고ᄂᆞ 홍보 ᄋᆞᆫ히 이른 말니 너ᄂᆞᆫ 그 음식 일홈 뉘ᄀᆞ 다 ᄀᆞ라치던야 ᄂᆞᄂᆞᆫ 그 음식 일홈도 모론다 한ᄎᆞᆷ 일니할 제 ᄯᅩ ᄒᆞᆫ 놈 ᄂᆡᄃᆞ르며 ᄋᆡ고 어먼니 음식 먹근 후ᄂᆞᆫ 차을 먹거야 체증이 읍ᄂᆞᆫ니 귤병 너허 황다ᄎᆞ ᄒᆞᆫ 그릇 다려 쥬게 일니할 제 ᄒᆞᆫ 구셕의 잇던 놈니 ᄂᆡ다르며 ᄋᆡ고 어머니 져것덜은 ᄇᆡᄀᆞ 들 곱ᄑᆞ 그리 ᄒᆞ네마넌 ᄂᆞ은 탓밥이어던 된장을 쥬고 보리밥이여던 고쵸장 쥬고 뫼밀 범버 보리ᄀᆡ떡 겨쥭이ᄅᆡ도 만니 쥬게 ᄇᆡ곱ᄑᆞ ᄂᆞ 쥭거ᄂᆡ 홍보 안ᄒᆡ 그 말 듯고 네 말니 글얼진ᄃᆡ 속니 늬워 못 듯겟다

_오영순 소장 장흥보전

흥부 부부는 놀부에게서 쫓겨나 아무런 경제적 기반 없이 극심한 가난으로 내몰린다. 그러한 경제적 상황에서도 흥부 부부에게는 먹여 살려야 할 많은 자식들이 있다. 하나하나 입힐 옷도 없어 커다란 거적에 머리를 내어놓을 구멍만 뚫어 벗은 몸을 가리게 했다는 해학적 표현 뒤에 등장하는 이 배고픔과 먹을 것에 대한 푸념들은 심상치 않다. 당장에 먹을 것도 구하지 못한 이들이 먹고 싶은 음식이라고 보기에는 모두 고급이기 때문이다.

개장국은 그렇다 하더라도 섭산적(사슬산적으로 보임), 두루치기, 화채, 양지머리, 청장수육, 차돌박이 등은 모두 고기류가 대부분임을 알 수 있다. 문제는 흥부와 같은 하층민은 당연할 뿐더러 당대 피지배층 대부분에게 고기류 음식이라는 것이 쉽게 먹을 수 있는 것이었는가 하는 문제이다. 일찍이 맹자가 “나이 오십이 되면 비단이 아니라면 몸이 따뜻하지 않고 칠십이 되면 고기를 먹지 않고서는 배가 부르지 아니하다.”라고 지적하면서 올바른 정치는 일반 백성들이 나이를 먹어서

도 의衣와 식食에 부족함이 없어야 한다는 것을 지적한 바 있지만, 조선 후기의 현실은 전혀 그렇지 않았다는 것이 다양한 연구 성과에서 확인할 수 있다. 그리고 이러한 현상은 판소리 곳곳에서도 확인해볼 수 있다.

당장 먹을 것이 없어 기아飢餓의 상태에 빠져 있는 흥부 자식들의 이러한 음식타령은 먹을 수 없는 음식을 간구한다는 점에서 오히려 해학적인 표현으로 작용하고 있지만, 동시에 이것은 음식에 대한 강렬한 욕망의 표출이라고 볼 수 있다. 일상에서 식사는 생존을 유지하기 위한, 몸을 위한 가장 기본적인 행위지만, 그러한 기본적 행위도 충족되지 않는 상태에서 이러한 식욕의 표출은 결국 음식에 대한 묘사가 민중의 욕망이란 점에서는 현실적이지만, 민중의 일상에서는 실천 불가능한 것이기에 비현실적이 되고 있는 셈이다. 더욱 재미있는 점은 이러한 식욕이 성욕으로 곧바로 연결된다는 점이다.

> 흥보의 맛ᄋᆞ들놈 ᄯᅩ ᄂᆡ다르며 ᄋᆡ고 어먼니 흥보 ᄋᆞᆫᄒᆡ 이르 말이 ᄋᆡ고 너ᄂᆞᆫ 목쇼리ᄀᆞ 왜 황 쇽의셔 ᄂᆞ넌 듯 ᄒᆞᆫ야 져 놈 이른 말이 올붓틈은 마암이 ᄎᆞᄎᆞ 달ᄂᆞ지고 어젼가 그젹긔ᄀᆞ 이즙다ᄀᆞ 아ᄅᆡ을 슬금 날려다본이 ᄀᆡ털도 안이요 도야지털도 안이요 슈염ᄡᆞᆫ 돗넌 거시 잇던니 목이 ᄎᆞᄎᆞ 눅어진니 날낭 ᄌᆞᆼ가 들여쥬게 장ᄀᆞ 들면 무엇ᄒᆞ난야 어머니ᄂᆞᆫ 알면셔 져리 ᄒᆞ네 ᄂᆡ 장ᄀᆞ 늣지 안이ᄒᆞ야도 어만니 손ᄌᆞᄀᆞ 늣ᄌᆞᆫᄒᆞ오 날 장ᄀᆞ 들여쥬오 ᄯᅩ ᄒᆞᆫ 놈 ᄂᆡ다르며 ᄋᆡ고 어머니 ᄂᆡ ᄌᆞ지ᄂᆞᆫ 뉘ᄀᆞ 골무 ᄒᆞᆫ 감을 ᄡᅧ여 갓톄 늘근 ᄌᆞ식 ᄂᆡ다르며 어라 이 ᄌᆞ식 ᄂᆞᄂᆞᆫ 두룽다리 ᄒᆞᆫ 감도 일코 ᄉᆞᆫ다
>
> _오영순 소장 장흥보전

음식 이야기 끝에 흥부의 맏아들은 갑자기 엉뚱한 이야기를 내뱉는다. 성기가 완연히 성숙했으니 장가를 보내달라는 것이다. 입을 것도 먹을 것도 없는 처지에 장가를 보내달라는 것은 앞뒤가 맞지 않는 이야기임에 분명하다. 따라서 흥부 어머니의 "장가들면 무엇하느냐"라는 의문은 자연스럽다. 하지만 문제는 결혼을 할 수 없는 상황에서 결혼을 요구하는 모습이나 먹을 것이 전혀 없어 기아에 허덕이면서도 생전 먹어보지도 못했을 법한 음식을 희구하는 방법이 동일하다는 데 있다. 이러한 점을 염두에 두면서 〈춘향전〉을 살펴보도록 한다.

상단이 나가든이 음식을 ᄎᆡ리난듸 안셩유긔 통영칠판 쳔은슈졔 구리젹ᄉᆞ 진진셔리 슈버리듯 쥬루루루 버려 녹코 ᄭᅩᆺ기렷ᄶᅡ 호죠판 ᄃᆡ모양각 당화긔여 얼기설기 숑편이며 네 귀 번듯 정절편 쥬루루 역거 산비ᄯᅥᆨ과 편과 진쳥 ᄉᆡᆼ청녹코 죠락산젹 웃짐쳐 양회 간천엽 콩팟 양편의 버려녹코 청단 슈단의 잣박이며 인삼ᄎᆡ 도라지ᄎᆡ 낙지 연폭 콩지렴 슉운ᄎᆡ로 웃짐을 쳐 가진 양님 묘여녹코 청동화로 ᄇᆡᆨ탄숫 붓ᄎᆡ질 활활ᄒᆞ여 곳쵸갓치 일워녹코 젼골을 듸릴 젹의 살진 쇼 반ᄎᆞ고기 반한도 드난 칼노 점점 편편 오려ᄂᆡ여 ᄭᆡ쇼금 찬지름쳐 부슈 쥬물너 ᄌᆡ와ᄂᆡ여 ᄃᆡ양판 쇼양판 여도 담고 져도 담고 설설 푸두둥 ᄉᆡᆼ치다리 오도동 포도동 뫼쵸리탕 ᄉᆞᄶᅵ요 연게ᄶᅵᆷ 어젼육젼 지지ᄀᆡ며 슈란탕 청포ᄎᆡ 지ᄌᆞ 곳쵸 ᄉᆡᆼ강 마늘 문어 젼복 봉오림을 나는 다시 교여녹코 산ᄎᆡ 고사리 슈운 미나리 녹두ᄎᆡ 만난 장국 쥬루루 듸려붓고 게란을 ᄯᅮᆨᄯᅮᆨ ᄭᆡ여 웃ᄯᅡᆨ지를 ᄯᅦ고 질게 느리워라 숀ᄯᅳ건듸 쇼ㅣ 졔 앗ᄉᆞ고 나무졔를 듸려라 교기 한 졈 덥벅 집어 만난 지름 간장국의 풍덩 듸릿쳐 덥벅 피 슐 부어라 먹고 노ᄌᆞ (말노) 광ᄒᆞ쥬 죠흔 슐을 화잔의 가득 부어 상단이 식여 도련님젼

올니거날 도련님 슐잔 들고 ᄌᆞ탄ᄒᆞ여 ᄒᆞ난 말이 ᄂᆡ 마음 갓트면 육예를 ᄎᆡ리것짜만은 그럿치 못ᄒᆞ고 ᄀᆡ구녁 셔방의로 듣이 그 한 가지 원통ᄒᆞ다 그러나 이 슐을 무여 ᄃᆡ려 슐노 알고 너와 나와 동ᄇᆡᄒᆞᄌᆞ (즁머리) 일ᄇᆡ일ᄇᆡ 부일ᄇᆡ라 다시 한 잔 부어 들고 네 ᄂᆡ 말을 드러바라 쳣ᄎᆡ 잔은 인ᄉᆞ쥬요 두ᄎᆡ 잔 합한쥬요 셰ᄎᆞ 잔은 근원쥬니 근원 근본이 잇난니라.

_ 장자백 창본 춘향가

〈흥부전〉의 흥부 자식들에 의한 음식타령에서 식욕과 성욕이 연결되었던 것처럼 〈춘향전〉에서도 비슷한 모습을 보인다. 이 도령이 춘향의 거처로 처음 찾아와 결연을 맺기로 한 뒤, 엄청난 술상이 차려져 나온다. 월매와 춘향의 경제력이 이 정도 술상을 차릴 수 있었는지 없었는지는 논외로 치더라도, 위 대목에서 보여주는 음식에 대한 열거는 대단해보이는 것이 사실이다.

〈장자백 창본 춘향가〉에서 보이는 음식에 관한 묘사는 다른 이본들이 음식의 이름을 나열하는 데 그치는 반면, 그 외양까지도 자세히 묘사하고 있어 흥미롭다. 먼저 음식을 담은 그릇은 안성유기이며, 받쳐 나온 상은 통영칠판이다. 꽃을 그린 듯한 구절판에 대모양각되어 있는 당화기와 같은 그릇과 간단한 조리기구의 묘사에 덧붙여 음식의 차림까지 세세하게 묘사되어 있다. 전골에 올라온 고기는 반환도로 그냥 잘라온 것이 아니라 '점점 편편' 오려낸 것이며, 더 나아가 깨소금 참기름과 함께 무수히 주물러 재어 내어온 것이다. 앞서 〈흥부전〉에서의 음식이 단순히 그 이름과 먹을거리라는 측면에만 집중됐다면, 〈춘향전〉에서의 음식 묘사는 담아내는 방법이나 음식을 만드는 과정까지 세세히 묘사되어 있는 셈이다.

춘향의 신분이 기생이든지 아니면 양반의 서녀이든지 간에 이렇게

정성들여 차린 음식은 아무나 먹을 수 있었던 것이 아니었음은 분명해보인다. 더군다나 단순히 음식의 이름을 나열하는 데 그치지 않고 음식을 담아내는 그릇이나 그 조리 과정까지를 세세히 묘사하는 것은 판소리 향유층이 가졌던 음식에 관한 욕망이 어느 정도였는지 쉽사리 추측해볼 수 있다. 그리고 이러한 욕망을 희구하는 몸의 의미도 되새겨봄 직하다.

정성들인 재료와 조리법까지 설명된 이러한 묘사는 궁극적으로 먹을 수 없는 음식에 대한 욕망의 표출이라고 할 수 있다. 춘향의 신분이 무엇이었는가는 중요하지 않다. 한밤에 차려온 주안상에 올리어진 음식들은 식재료가 풍부한 오늘날일지라도 쉽게 먹어볼 수 있는 것들이 아니기 때문이다. 특히 세세한 조리법과 아름다운 상차림은 묘사 그대로 아무나 받아볼 수 없는 밥상 내지는 주안상임을 익히 짐작하게 해준다. 결국 〈춘향전〉의 이러한 주안상 차림은 앞서 설명한 실제와 사실에 대한 높은 관심에서 나온 것이기도 하지만, 먹고 싶은 것을 맘대로 먹을 수 없었던 억눌린 일상에서의 욕망 표현이라 보아도 무방할 것이다.

더 손쉬운 설명도 가능하다. 현대를 살아가는 우리도 당대인들이 〈춘향전〉의 음식 묘사를 보면서 느꼈던 감정과 똑같은 경험을 하고 있다. 바로 TV의 음식 프로그램을 통해서이다. 각각의 방송사마다 비슷한 형태의 음식 프로그램은 끊이지를 않는다. 가끔은 숨겨져 있는 맛집을 보여주기도 하지만, 어느 때는 아무나 맛볼 수 없는 진귀한 음식을 보여주기도 한다. 그러한 프로그램을 보는 시청자들은 비슷한 프로그램 형태에 쉽게 질릴 만도 하지만, TV에서 음식은 언제나 좋은 소재로 사용되는 것 같다.

판소리의 음식 묘사도 마찬가지다. 앞서 제시한 음식에 대한 세세한 나열은 실상 서사의 진행과는 전혀 무관하다. 이러한 묘사는 있어도 그만 없어도 그만인 셈이다. 하지만 〈춘향전〉이 방각본으로 출판되면서 상업성을 위해 점점 분량은 적어졌음에도 음식 묘사는 빠지지 않았다. 또한 더 나아가 이러한 음식 묘사는 각각의 이본들에서 쉽게 확인할 수 있는 대목이다. 그렇다면 음식 묘사가 판소리에서 필수불가결한 것처럼 등장하는 것은 앞서 설명한 대로 판소리가 가지고 있는 실제에 대한 높은 관심, 그리고 일상에 대한 재조명에서 비롯된 것일 수도 있고, 더 나아가 부분의 독자성과 장면의 극대화라는 판소리 특유의 미적 성취로 설명할 수도 있다. 하지만 그 본질에는 식욕이라는 인간의 생래적 욕망을 표출하고 있기 때문임은 분명하다. 즉 먹어볼 수 없는 것들을 희구하는 욕망이며, 더 나아가 지배 담론이 지배층에게 요구하는 욕망의 억제라는 금기를 뒤집어 생래적 욕망을 긍정하고 있는 의미로도 해석할 수 있을 것이다.

판소리에 나타나는 식욕은 언제나 성욕을 동반하고 있는 듯하다. 앞서 살펴본 〈변강쇠가〉의 '기물타령'이 그러하고, 흥부 자식들의 음식 타령이 그러하다. 위에서 살펴본 주안상 차림 뒤에는 바로 이 도령과 춘향의 첫날밤이 이어진다.

> 춘향이 반만 웃고 그런 잡담은 마르시요 그게 잡담 안이로다 춘향아 우리 두리 어붐지리나 하여보자 ᄋᆡ고 참 잡셩시러워라 어붐질을 엇써케 ᄒᆞ여요 어붐질 여러번 한 셩 부르게 말하던 거시엿다 어붐질 천하 쉽이라 너와 나와 활신 벗고 업고 놀고 안고도 놀면 그게 어붐질이제야 ᄋᆡ고 나는 북그러워 못 벗것소 예라 요 겨집아히야 안될 마리로다 ᄂᆡ 먼져 버스마 보션 단임 허리듸 바지 져고리 훨신 버셔 한 편 구셕의 밀쳐 놋코 웃둑 셔니 춘향이 그 거동을 보고 쌩긋 웃고 도라셔다 하는 마리 영낙업난 낫 돗ᄎᆡ비 갓소

오냐 네 말 조타 쳔지만물이 ᄶᅡᆨ업난 계 업난이라 두 돗ᄎᆡ비 노라보자 그러면 불이나 ᄭᅳ고 노사이다 불리 업시면 무슨 ᄌᆡ미 잇것는야 어셔 버셔라 어셔 버셔라 ᄋᆡ고 나는 실어요 도련임 춘향 오슬 벽기려 할 제 넘놀면셔 어룬다 만쳡쳥산 늘근 범이 살진 암ᄏᆡ를 무러다 노코 이는 업셔 먹든 못하고 흐르릉 흐르릉 아웅 어루난 듯 북ᄒᆡ 흑용이 여의쥬를 입으다 물고 ᄎᆡ운간의 늠논난 듯 단산 봉황이 죽실 물고 오도 속으 늠노난 듯 구구쳥학이 난초을 물고셔 오송간의 늠노난 듯 춘향의 가는 허리를 후리쳐다 담숙 안고 지지ᄀᆡ 아드득 ᄯᅥᆯ며 귀뺩도 ᄶᅩᆨᄶᅩᆨ ᄲᅡᆯ며 입셔리도 ᄶᅩᆨᄶᅩᆨ ᄲᅡᆯ면셔 주홍갓턴 셔을 물고 오ᄉᆡᆨ단쳥 순금장 안의 쌍거쌍ᄂᆡ 비들키 갓치 ᄭᅮᆨᄭᅮᆼ ᄭᅮᆼᄭᅮᆼ 으흥거려 뒤로 돌여 담쑥 안고 져셜 쥐고 발발 ᄯᅥᆯ며 져고리 초ᄆᆡ 바지 속것ᄭᅡ지 활신 벼겨노니 춘향이 북그려워 한 편으로 잡치고 안져슬 제 도련임 답답하여 가만이 살펴보니 얼골이 복ᄶᅵᆷᄒᆞ야 구실ᄯᅡᆷ이 송실송실 안자ᄭᅮ나 이 ᄋᆡ 춘향아 이리 와 업피거라 춘향이 북그려ᄒᆞ니 북그렵기는 무어시 북그러워 이왕의 다 아난 ᄇᆡ니 어셔 와 업피거라 춘향을 업고 취기시며 업다 그 계집아히 ᄶᅩᇂ집 장이 무겁다 네가 ᄂᆡ 등의 업피인ᄀᆡ 마음이 엇더ᄒᆞ냐 한ᄭᅳᆺ나계 좃소이다 존야 조와요 나도 조타 조흔 말을 할 거시니 네가 ᄃᆡ답만 하여라 말삼 ᄃᆡ답하올 터니 하여 보옵소셔

_ 장자백 창본 춘향가

위의 '사랑가'는 춘향과 이 도령의 첫날밤의 흥미진진한 모습을 핍진하게 잘 설명하고 있다. 문제는 성욕의 표출에 대한 금기가 상당했던 시기, 이러한 묘사가 가능할 수 있었다는 점에서 판소리 문학에 나타나는 성행위가 당대 성적

금기에 대한 해방이고 성리학적 질서에 대한 반항이라고 볼 수는 없다는 점이다.

일단 이 장면 묘사의 사실성이 매우 높다 하더라도, 기본적으로 춘향과 이 도령의 이러한 사랑은 아름다운 두 청춘 남녀의 만남으로 생각될 수 있거나, 동시에 남성의 절제되어야 하는 욕망이 기생을 대상으로 표출된 것으로 파악해볼 수 있다. 즉 아름다운 젊은 남녀의 만남이든지 혹은 철없는 책방 도령의 치기 어린 사랑이든지 간에 〈춘향전〉의 노골적인 성행위는 전적으로 외설적인 것처럼 받아들여지지는 않는다. 왜냐하면, 일단 묘사의 상징성과 수준 높은 비유를 통해 외설적인 성이라기보다는 있는 그대로의 성을 긍정하고 있는 것으로 보이기 때문이다.

다시 말해서, 〈춘향전〉에서 드러나는 성욕의 표출은 성이 일상에서 확인할 수 있는, 말 그대로 있는 그대로의 것임을 보여주고 있다고 설명할 수 있다. 즉 성이 공론화되고 있다는 것이다. 이는 판소리가 연행되는 장르임을 생각해본다면 더 쉽게 이해할 수 있다. 즉 판소리 〈춘향전〉의 '사랑가' 대목은 소위 〈춘향전〉의 눈 대목으로 〈춘향가〉의 백미로 손꼽히는 대목이다. 이러한 '사랑가'가 하층과 상층의 경계를 넘나드는 판소리 연행 공간에서 실제로 불리어진다면, 그간 성욕에 대한 절제와 금기가 미덕으로 여기어졌던 기존 지배 담론의 모순을 한순간에 무화無化시킬 수 있기 때문이다.

즉 공론화된 성은 성욕의 표출이 얼마나 자연스러운 행위인지를 지적하게 된다. 그리고 성욕이라는 생래적 욕망을 드러내는 몸은 감추어야 할 대상이 아니라 드러낼 수 있는 욕망과 행위의 주체라는 점을 역설적으로 보여주게 된다.

결국 공식적인 담론, 즉 조선사회의 지배 담론에서 식욕과 성욕은 공식적으로 표출되기 힘든 것임에 분명했다. 먹을 것에 대한 그리고 성에 대한 욕망은 일상적인 것일 수 있음에도 불구하고, 더 나아가 유교 이념이 식욕과 성욕을 인간의 생래적인 욕망으로 인정했다 하더라도, 학문을 위해 언제나 검소하게 먹고 간략한 삶을 누렸던 안회顔回가 높이 존숭되었던 점이나, "군자는 평소 거처할 때 편안함을 바라지 않고, 먹을 때 배부름을 바라지 않는다."는 ≪논어論語≫의 지적처럼 생래적 욕망의 표출은 올바른 태도가 아니었다.

하지만 판소리는 위에서 살펴본 바와 같이 전혀 다른 양상을 보인다. 일상에서 인간의 몸이 느낄 수 있는 식욕과 성욕은 인간의 생래적인 욕구로 당연한 것처럼 표출된다. 그리고 식욕과 성욕은 연결되어 있는 것처럼 보이기도 한다. 식욕과 성욕의 주체가 몸이라는 점에서 식욕과 성욕의 표출은 몸을 긍정하고 있는 것으로도 볼 수 있다. 몸이 원하는 생래적 욕망을 기존 지배 담론의 금기에서 벗어나 자유롭게 드러내고 있다는 점에서, 즉 인간의 욕망을 긍정한다는 측면에서 판소리에서 나타나는 몸은 기존의 방식과는 전혀 다른 의미를 지니게 되는 셈이다. 그간 사회적 이념과 도덕적 관념에 묶여 도구처럼 사용되었던 몸은 욕망을 긍정하는 새로운 주체로 발견되고 있다. 비록 현실에서는 먹을 수 없지만, 먹고 싶은 것을 나열하고 표현함으로써 식욕을 통해 몸이 얻을 수 있는 쾌락을 긍정하는 것으로 보인다. 마찬가지로 지배 담론의 금기에 묶여 있는 성은 비록 남성 중심적이고 '기생'이라는 제한적인 대상을 통한 표출이지만, 성욕의 쾌락이 본래적인 몸의 즐거움임을 인정하고 있는 것으로도 볼 수 있다.

판소리에 나타나는 일상과 몸의 의미

판소리가 가지고 있는 가장 중요한 특징 중 하나는 그 이전의 문예 갈래와는 다르게 실제와 일상, 그리고 그 일상을 영위하는 몸을 작품의 문면에 전경화前景化시킴으로써 새로운 몸에 대한 담론을 구성하고 있다는 점이다.

실제로 지금을 살아가는 우리들에게 몸이란 '정신'과 대별되는 '육체'를 의미한다. 데카르트가 "나는 생각한다. 그러므로 나는 존재한다."고 선언한 이후 서구적이고 근대적인 의식 체계 안에 있는 현대인들에게 몸이란 정신과 구분되는 혹은 대립되는 존재로 여겨져왔던 것이 사실이다. 하지만 판소리가 등장하고 향유되던 조선 후기 그리고 그 이전부터 지금까지 영향을 끼치고 있는 유가적 사유의 전통 안에서 몸은 정신 혹은 이성과 대별되는 존재는 아니었다. 공자孔子가 ≪논어≫에서 "삶도 다 모르는데, 죽음을 어찌 알겠는가?"라고 선언한 이후 영원 불멸한 영혼이나 정신의 개념은 성립되지 않았던 것으로 보인다. 즉 유가적 사고방식에서 몸이란 정신과 육체의 통일체로 기능하며, 따라서 몸을 수양한다는 것은 정신과 육체 모두의 온전한 갈고 닦음을 의미하는 셈이다.

하지만 유가적 전통에서의 몸이 정신과 육체의 통일체로 기능했다 하더라도, 성리학이 사회의 지배적 이념이었던 조선시대에는 실상 인간의 몸은 그 이념을 구현하는 도구적인 성격이 더 강했던 것으로 볼 수 있다. 즉 충효열忠孝烈이라는 유교적 관념을 구현하기 위해 육체는 그저 한갓 이념의 도구로 기능하였으며, 일상을 영위하고 그 안에서 욕망을 느끼는 몸은 철저히 감추어야 하고 절제해야 할 대상에 지나지 않았던 셈이다.

몸이 철저히 감추고 절제해야 할 대상에 지나지 않았던 것처럼 몸이 영위하는 일상의 세계도 판소리가 등장하기 이전에는 주요한 관심의 대상이 아니었다. 일상이 존재하는 실제는 언제나 유가적 도덕 관념이 구현되어야 하는 곳이었고, 일상의 욕망 표출은 언제나 유교적 관념의 구현을 위해 절제되거나 금기시될 뿐이었다.

하지만 판소리에 나타나는 일상과 몸은 유교적 사유 전통에서의 일상과 몸에 대한 담론을 바꾸고 있는 것으로 보인다. 판소리와 동시대에 등장했던 풍속화에서 확인해볼 수 있듯이, 그간 삶의 대부분을 차지하던 일상의 다양한 포즈들은 기록의 대상이 아닌 살아 있는 생활 그 자체로 묘사되기 시작했으며, 일상을 영위하는 몸은 도덕적 관념의 구현을 위한 도구로 기능하지 않고, 있는 그대로 삶을 살아가는 그 자체로 묘사되기 시작했다. 풍속화에서 찾아볼 수 있는 이러한 일상과 몸의 새로운 묘사는 오롯이 판소리에도 드러난다. 판소리는 다양한 열거와 나열을 통한 일상 사물들의 묘사를 통해, 일상이라는 공간이 가지고 있는 의미를 새롭게 담론화했다. 즉 기존의 고소설에서는 서사의 진행을 위한 단순한 배경에 머물던 일상의 공간이 사물에 대한 사실적 묘사를 통해 살아 있는 일상의 공간으로 재탄생하게 되는 것이다.

일상과 그것이 이루어지는 새로운 공간 묘사는 역시 몸을 통해 이루어진다. 그리고 판소리에 등장하는 인물에 대한 묘사는 역시 기존의 고소설과는 다른 양상을 보인다. 관념적이고 도덕적인 품행을 주로 드러내던 인물 묘사는, 이제 외모의 아름다움이나 추함을 드러내기 시작하였고, 다양한 비유를 통해 사실적이고 핍진한 의미를 환기시키기에 이르렀다. 이렇게 일상과 실제에 대한 관심을 통해 전경화된 판소리에서의 몸은 일상 안에서 느끼는 욕망까지도 드러내게 된다.

식욕이나 성욕과 같은 생래적이고 본능적인 욕망들은 유교적 도덕 관념에서 금기시되거나 절제의 대상으로만 여겨졌으나, 판소리에 등장하는 몸의 욕망들은 오히려 그 욕망을 긍정하고 표면화하고 있다는 특징을 가지고 있다. 즉 그간 유교와 성리학적 이념이나 관념에 묶여 이를 구현하기 위한 도구처럼 사용되었던 몸은 오히려 몸이 가지고 있는 욕망을 긍정하는 새로운 주체로 발견되고 있는 것이다.

이러한 의미에서 판소리에 나타나는 일상과 몸은 특별하다. 그 이전까지는 표면화되지 않았던 실제와 일상을 발견하고, 그 일상을 영위하는 몸을 새로운 방법으로 담론화하고 있다는 점에서 판소리에 나타나는 일상과 몸의 의미를 찾아볼 수 있을 것이다.

패션, 여성의 몸을 바꾸다

한국 근대 사회에서 새롭게 '발견'된 몸은 여성의 치마와 저고리,
그리고 속옷을 바꾸어놓았고, 바뀐 옷은 다시 몸을 변화시켰다.
그 과정에서 여성의 몸은 곡선미와 각선미 같은 'S라인'으로
가꾸어야 하는 강박에 시달리게 되었다.
그러나 억압/해방의 이분법으로 규정짓기 어려울 만큼,
'S라인'에 대한 강박에는 복잡 미묘한 여성들의 욕망이 얽혀 있다.
아름다운 몸이 되고자 하는 욕망은
단순한 강요나 학습에 의해서 만들어지는 것이 아닌,
여성의, 아니 인간 모두의 근원적 욕망이기 때문이다.

이영아

우리는 어떤 순간에 자신의 몸을 느끼는가? 물론 일차적으로는 나체 상태에서 거울 앞에 서 있을 때 가장 분명하고 직접적으로 자신의 몸을 보고, 의식하게 될 것이다. 그러나 실제 '체감'하는 나의 몸은 아무 것도 걸치지 않았을 때보다는, 옷을 입었을 때 더욱 예민하게 감각된다. 마음에 드는 디자인의 청바지가 허벅지에서 꽉 끼어 안 들어간다거나, 와이셔츠 단추 사이로 뱃살이 삐져나온다거나, 살이 빠져서 치마가 허리춤에서 빙빙 돌아다닌다거나 할 때, 우리는 느낀다, '내

몸이 어떠하다(혹은, 달라졌다)'는 사실을. 그래서 옷은 우리의 몸을 인식하게 하고 규율하는 중요한 기준이다.

옷을 통해 인간은 자신의 몸을 가리고, 외부의 자극과 위해요소들로부터 보호받기도 하며, 아름다운 외양으로 드러나기도 한다. 이 중에서도 위생과 패션으로서의 의복의 역할은 근대 이후부터 강하게 의식되기 시작하였다. 그래서 한국의 근대 초기부터 신문이나 잡지에서는 위생적 측면과 미적인 측면에서 전통적인 조선의 의복에 대한 반성적 고찰이 이루어졌고,[1] 편리함, 위생, 경제성 등의 실용성을 고려한 조선 의복의 '개량'이 자주 거론되었다.[2] 특히 근대 초기 조선 여성들의 옷이 변천해간 과정은, 남성 엘리트들의 의복이 쉽게 한복에서 양복으로 전환, 일원화된 것과 달리 한복과 양장의 이중구조가 해방 후까지 지속되면서 복잡한 문화적 의미들을 내포하고 있었다.[3]

미적인 측면에서는 조선 여성의 옷이 '아름답다'는 데에 큰 이견이 없었던 것으로 보인다. 이는 조선인 스스로의 '자부심'에서도 종종 발견되지만, 외국인의 눈으로 본 조선 옷에 대한 평가에서도 마찬가지로 드러난다.[4] 이러한 점 때문에 1950~60년대까지도 한복은 여성들 사이에서 일상복으로서의 명맥을 유지할 수 있었다. 그러나 1900년대부터 이미 조선 여성의 옷에 담긴 몇 가지 반反위생적 측면은 '조선 의복 개량'의 필요성을 촉구하였다. 또한 양장도 서양 문물에 일찍 노출된 엘리트 지식인 여성들을 통해 차츰 도입되기 시작했다.

그동안 한국 복식사 내에서 근대화 이후 전통의복의 변모 양상이나 양복, 양장의 도입 과정에 대한 논의는 상당량 축적되어 있다.[5] 그러나 이러한 연구들은 대체로 '사실 전달'로서의 역사 기술에 치중되어 왔다. 즉, 한국에 언제부터 어떠한 의복, 장식 등이 도입되었고, 복식이 어떠한 변화 과정을 거쳤는가를 밝히는 데에 주안점이 두어져 있었기 때문에, 이를 몸의 문제나 젠더의 문제로 해석하는 데에는 큰 관심을 보이지 않았다. 그러나 옷의 문제를 몸과 떼어놓고 이야기할 수 있을까? 옷이 달라지면 몸이 변하고, 몸이 변하면 옷이 달라질 수밖에 없다. 이 글에서는 한국에서 근대 이후 '옷'과 '몸'이 서로에게 어떠한 영향을 끼치며 변해왔는가를 이야기해보려 한다.

조선 옷이 위생에 해로운 점

20세기 초 근대적 지식인들에 의해 조선시대 여성의 옷은 앞서 말한 바와 같이 '위생'에 해롭다는 지적을 받게 된다. 저고리의 길이가 너무 짧은 반면에, 치마 길이는 너무 길고, 치마에서 가슴 부위를 띠로 동여매는 점 등이 가장 큰 문제였다. 저고리가 너무 짧으면 여성들이 상체를 움직이는 것이 불편해 몸이 부자연스러워지고, 치마 길이가 너무 길면 바닥의 더러운 오물이나 먼지 등을 치마가 다 쓸고 다녀 호흡기 질병 등을 앓게 되고, 가슴에 띠를 두르면 흉부 압박이 심해진다. 이러한 전통의복의 단점들은 장차 '양질'의 자녀(국민)를 '생산'해야 하는 여성들(근대 이후 여성들에게 부과된 최고의 의무가 우등인종이 되기 위해 양질의 국민을 생산하는 것이었다는 점에 대한 자세한 논의는 졸저, ≪육체의 탄생≫, 제5장 참조)의 몸에 나쁜 영향을 끼치기 때문에 하루 빨리 개선되어야 할 부분들이었다.

여성들의 치마가 짧아지는 것에 대해서 반대하는 자들도 종종 있었지만 그보다는 "이제부터는 허탄히 짧은 치마 공격만을 할 수 없는 시절이 돌아온 듯하다."고 말하는 지식인들이 더 늘어갔다. 프랑스에서도 예전에는 긴 치마를 땅에 끌고 다녀서 여성들이 결핵에 걸려 죽는 경우가 매우 많았는데, 치마 길이가 짧아진 '모던 스타일'의 복장을 한 지 몇 년 만에 프랑스 여성 중 결핵 환자가 4분의 1로 줄었다면서, "이러한 사실이야말로 아프도록 겹겹이 꼭꼭 잘라매고 긴 치마 늘이고 움숙한 집안에서 살아가는 조선부인들의 건강문제에 큰 암시를 준다고 하겠다. 함부로 짧은 치마 흉만 보고 있을 때도 어느덧 과거의 일인 것 같다."[6]고 말한다.

한편 저고리 길이가 짧은 것과 가슴 부위를 동여매는 것은 서로 연관된 문제였다. 조선 후기 이후 저고리의 길이가 짧아지면서 저고리와 치마 사이의 살이 보이는 것을 가리기 위해 착용하기 시작한 것이 '가슴띠', 일명 '허리띠'이다. 그런데 가슴띠는 단순히 살을 가리는 용도만이 아니라 치마와 하의 속옷들까지 지탱하는 역할도 함께 해야 했기 때문에 최대한 가슴 부위를 강하게 압박하여 맬 수밖에 없었다. 이것은 여성들의 흉부의 신체발육과 유방의 건강, 그리고 폐의 호흡에 크나큰 지장을 줄 수 있다.[이하 인용문들에서의 고딕은 인용자 강조]

> 의복이 일반 풍속편으로나 또 그의 외양 곧 미관美觀편으로 매우 많이 관계되는 것은 다시 말하지 않습니다. 조선 부인의 의복이 얼마큼씩만 주의하면 매우 우미한 예술적 가치가 있고 따라서 일반 풍속편으로도 미흡한 것이 없지만 그의 건강상에 미치는 편으로 보아서는 좀 개량할 여지가 있는 것입니다. (……) 부인들의 의복이 모두 가슴을 졸라 매게 되는 것은 그의 신체의 발육을 방해하고 때때로 소화를 더디게 함이 여간이 아닌가 합니다. (……) 조선 부인은 흉곽-가슴이 잘 발달이 되지 못하여서 그의 신체도 적지 않게 볼품이 없게 됩니다. 그리고 흔히 얼굴이 누렇게 병색이 있어 보이는 것은 여러 가지 원인도 있겠지만 가슴을 졸라

> 매게 되는 의복제도가 큰 관계인줄 생각합니다. (……) 어깨 바지와 통치마를 입는 것이 이 사이 신여성들을 중심으로 차차 성풍이 되거니와 이것을 극히 장려할 필요가 있습니다. 더구나 저고리를 길게 하고 치마를 짧게 하여서 잡어매는 것을 가슴으로부터 허리까지 드리어 내려 보내는 것이 ─ 그것을 많이 장려하는 것이 썩 필요하다 합니다.[7]

아동문학가이자 기자였던 유팔극柳八克 또는 柳志永(1896~1947) 역시 다음과 같이 조선 여성의 전통의복이 여성의 건강과 체격에 끼치는 악영향에 대해 조목조목 지적하였다.

> 몸에 해를 끼치지 않아야만 될 터인바 우리 조선여자의복은 그 중 큰 폐단이 있습니다. 다른 것이 아니라 젖가슴에다가 아래맥이 가지수 많은 의복을 모조리 걸치느라고 허리를 달아서 자국이 나도록 꼭꼭 쳐매는 것입니다. 가슴이라는 데는 사람의 그 중 중요한 호흡기관인 폐가 있는 데입니다. 그리고 더욱이 여자는 여자로서 그 중 중한 젖(乳房)이 있는 데입니다. 사람은 될 수 있는 대로 폐를 넓혀야 하며 젖은 될 수 있는 대로 편하게 달려 있도록 해야 합니다. 이와 반대로 우리 조선여자의복은 폐의 발달을 막는 것이며 젖의 발육을 해치는 것이올시다. 흉곽은 줄이고 젖은 결박을 합니다. 그 까닭에 젖의 종기腫氣가 많이 나며 폐가 좁아서 그로부터 일어나는 병이 매우 많습니다. 우리 조선부인들은 아해를 낳으면 대개 유종乳腫을 앓게 됩니다. 아주 그것을 여자 쳐놓고서는 의례 한번씩은 앓을 병으로 생각을 합니다마는 그 병은 전혀 젖을 결박하는 데서 생기는 병이라고 생각합니다. 그래서 어머니의 고통을 살 뿐만 아니라

아해들에게 상한 젖을 먹이게 되기가 매우 쉽습니다. 그리고 폐의 발달을 막는 까닭에 조선여학생이 외국에 가서 어느 여학교에 입학시험을 치르다가 학과에는 입격入格하고 폐가 좁은 것으로 체격검사에 낙제하는 일이 있다하며 그뿐 아니라 일반으로 우리 여자들이 다른 나라 여자들에 비교해서 엄청나게 약하며 병도 많고 발육도 못되었습니다. 꼭 영양부족한 사람들 같습니다.[8]

위의 인용문들에서와 같이 조선 부인복의 허리띠 때문에 생기는 병과 폐해는 무수했다. 신체(흉곽)의 발육을 저해하고, 소화를 더디게 하며, 유방을 압박하여 유종을 앓게 할 뿐 아니라 신체도 볼품없고 얼굴도 누렇게 뜨는 등의 부작용이 있는 것이다. 또한 신여성의 대표주자였던 김원주金元周 또는 金一葉, 1896~1971 역시 옷이 갖추어야 할 3대 조건으로 위생, 예의 및 자태를 들면서, 우리나라 여성의 한복 치마가 띠의 형태로 가슴을 겹겹이 동여매기 때문에 호흡기에 무리를 주어 폐첨카타르肺尖catarrh 같은 질병을 낳는다며 위생상 부적절하다고 말한다.[9] 그 외에도 의복 개량 문제의 특집을 다루었던 ≪신여성≫ 1924년 11월호에 실린 거의 모든 글에서 여성 치마의 허리띠가 여성의 몸에 미치는 악영향이 지적되고 있다.

여기에는 근대적 의학 지식에 의해 몸에 대한 관점이 변하면서 생긴 옷에 대한 인식의 전환이 엿보인다. 생리학 지식에 입각한 호흡기관으로서의 폐의 기능,(생리학 등의 서구 의학적 지식이 도입된 것은 1900년대의 일로서, 이 시기 교과서와 학술지 들에는 위생의 필요성과 생리학에 기초해 인체기관과 그 기관들의 작용에 대한 지식들을 쏟아내고 있었다. 이에 대한 자세한 논의는 졸저, ≪육체의 탄생≫, 제2장 참조) 여성에게 있어서 유방의 산부인과적 중요성, 옷과 서구 의학적 질병과의 연관성 등에 대해 자각하고, 이를 옷의 개량을 통해 방지해보겠다는 생각은 그 자체 근대적인 것이다. 이전까지 옷은 유교적,

윤리적 질서를 체현하는 한 도구이거나, 패션의 의미만을 가지고 있었다. 유교 사회에서 "의복은 신분의 귀천을 구별해주고, 상황의 길흉을 분별해주며, 남자를 구별해주고, 화이華夷를 나누어 정해주는 것이다."[10]라고 할 만큼, 옷차림이 곧 신분의 등급을 보여주었다.[11] 그리고 여성들의 의복 디자인은 시대, 유행에 따라 변형이 일어나기는 했어도 사람들은 그것이 여성들의 몸에 이로운가, 해로운가에 대해서는 고민하지 않았다. 그러나 근대 의학적 지식을 통해 몸에 대한 관심이 증폭된 20세기에는 이와 같이 위생의 차원에서 옷이 평가받게 되었다. 때문에 이미 1908년 4월 ≪대한학회월보≫에 실린 〈위생요람(속)〉에서부터 흉부를 압박하는 조선 여성의 의복의 폐단에 대해 위생의 문제로 접근하여 비판하고 있다.[12]

그래서 이와 같은 새로운 의복에 대한 관념은 여성의 위생을 위해 저고리의 길이는 길게 바꾸고, 치마는 가슴띠 대신 치마에 어깨끈을 다는 형태를 고안하도록 만들었다.[13] 이러한 치마 개량은 여학생층에서 먼저 시작되었는데, 1911년 부임하여 10년간 이화학당에서 재직했던 교사 월터Walter와 파이Pye가 치마에 어깨허리를 단 것이 그 최초였다.[14] 실험적으로 우선 한국인 교사 2~3명에게 이 개량치마를 권하였는데 그들이 편하고, 모양이 변하지 않으며, 건강에 좋다고 환영했다. 그래서 이 패턴을 학생들에게도 나누어주고 재봉시간에 모두 치마를 그렇게 고치게 하고, 체육시간엔 치마를 검사했다고 한다. 여학생들의 치마가 모두 어깨허리로 바뀌기까지는 3개월가량이 걸렸다. 처음에는 기존의 옷을 바꾸어야 하는 데 대한 거부감을 갖는 학생들도 있었으나, 실제 착용 후 그 편리함을 깨닫고는 방학 때 고향에 돌아가서 친구들에게 이 간편한 신식 허리 만드는 법을 알려주어서 마침내 전국에 유행하게 했다.[15] 그리하여 1920년대 중반에는 여학생이나 신여성들은 거의 대부분이 이와 같은 개량치마를 입게 되었고, 조선 가정의 부인들에게도

어느 정도 개량치마가 보급되었다.[16]

또한 어깨허리로의 치마 개량은 필연적으로 하의 속옷의 개량도 요구할 수밖에 없었다. 조선 후기의 상류층 여성들은 다리속곳, 속속곳, 바지단속곳, 너른바지, 무지기치마 등으로 특히 하의에 매우 많은 종류의 속옷을 겹겹이 입어야 했다. 이러한 조선의 전통 속옷은 앞서 인용한 유팔극의 글에서도 지적되듯이 번거로울 뿐 아니라 이 여러 벌의 하의 속옷이 가슴띠로 고정되어야 했기 때문에, 가슴띠가 사라진 치마에서는 입기 불편한 속옷들이었다. 따라서 가슴띠의 '퇴장'과 더불어 하의 속옷의 종류도 간소화되고 속속곳과 다리속곳 대신 팬티가 '등장'하게 되었다. 특히 짧은 치마를 입던 신여성들은 바지, 단속곳 대신 '사루마다'라고 하는 무명으로 만든 짧은 팬티를 입었고 어깨허리의 속치마를 입게 되었다. 속치마는 치마보다 그 길이가 약간 짧았고, 감은 주로 흰색의 인조견으로 해 입었다. 이 속치마는 후에 긴치마에도 입게 되었다.[17]

개량된 의복은 일단 여성들의 건강에 이로운 것으로 여겨졌다. 가슴의 압박이 줄어들고, 활동성이 좋아졌으며, 짧아진 치마 덕에 바닥의 먼지를 끌고 다니지 않게 되어 위생적으로도 바람직했다. 그래서 "근대부인 더욱이 모던 걸들은 짜른 스카트와 엷은 양말 얕은 칼라, 두 팔을 그리고 아름다운 육체를 내놓을 대로 내놓은 위에 입는 의복까지가 선명한 빛깔, 즉 엷은 색이므로 태양의 자외선을 자유롭고 쉽게 받게 되는 까닭으로 건강해지며, 머리부터 발아래까지 컴컴한 것으로 몸을 갑갑하게 싸고 있는 남자보다는 점점 튼튼해지는 경향이 현저"[18]하다는 평가까지 받게 된다.

평면에서 입체로 옷이 바뀌다

그런데 몸의 건강을 위해 바뀐 여성들의 옷은 몸을 이전과는 다르게 바라보게 만들었다. 그것은 곧 여성의 몸이 가진 입체성에 대한 자각이었다. 가슴띠와 같이 가슴 부위를 동여맬 경우 여성의 유방은 곡선으로 드러나는 것이 아니라 거의 평면적인 모습을 띠게 된다. 이 때문에 조선 의복의 특징에 대해 이야기할 때에도 조선 옷은 평면적이라는 사실이 자주 언급되곤 했다.

> 나는 일반의 생활을 향상시키는 그 조건 중 하나인 일반적으로 생활의 미화를 힘써보자는 말이다. 첫째로 거기에 우리의 의복을 개량할 필요가 있다 한다. 우리네의 의복은 신체발육과 자유동작에 장애가 없지 않다. 예를 들면 여자의 옷은 제일 중요한 부분인 유방을 속박하여왔다. 그것은 위생에도 다대多大한 해독이 미칠뿐더러 육체미에도 적지않은 손실이다. 그뿐 아니라 풀을 먹여서 죽어라하고 다듬이질을 하야 풀칠한 백지장 같은 옷을 걸치는 것이 공기유통에는 이해관계가 미친다 할지라도 제일 몸을 동작하는 데에 거북살스럽고 쉽게 상하는 폐弊가 있다. (……) 인체구조에도 별다른 상식이 있어야 할 줄 안다.[19]

> 첫째로 의복은 반드시 선미線美를 잘 나타내어야 되겠다. 이 점에 대해서는 일복日服이 조선복보다 훨씬 선미를 잘 나타낸다 하겠다. 우리나라 의복은 전체로 보아서 선미가 없다. 어복魚腹 같은 화장은 다소 선미를 나타낸다 하여도 여성미 가운데 가장 아름다운 미를 발휘하는 유방부에서 허리까지의 곡선과 허리에서 둔부臀部까지의 곡선미를 전연히 나타내지 못한다. 요새에 와서 허리에 띠를 띠게 되기 때문에 다소간 곡선미가

나타나지만 아직까지도 우리나라 의복에 곡선미를 나타내게 하랴면 여러 가지로 개량할 점이 많은 줄 안다.[20]

신윤복의 그림과 같이 조선 후기의 여성 의복에서는 여성의 가슴 부위가 거의 평면으로 그려진다. 따라서 가슴띠를 하던 시기에는 여성의 유방에 의한 곡선의 아름다움이 거의 주목받지 않았다.(그림 1) 이러한 경향은 개량된 조선 의복에 어깨허리가 도입된 1920년대까지도 지속되었다. 1920년대에 어깨허리 치마는 가슴띠를 대체하였지만 곡선미를 나타내기에는 역부족이었다. 또한 길어진 저고리 덕에 가슴 부위가 감춰지면서 여전히 조선 여성의 몸은 평면에 가까웠다.

그림 1.
신윤복이 그린 미인도.
이 그림의 '미인'으로 호명된 여성의 가슴선은 가슴띠로 단단히 동여 매어 거의 평평하다.

이것은 양장 차림을 하는 여성들에게서도 공통된 경향으로 나타났다. 그 이유는 1920년대에 유행했던 양장 차림이 직선형에 가까웠기 때문이다. 1920년대의 원피스 및 블라우스의 실루엣은 대체로 직선적인 스타일이었다. 블라우스의 경우 초기에는 고무줄을 사용하여 허리선을 나타냈으나, 1926년 이후에는 직선적인 튜닉tunic 스타일이 주로 유행하였다.[21] 따라서 여전히 여성의 가슴 부위나 곡선미를 강조하는 복장에 대해서는 큰 주목을 할 필요가 없었을 것이다.

그런데 1930년대에는 대부분 허리에 벨트를 착용한 스타일, 여성스런 디자인의 원피스가 유행을 하게 된다. 블라우스는 1930년대 초반에는 길고 직선적인 튜닉 블라우스가 보이지만, 중반기 이후부터 벨트가 착용되거나 언더블라우스의 형태로 허리선이 나타나는 스타일이 유행을 하면서[22] 가슴 부위에 대한 관심이 부상하였다.

그 관심의 징후는 여성지에 실린 양장 옷본과 옷 만들기 안내서를 통해 먼저 확인된다. 그 기점이 대략 1930년대 중반이 아닐까 추정되는데, 1937년 6월 ≪여성≫에서 임정혁에 의해 소개된 〈부인과 여학생외출복 · 겸 가정복〉의 옷본에서만 해도 아직 옷의 상체 부위에 다트선이 표시되지 않으며, 가슴 부위에 주름을 잡는 등의 바느질 방법도 도입되지 않는다.(그림 2) 반면, 1937년 8월 ≪여성≫에 실린 동일 필자의 〈개량형 속치마와 속바지 — 옷맵시를 돋우려면 속옷부터 개량……〉에서는 속치마를 만드는 데 있어 "가슴 쪽은 나오게 하기 위하여 앞 요-크에 잔주름을 잡는데 이것은 재봉기계에 느리게 박아서 밑실을 잡아당겨서 가운데로 주름이 많이 가게 잡아서 아래치마와 맞추어 먼저 가죽으로 박고 시접을 잘 베어 버리고 안으로 박습니다."라며 가슴선에 주름을 잡아 가슴 형태를 두드러져 보이도록 안내하고 있다. 또한 하란공이 ≪여성≫지 1940년 8월호에 실은 〈여름에 편한

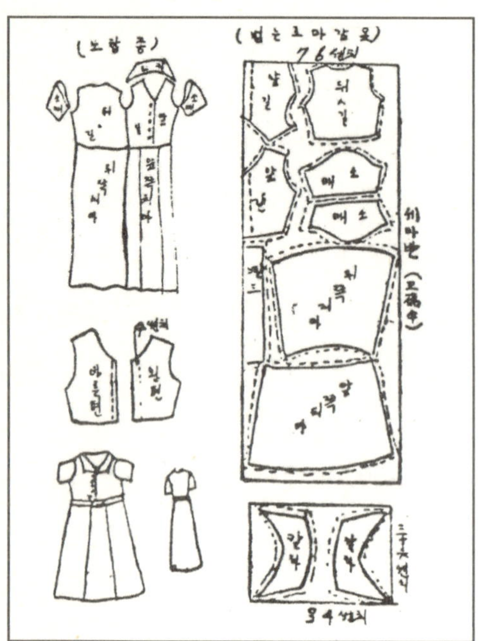

그림 2.
〈부인과 여학생 외출복 · 겸 가정복〉(≪여성≫ 1937. 6)의 옷본.
이 옷본에는 아직 옷의 상체 부위에 다트선이 표시되어 있지 않다.

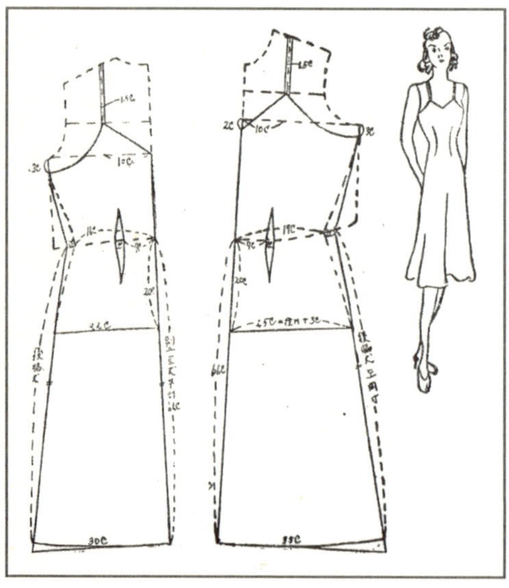

그림 3.
〈여름에 편한 양장(1)〉(≪여성≫ 1940. 8)의 옷본.
이 옷본에는 가슴과 허리를 잇는 부위에 다트절개가 뚜렷하게 들어가 있는 것을 볼 수 있다.

양장(1)〉에서는 슬립에서 옷본의 허리 부위에 다트가 확연하게 보인다.(그림 3)

다트dart란 평면적인 옷감을 입체적인 체형에 맞추기 위하여 옷감의 일정한 부분을 잡아서 줄이는 일, 또는 줄인 부분을 가리키는 말로, 몸의 입체감에 대한 의식에 기반을 둔 디자인 방법이다. 조선의 전통의상에는 다트가 없었으며, 1930년대 중반 이전까지도 이처럼 옷본에 다트 표시가 없다는 것은 아직 몸의 입체성에 대해 주목하지 않았음을 의미한다. 그런데 몸의 곡선미에 대한 의식이 뚜렷해지면서 다트가 옷을 만드는 데에 필요해졌던 것이다.

한편 이 즈음에 브래지어도 양장의 속옷으로 대두된다. 브래지어는 교과서 ≪양재봉강의≫(1937)에서 양장을 위한 속옷들을 나열하면서, 그리고 1937년 11월 잡지 ≪여성≫에 하영주의 〈부인의 의복과 색채의 조화〉에서 '유乳카바'를 만드는 방법이 소개되면서 대중들에게 알려졌다. 여기서는 좀 더 분명한 다트절개선이 보인다. "앞단옷 끝에서 2센치 내려온 곳에서 전신前身 상부중앙과의 금을 긋습니다. 그리고 다시 전신 중앙과 옆선脇線 맨 위에서 4센치 내려온 곳과의 연결선을 긋습니다. 그래가지고 전신 상부를 산형山形으로 모양 있게 만듭니다. 전신에 상단중앙과 아래 두 군데를 박고 한쪽을 꺾어 넣습니다."라며 가슴 부위를 산 모양으로 만들 것을 당부하고 있다.(그림 4)

오늘날 여성 속옷으로 보편화된 Brassiere는 프랑스에서 아기에게 젖을 물릴 때 가슴 부위를 쉽게 여닫을 수 있게 만든 옷을 가리키는 브라시에르brassière에서 나온 말(그러나 정작 프랑스에서는 현재 이 속옷을 'Brassiere' 대신 주로 'soutien-gorge'라고 부른다.)로, 프랑스에서는 1905년에 프랑스어사전에 등장하고, 미국에서는 1907년에 잡지 ≪보그*Vogue*≫에서 확인할 수 있으며 영국에서도 1912년에는 옥스퍼드 영어사전에 등장한다고 한다.[23] 브래지어는 상하 일체형이었던 보정 속옷인 코르셋의 형태에서

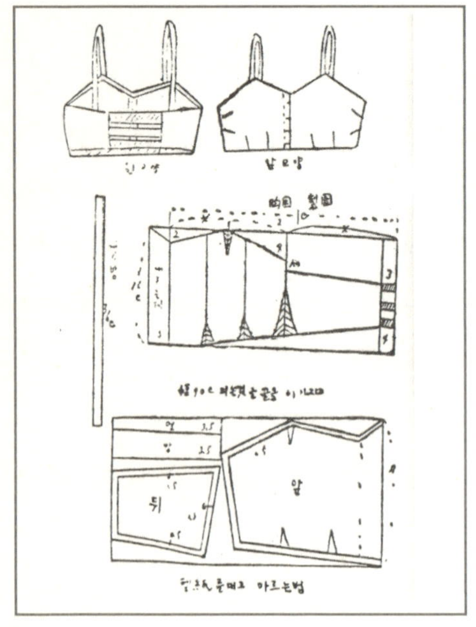

그림 4.
〈부인의 의복과 색채의 조화〉(≪여성≫ 1937. 11)에 실린 '유乳카바'의 옷본.
브래지어를 지칭하는 '유카바'의 옷본에는 가슴 부위에 다트선이 들어가 있다.

19세기 말~20세기 초에 상의 속옷으로 분리되면서 오늘날과 같은 가슴 부위를 위한 여성 속옷으로 자리 잡게 되었다.[24]

실제로 해방 이전까지 서구로부터 유입된 브래지어라는 속옷이 조선 여성들에게 보편화되었다고 보기는 힘들다. 그러나 이러한 잡지의 글을 보고 서양식 복장에 관심이 있는 여성들이 가정에서 직접 '유카바'를 만들어 입었을 가능성이나, 여성의 유방을 가리는 브래지어라는 속옷이 있다는 사실을 알고 있었을 가능성은 상정해볼 수 있다.[25] 그리고 소수의 상류층, 신문물과 양장에 익숙해진 여성들의 경우에는 백화점에서 브래지어를 구입해 착용했던 것으로 추정된다.

≪삼천리≫ 1935년 12월호에는 〈신사 일인 사백십여 원 숙녀 일인

오백 원 내외, 말쑥한 신사 숙녀 만들기에 얼마나한 돈이 드나?〉라는 제목으로 멋쟁이 남녀들이 양장을 하는 데 드는 의복 및 장신구의 품목과 그 가격을 소개하고 있다. 그런데 여기서 "양장 숙녀를 만들려면?"이라는 항목 맨 첫줄에 적힌 것이 '유방뺀드'이고, 가격은 150원이라고 소개되어 있다.[26]

이처럼 1930년대에 '유방뺀드'라거나, '유카바', '부라쟈에-루ブラジユエール', '부라지에-루ブラジエエール' 등의 다양한 명칭으로 불리던 브래지어가 한국 여성들 대부분에게 보편화된 것은 1950년대 중반 이후~1960년대이기는 하다. 그렇지만 이미 1930년대 중반에도 여성의 옷에서는 유방부가 돌출된다는 것을 의식하고, 브래지어와 같은 체형 보정용 속옷이 조선에도 소개되었음을 확인할 수 있다.

이렇게 '곡선'으로서 여성의 몸을 보게 된 데에는 1930년대 중반에 유행했던 담론인 '유선형 담론'과도 연관이 있다. 이때 '유선형'이라 함은 일차적으로는 공기의 저항을 최소화하는 형태를 통해 속도를 높이려는 근대적 교통수단들의 형태들을 가리키는 말로 자주 사용되었다. 그러나 유선형은 단순히 유선형 물체만을 지칭하는 것이 아니었으며, 생활방식이나 사고방식, 가치관, 유행 패션, 스타일을 의미하는 것이기도 했다.[27] 그래서 '유선형의 미'는 당대 미의식의 표준이 되기도 했다.[28]

그러면서 '유선형 미인'이라는 말이 유행하기도 했고, 안석영은 ≪조선일보≫에 〈유선형 시대〉(1935. 2. 2~1935. 2. 7)라는 만문만화를 연재하기도 했다.(그림 5) "마네킹 껄을 선택할 때에도 이 유선형이 문제되고, 신부를 고르는 데도, 점원을 고르는 데도, 카페의 웨트레쓰도, 배우도 모든 게 유선형이어야 하는 때"[29]가 도래하였다는 것이다.

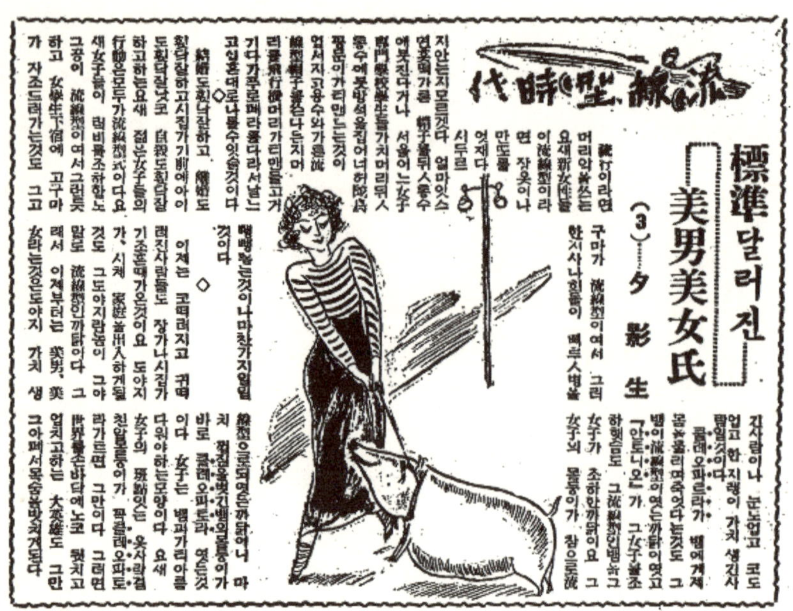

流線型時代

標準달러진 美男美女氏 (3)

夕影生

그림 5.

〈유선형 시대 — 표준 달라진 미남미녀씨〉, ≪조선일보≫ 1935. 2. 5.

'유선형 시대'를 맞이하여 미남, 미녀의 표준도 달라지고 있음을 이야기하는 안석영의 만문만화이다.

이러한 '유선형'의 유행은 대중들에게 곡선의 아름다움에 대한 미적 의식을 일깨워주었을 것이다. 아름다움의 기준이 직선이나 평면이 아닌 곡선, 입체미가 되는 그 시점부터 여성의 옷과 몸도 새로운 아름다움의 기준을 내면화해야 했다. 그러한 내면화를 의복으로 실천한 것이 다트와 브래지어였다.

S라인의 탄생

물론 조선 의복의 긴 저고리나 어깨치마, 통치마로는 여전히 유방의 곡선을 드러내는 스타일이 불가능했다. 그러나 짧아진 치마 길이는 여성의 몸에 '각선미'라는 또 다른 미적 기준을 요구했다. 짧아진 치마 밑으로 보이는 다리의 곡선이 아름다워야 하는 것, 새로운 패션이 만들어낸 또 하나의 새로운 '몸 라인'이었다.

> 요사이 각선미라는 말이 많이 유행됩니다. 각선미란 쉽게 말하여 다리에서 나타나는 미입니다. 하여튼 그 전날 미인의 조건으로는 기껏 가야 허리께까지나 볼 뿐이러니 오늘날 미인의 조건으로는 다리까지도 중대하게 되었습니다. 본래 양장은 물론이요 치마라도 짧고 보면 다리의 미추가 몹시 눈에 띄는 것도 사실입니다.[30]

여성의 아름다움을 재현하고, 아름다운 여성의 '기준'을 만드는 일 자체는 동서고금을 막론하고 언제, 어디서나 있어왔다. 시간과 공간에 따라 달라지는 것은 다만 그 '아름다움'의 '내용'이다. 미술사학자인 홍선표 교수에 따르면[31] 이 땅에서도 미녀, 미인상에 대한 언급은 삼국시대의 기록에서부터 찾아볼 수 있고, 구체적인 기준은 고려시대부터 본격화되었다고 한다.[32] 이때부터 조선시대까지 이어져온 '전통적'인 미인의 판단 기준은 주로 얼굴, 머리, 피부, 어깨, 목, 허리, 손의 생김새에 있었다.[33] 반면 여성의 가슴에 대한 언급은 전혀 찾아볼 수가 없다고 한다.[34] 즉, 과거에는 여성의 유방의 곡선미나 각선미가 미인이 갖추어야 할 요건에 포함되어 있지 않았던 것이다. 그런데 1930년대 이후 여성의 몸은 'S라인'을 갖추어야 아름다운 것으로 취급되게 된다. 이처럼 여성의 가슴과 다리, 곡선미와 각선미를 중요시하는 미적 감각은 양장과 개량한복에 의해 변화된 패션이 도시 거리의 신여성들과 언론매체들을 통해 노출되면서부터 가능해진 일이다. 바뀐 옷을 통해 보이는 여성의 몸이 달라졌고, 이를 자주 접하게 되면서 여성의 몸을 평가하는 기준 역시 달라진 것이다.

그림 6은 1934년 5월 3일자 《조선일보》에 실린 안석영의 〈꽃보다 다리구경〉이라는 제목의 만문만화이다. 안석영은 여성들의 치마 길이가 짧아지면서 거리에서 여성의 다리를 구경할 수 있는 기회가 늘어났다는 점과, 이에 남성들이

그림 6.
〈꽃보다 다리구경〉, 《조선일보》 1934. 5. 3.
여성들의 치마 길이가 짧아지면서 여성들의 각선미를 구경하는 남성들의 페티시즘, 관음증적 시선을 풍자한 그림이다.

여성의 다리에 대한 페티시즘fetishism, 관음증적 시선을 감추지 않는 세태를 풍자하고 있다.

그림 7은 1937년 6월 30일자 ≪동아일보≫에 실린 〈누가 곡선미에 일등을 할 것인가〉라는 제목의 화보 기사이다. 이 사진은 서양에서 개최된 미인대회의 풍경을 찍은 것으로 추정된다. 국제미인대회는 대략 1920년대 중반부터 만들어졌다.[35] 미인대회는 갈수록 여성들의 몸을 노골적으로 드러내는 데에 치중하게 되면서, 앞의 그림에서 보이는 바와 같이 수영복 심사를 통해[36] 곡선미가 아름다운 여성을

그림 7.
〈누가 곡선미에 일등을 할 것인가〉, ≪동아일보≫ 1937. 6. 30.
서양에서 개최된 미인대회의 풍경. 여성들이 수영복 차림으로 자신들의 '곡선미'에 대해 남성 심사위원들의 평가를 받고 있다.

'미인'으로 여기게 되었다. 여성의 아름다움의 기준으로서 아름다운 얼굴뿐만 아니라 풍만한 가슴과 잘록한 허리, 볼륨 있는 엉덩이, 미끈한 각선미 등이 포함되기 시작한 것이다.[37]

1920년대 중반부터 '미인' 신드롬은 국내외적으로 큰 이슈가 되었는데 이 과정에서 미인의 기준에 대한 논의도 함께 대두되었다. 1920~30년대에 조선의 유명인사들 사이에 흔히 했던 설문조사 중 하나가 유명인의 외모에 대한 '품평회'였고 그 중에서도 여성들의 미모에 대한 평가들이 자주 있었다.[38] 어떠한 여성이 미인인가에 대한 유명 인사들의 생각을 묻거나, 세간에 화제가 된 신여성, 기생, 영화배우 등에 대한 외모 평가, 각 지방별 여성 외양의 특성에 대해 이야기해보는 자리를 마련하여 각자의 의견을 나누기도 했다.

이와 같은 사회적 분위기 속에서 여성들은 자신의 몸을 어떻게 바라보고 관리해야 했을까? 여성들은 일상적으로 자신의 몸을 '대상'으로 전화시켜 바라본다. 어릴 때부터 여성들은 사회문화 속에서 자기 자신을 남성의 시선으로 응시하는 것을 배우고 설득당해 왔기 때문이다.[39] 따라서 여성들은 갑자기 'S라인'이 미인이라고 말하는 남성들의 시선에 맞는 몸이 되기 위해, 자신의 몸을 가꾸기 시작한다. 그리하여 여성들이 관심을 갖기 시작하는 것이 '몸 가꾸기'이며, 이를 보여주는 대표적인 콘텐츠가 '미용체조법'에 대한 담론 생산이다. 여성의 'S라인'에 대한 사회, 문화적 관심은 여성들로 하여금 건강을 위해서뿐 아니라 아름다움을 위해서 운동을 할 것을 요구했다. 미용체조법은 여성들의 '몸집 가지기', '스타일 만들기'의 지침서가 되었다.

현대인의 「미」의 표준은 그 얼굴에 있는 것이 않이고 그 체격, 스타일에 있다고 한다.

이러한 미적 표준의 유행도 물론 서양에서 건너온 풍조의 하나로써, 오늘날 조선의 소위 모단급의 남녀들도 그 스타일의 균정均整된 원만한 체구를 가지기 위하야는 어떠한 수단과 방법을 가리지 않고 머리를 싸매고 연구하기도 하고, 「파리」나 「허리웃드」에서 새로히 들여오는 전파에 귀를 기우리고 있는 형편이다./요사이 서울만 하드래도 아스팔트우으로 쏘단이는 모던껄들을 훑어보면 그 얼골의 화장보다도 「몸집가지기」, 스타일에 얼마나 심심深心의 주의를 가지는가 함을 가히 엿볼 수 있는 사실의 한토막인가 한다./어찌되였든 최근에 와서는 우리 조선에도, 건강적이며 원만하게 균세均勢가 잡힌 완전한 체격이래야 가장 현대적 미라는 사조가 일반에게 알리게끔되여, 어떻게 하면 보다 훌륭한 스타일의 소유자가 되여볼까 하는 모단급의 남녀(더욱이 여자)들이 많어감이 사실이다./이러한 의미에서, 최근에는 미용술이 굉장히 다방면으로 발달되여서 현대인이면 반듯이 미용술에 의하야 자긔의 가진 선천적 미에, 인공을 가한 후천적 미를 가공하지 않고서는 도저히 「모단」사회에 있어서는 그 사교의 자격조차 가추지 못한 감을 느끼게끔 된 현상이다./이러한 미용술로서 최근 가장 이상적인 신안新案으로 알려진 방법이, 여기에 말하려는 「미용체조법」이다./이 미용체조법도 요사이에 와서는 여러 가지 신형新型이 생겨진 모양이나, 목하目下 미주米洲 「하리웃트」에서 가장 효과적인 운동으로써 많이들 유행의 왕좌王座를 점占하고 있으며, 오래지 않아 서울에서도 유행하게 될 미용체조법을 말하려 한다./이 운동을 계속하여 실행하게만 되면 누구든지 반듯이 건강적이며, 보다 훌륭한 균세가 잡힌 원만한 체격을 가질 수가 있다./이 운동은 누구나 쉽게 실행할 수 있는 방법으로써, 이하 그 방법을 간단히 조목을 따라 적어 보기로 한다.[40]

위와 같은 '미용체조법'에 대한 소개의 말에 이어 신장운동, 횡격막운동, 하지운동, 당고운동의 네 항목으로 나누어 운동방법을 안내하고 있다. 이 중 신장운동은 가슴의 모양이 곱게 발달되고 미끈한 각선미를 갖게 하고, 횡경막운동은 횡경막의 군살을 없애고 몸의 자세를 곧게 만들며, 하지운동은 허리의 곡선미와 각선미를, 당고 운동은 건강미를 만들어준다고 한다.

이와 같은 '미용체조'란 '운동'을 '미'와 연계시키고 있다는 점에서 주목해볼 만하다. 앞서 언급했듯이 1900년대부터 1910년대까지만 해도 여성들이 운동을 해야 하는 이유는 '건강', '위생' 때문이었다.[41] 약육강식의 국제사회 질서 속에서 우등한 인종을 낳고, 기르기 위해 여성들은 건강해야 했고, 그러기 위해 운동을 했을 뿐이다.

그런데 이제는 아름다워지기 위해서 운동이 필요하다는 생각으로 바뀌었음을 볼 수 있다. 각선미, 곡선미를 갖기 위해서는 무용이나 체조와 수영을 해야 하고, 산보나 원족이라도 해야 한다.[42] 그렇기 때문에 집안에만 갇혀 있는 부녀자들보다 운동을 정기적으로 하는 여학생들이 아름답다.[43] 운동이 단순히 '건강'을 위해서뿐 아니라 '아름다움'을 위해서도 필요하다는 생각, 여기에 근대적인 몸에 대한 새로운 인식방법이자 '자연적'인 것이 아닌 '조형적'인 '몸 프로젝트'의 연원이 들어 있다. 이처럼 아름다움을 위해서 운동을 해야 한다는 것은, 여성의 몸이 타인에게 보여지는 것으로서 중요해졌다는 것, 다시 말해 사회적 상징가치와 경제적 교환가치를 지니게 되었다는 것을 의미한다.

물론 이를 조선 여성들 전체로 일반화하는 것은 불가능하다. 그러나 근대화, 서구화, 자본주의화에 가장 민감했던 도시 여성, 지식인 여성, 상류층 여성, 성매매 여성 등의 경우에는 이와 같은 사회문화적 변화 과정에 대해서도

그림 8.

〈곡선미를 내는 기계〉, ≪동아일보≫ 1937. 7. 1.

곡선미에 대한 여성들의 몸 가꾸기가 '소비'로 이어지면서 '곡선미를 내는 기계'에 대한 소개까지 이루어지고 있는 모습이다.

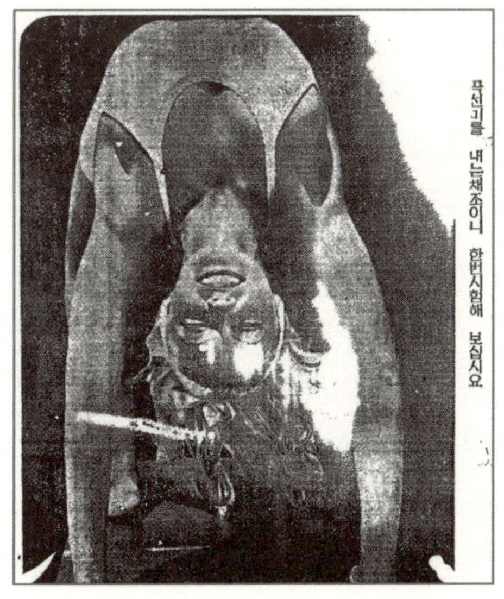

그림 9.

〈곡선미를 내는 체조이니 한번 시험해 보십시오〉, ≪동아일보≫ 1938. 1. 28.

곡선미를 가꾸기 위해 여성들은 다양한 '미용체조법'을 익히기 시작했고, 언론은 그것을 추동했다.

예민하게 반응하며, 자신의 몸을 아름다운 '상품'으로 가꾸려 했다.[44]

그림 8과 그림 9에서와 같이 1930년대에는 곡선미를 만드는 기계라든가, 곡선미를 내는 체조에 대한 정보가 신문, 잡지 등을 통해 쏟아져 나옴으로써, 여성들은 몸매를 가꾸는 것을 자신의 과제와 의무로 내면화하게 된다. 여성들은 신문, 잡지 등에서 제공하는 이러한 정보들과, 브래지어, 스타킹과 같은 몸 가꾸기를 위한 여러 가지 상품들을 '소비한다.' 또한 역逆의 관계도 성립한다. 몸 가꾸기에 성공하여 아름다운 몸을 갖게 된 여성들은 사회, 문화 속에서 '신여성', '모던 걸', '미인'으로 호명되며 '소비된다.' 이와 같은 소비의 '대상'이자 '주체'로서의 여성의 몸은 근대 자본주의 사회 구조를 지탱하는 중요한 요소이다.[45]

여성의 몸을 바꾼 브래지어, 억압의 도구인가?

이 글은 조선 여성의 옷이 근대화되던 시점에서부터 이야기를 시작했다. 조선 의복의 개량은 여성들의 건강을 위해 필요한 조치였다. 실제로 여성들에게 전통 한복은 매우 불편한 옷이다. 이것은 오늘날 명절이나 가족 행사 때문에 한복을 입어본 적이 있는 여성들이라면 누구나 공감할 것이다. 현재 보급되어 있는 한복만 해도 어깨치마의 형태로 바뀌어 있고 구한말 때에 비해 저고리의 길이도 길어진 편이다. 그럼에도 한복의 거추장스러움과 불편함은 양장차림과는 비교가 되지 않는다. 따라서 근대 초기에도 대부분의 여성들에게 조선 의복의 개량은 실질적인 이유로 환영받았을 것이다. 그리고 옷의 개량 의도에 맞게 여성들의 몸은 이전보다 건강하고 자유로워질 수 있었을 것이다.

그런데 옷의 변천은 여기에서 그치지 않았다. 의도한 것은 아니었지만, 변화된 옷에 의해 몸의 선이 도드라지고 노출되기 시작하면서부터 옷은 그 몸의 선을 좀 더 아름답게 보이는 방향으로 변화되기 시작했다. 다트를 여성의 몸의 곡선에 따라 집어넣는다거나, 브래지어와 같은 체형 보정 속옷을 통해 여성들의 몸이 평면에서 입체로 보이기 시작했다. 여기에서부터 여성의 몸에 대한 시선도 바뀌게 된다. 새로운 패션에 의해 여성들의 몸매가 드러나게 되자, 그 중에서 아름다운 몸매와 추한 몸매를 구별하고 평가하게 된 것이다. 이 때문에 '각선미', '곡선미'와 같은 말이 유행하고, 이러한 'S라인'을 갖춘 여성들이 새로운 시대의 '미인'으로 등극했다. 여성들은 이러한 시선들에 스스로를 동일시하며 자신의 몸을 응시하고, 그 시선에 맞는 몸이 되기 위해 몸 가꾸기에 힘쓰게 된다. 그리고 이 몸 가꾸기는 아름다운 몸을 만들기 위한 다양한 상품의 소비를 촉진시켰다.

패션에 있어서 이를 가장 잘 보여주는 아이템 중 하나가 브래지어이다. 한국에서 브래지어가 도입되는 과정은 이와 같이 여성의 몸에 대한 인식의 변화 추이를 보여준다. '위생'을 위해 옷의 개량이 필요했고, 그 개량 과정에서 가슴 부위의 입체성에 대한 자각이 생겨났다. 그리하여 이 입체적 부위를 아름다운 선으로 보정해주기 위한 속옷인 브래지어가 여성들의 필수 아이템으로 자리 잡게 된 것이다.

브래지어가 한국 여성들에게 본격적으로 보급되기 시작한 1950년대 후반 이후부터 한국에서 브래지어는 '체형 보정용'으로서의 기능이 강조된다. 그림 10의 1957년 8월 23일 ≪동아일보≫ 기사(〈체형의 교정법—속옷을 입는 법〉)와 같이 자신의 가슴 모양이 가진 단점을 보완하기 위해 와이어나 패드 등이 들어 있는 브래지어를 선택하여 착용함으로써 'S라인'의 '표준'에 가까운 몸으로 조형화하는 것이다.[46]

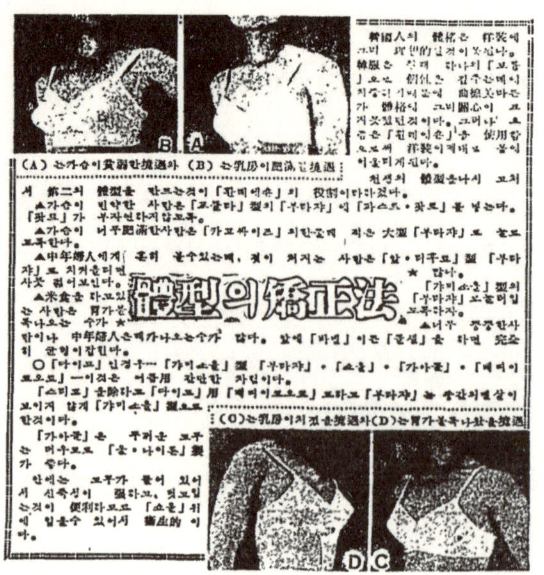

體型의 矯正法

그림 10.

〈체형의 교정법—속옷을 입는 법〉, ≪동아일보≫ 1957. 8. 23.

브래지어를 입는 일이 자신의 가슴모양에 대한 콤플렉스를 극복하는 방법이라며 적절한 브래지어 선택법에 대해 알려주고 있는 글이다.

이러한 기능성이 강조된 브래지어는 일면 여성들의 몸매 관리나 신체적 콤플렉스에 대한 효과적인 보완물이 되고 있다. 그러한 점에서 오늘날 브래지어는 또 다른 방식으로 여성의 몸을 '해방'시켜주고 있다.

그러나 1960~70년대에 '우먼리브운동'의 일환으로 브래지어를 불에 태우는 행사를 펼치기도 했을 만큼 브래지어는 여성들에게 억압의 상징이라는 점이 지적되어 왔다. (그러나 실제 '브래지어 화형' 행사는 언론에 의해 과장된 측면이 있었다. 실제로는 1968년도 미스 아메리카 선발대회에서 피케팅 시위를 하던 여성해방당 당원들은 단지 브래지어뿐 아니라

거들, 컬러, 가짜 눈썹 등 '생각 없는 얼뜨기 아가씨들'의 상징 전반에 대해 비판하며 이것들을 쓰레기통에 버리는 행사를 벌였다고 한다. 매릴린 옐롬, ≪유방의 역사≫, 359-360쪽) 또한 브래지어가 여성의 건강에 끼치는 위해성에 대한 연구 발표도 최근까지 지속되고 있다.[47]

그럼에도 불구하고 오늘날 한국 여성들에게 브래지어는, 다른 파운데이션 속옷(체형 보정 속옷)인 코르셋, 거들, 올인원 등에 비해 상용성이 매우 높다. 한국 여성들은 유방이 발육되기 시작하는 사춘기 때부터 거의 대부분 브래지어를 착용할 것을 강요받고 있다. '노브라'의 상태로 거리를 활보하거나 TV와 같은 방송에 모습을 비추는 것은 '경범죄'에 가깝게 여겨지고 있다. 특히 유두가 도드라지는 것을 한국인들은 매우 큰 노출로 여긴다. 최근에 새로운 패션 트렌드에 의해 노출이 가능한 브래지어 끈을 개발하기도 했지만, 대부분의 경우에는 브래지어 끈만 옷 바깥으로 보여도 부끄럽게 느끼도록 하는 사회적 분위기가 오랫동안 지속되어 왔다.

그렇다면, 브래지어는, 여성을 억압하는 도구이기만 한 것인가, 아니면 개별 여성의 몸이 가진 한계와 콤플렉스로부터 '해방'시켜주는 수단일까? 답을 내리기는 쉽지 않다. 브래지어는 여성들의 가슴 선을 아름답게 보정해줌으로써 타고난 신체적 '결함'을 '극복'하게 만들어주었다. 하지만 그러한 '선'의 미적 '표준'이 존재한다는 것 자체, 그리고 그 표준에 못 미치는 몸들로 하여금 '결함'으로 여겨 콤플렉스를 느끼게 하거나 이를 '교정', '보완'하게 만든다는 것은 한편으로 여성들에게 억압일 수 있다.

그러나 억압/해방의 양자택일의 문제로 보기 어려울 만큼 이러한 'S라인'에 대한 강박에는 복잡 미묘한 여성들의 욕망이 얽혀 있다. 아름다운 몸이 되고자 하는 욕망은 단순한 강요나 학습에 의해서 만들어지는 것이 아닌, 여성의,

아니 인간 모두의 근원적 욕망이기도 하기 때문이다. 그래서 ≪유방의 역사≫를 쓴 옐롬Marilyn Yalom의 다음과 같은 말이 오히려 진실에 가까운 것이 아닐까?

> 그러나 여성들을 미셸 푸코의 말대로 '길들이기 쉬운 몸'으로만 그리기는 사실 어렵다. 즉 그들을 상업적으로 이용당하는 희생자나 그들 자신의 억압에 동조하는 협력자로만 그리기는 결코 쉽지 않다는 말이다. 예나 지금이나 여성들은 항상 외부의 압력에 세뇌당하는 희생자 이상이었다. 남성의 시선이 갖고 있는 폭압적인 힘과 일반적으로 남성들보다는 여성들에게 더 많은 영향을 끼치는 패션의 권위적인 단정에 대해서는 당연히 매도할 충분한 이유가 있지만, 그렇다고 해서 이런 문제에서 개인의 선택을 부정하는 것은 어리석은 일이다. 때로는 우리의 선택이 맹목적이고 또한 우리 자신의 욕망이 아닌 타인의 욕망을 대변하고 있다는 사실조차 모른 채 종종 다른 사람들을 즐겁게 하기 위해 선택을 하는 것도 사실이지만, 그래도 결과적으로 우리의 선택은 일반적인 의미의 복지에도 기여하고 분명히 유쾌한 느낌인 섹시하게 보이는 데도 기여하는, 우리 내부의 미적인 이상(그것이 아무리 사회적으로 만들어진 것이라 할지라도!)에 따른 것이다.[48]

옐롬의 말대로 브래지어를 착용하는 것은 '타의'에 의해서만이라고 단정할 수 없다. 물론 브래지어를 거추장스러워하는 여성들이 많은 것도 사실이지만, 여성들이 화장을 하는 것이 단지 강요에 의해서만이 아니듯, 여성들이 자신의 몸을 아름답게 꾸미고자 하는 것, 그리하여 더 많은 사람들에게 자신이 매력적인 여성으로 보이기를 바라는 것은 '자의'에 의한 욕망이기도 하다. 따라서 여성들에게 브래지어를 모두 벗어던지라고 주장하는 것은, 사실 여성들에게 브래지어를 꼭 착용하라고 강요하는 것 못지않은 또 다른 억압이 될 수 있다.

단, 몸에 대한 학술적, 미적, 윤리적 기준은 언젠가 또다시 바뀔 것이다. 브래지어라는 속옷을 바꾸거나 사라지게 만드는 것은 그 이후에야 가능한 일이 아닐까.

영화 〈맨발의 청춘〉(1964)에서 젊은 몸 읽기

1960년대 우리나라에서 젊고 아름다운 몸이 어떻게 표상-구성되었는지를
청춘영화 〈맨발의 청춘〉(1964)을 통해서 살펴본다.
한편으로 생물학적으로 젊은 몸들이 있다면,
다른 한편으로 젊은 몸은 사회적, 이데올로기적으로 구성이 된다.
카메라의 시선은 당시의 젊은 몸들을 어떻게 일상적 풍경으로 담아내는지,
즉 재현 방식이 논의의 초점이다.
그러나 멜로드라마임에도 불구하고
〈맨발의 청춘〉에서 청춘의 몸은
정치적 불온성을 폭발하는 계기가 되기도 한다.

임지연

젊은 몸들의 표상방식은 시대적 지층에 따라 성격을 달리해왔다. 가령 식민지 '신여성(모던 걸)'들은 단발머리, 짧아진 치마, 굽 높은 구두를 신고 유행을 선도하였다. 이 근대화된 젊은 몸들은 새로운 근대 문물을 이식받으며, 자유연애를 통한 자아의 실현과 민족의 근대화를 향한 선구자적 요구를 실천해야 할 여전사의 임무를 부여받았다. 이들에게 자유연애란 근대를 실천하고 완성해야 할 새로운 사상이었다.

연애를 하면서도 모던 걸들은 젊음을 충분히 연소하지 못한 채 무거운 시대적 요구에 짓눌려졌다. 나혜석(1896~1946)의 연애와 결혼, 그리고 파탄의 드라마를 보자. 나혜석은 1913년 여성으로서는 상당히 일찍 일본에 유학하여 동경여자미술전문학교 유화과에서 공부하였다. 일본 외무성 관료가 된 김우영과 결혼하여 구미 각지를 여행하게 되는데, 이때 파리에서 천도교 지도자 최린과 만난 이후 불륜이 알려지게 되어 김우영으로부터 이혼을 요구받는다. 그리고 "정조는 도덕도 법률도 아니라 단순한 취미이다."라는 정조에 관한 남녀 불평등을 비판하는 〈이혼고백장〉(≪삼천리≫ 1934. 9)을 발표한다. 그러나 가족과 친척, 사회로부터 완전히 배척당하게 된다. 이 시기 오히려 화가와 작가적 삶을 살게 되지만 결국 행려병자가 되어 떠돌다가 무연고자의 신세로 생을 마감하였다. 화려하고 충격적이었던 등장만큼이나 신여성들이 짊어져야 할 선구자적 운명은 이처럼 무겁고 가혹한 것이었다.

1950년대의 젊은 여성들은 '아프레 걸전후 여성'로 표상된다. 제2차 세계대전 이후 구질서에 반항하는 한때의 젊은 세대를 지칭하는, 프랑스어 '아쁘레 게르Apré-guerre'에서 온 말이지만,[1] 한국전쟁 후 한국에서는 미국의 퇴폐 문화를 무비판적으로 추종하는, 정조관념 없고 물질주의적인 여성을 가리키는 말로 통용되었다. '박인수 사건'이나 '자유부인 논쟁'에서 볼 수 있듯이 '아프레 걸'은 육체적, 퇴폐적, 향락적, 비도덕적이라는 젊은 여성 몸의 표상으로 자리잡으며, 전후 국가 재건 과정에서 '공공의 적'[2]이 되어 갔다. 식민지 시기 모던 걸의 계몽적인 선구자에 비해 지위가 다소 하락한 셈이지만, 이들의 젊은 몸은 공작새처럼 현시되었다. 육체성에 치우쳐진 채 지극히 부정적인 방식으로 말이다.

그러나 1960년대 초반에 오면 젊은 몸이 다루어지는 방식은 달라진다. 대학생이 주축이 된 4·19혁명, 자유당 정권의 몰락과 노인 이승만의 하야, 선글라스를 낀 젊은 박정희의 사진으로 표상되는 5·16쿠데타, 한일회담 반대 시위. 이 시기는 다중적이고 격동적으로 끓어넘쳤다.

대학생, 젊은이, 여대생의 순수한 젊은 몸들의 피로 얼룩진 4·19세대의 등장과, 노쇠하고 늙은 이미지의 이승만 정권의 몰락과 함께 1960년대는 열렸다. 이 시기 새세대론은 젊은 세대, 신세대, 새로운 세대, 청년, 청년 계층, 젊은이, 젊은 대학생, 대학생, 여대생, 지식여성, 청소년, 사춘기 결혼적령기의 청년들, 소녀, 청춘으로 부단히 반복된다.[3] 특히 '청춘'이라는 말은 '새세대'를 감성과 분위기의 차원에서 호명할 때 일컬어졌던 말이다. 가령 이런 것이다.

> 민족과 국가의 점잖음과 지조와 예의와 체면과 삼강오륜이 구세대에 가까운 개념이라고 한다면, 개인과 연애와 다방과 데이트와 춤과 타산과 당구와 자유로운 감정표시와 와일드한 행동 등은 신세대에 친근감을 주는 말들이다.[4]

남성 지식인 중심의 잡지 ≪사상계≫에서조차 역사의 주체세력으로 새롭게 호명된 젊은 세대를 "개인과 연애와 다방과 데이트와 춤과 타산과 당구와 자유로운 감정표시와 와일드한 행동"으로 해석한다는 것은 젊은 세대를 다분히 감성과 행동의 차원에서 이해하고 있음을 방증한다. 그만큼 이 시기 젊은 세대는 문화, 감성, 몸의 차원에서 이해되고 있었다는 얘기다.

다시 말하자면, 1960년대 초반 젊은 몸들은 '새세대'라는 역사적 주체, '청춘'이라는 감성적 주체로 호명되었다. 이는 집단의 차원에서는 역사적 권력주체로, 개인의 차원에서는 자유로운 감수성으로 이해되었다. 특히 4·19에 의해 통용된 행동하는 몸, 피 흘리는 몸으로 표상되는 젊은 몸들은 "개인과 연애와 다방과 데이트"

하는 개인화된 몸들로 인식되었다.

1960년대 초반에 나타나 중후반까지 줄기차게 만들어지고 최대 관객몰이를 한 '청춘영화'들의 배경에는 이처럼 1960년대 청춘담론의 맥락이 존재한다. 청춘영화의 등장 배경을 고무신 관객에서 젊은 관객으로의 이행이나, 영화법 제정과 개정이라는 영화적 혼란기라는 배경, 사극의 공백기를 채운 독특한 장르만으로 해석하기에는 부족하다. 청춘영화는 1960년대 새세대론과 청춘담론에 의해 전제되었고, 영화적으로 폭발되었다.

청춘영화는 1960년대의 특산물이었다.[5] 1963년 〈가정교사〉, 〈청춘교실〉이 크게 히트하면서 본격화되기 시작하여 1964년 〈맨발의 청춘〉이 그 정점에 이르렀다가 1968년에는 거의 사라지게 된다. 젊은 관객, 아카데미 극장이라는 청춘물 전용의 젊은 공간, 엄앵란-신성일의 스타 시스템, 재즈와 트위스트, 점퍼와 청바지, 샤넬 라인과 H실루엣의 우아한 원피스, 댄스홀과 다방, 맥주와 양주, 아파트와 이층양옥의 현대적 공간, 택시와 버스가 질주하는 거리의 속도감들은 청춘영화의 물질적 조건이 되기에 충분했다. 젊은 관객과 젊은 스타, 젊은 감독들은 청춘영화라는 접점에서 당대 고유한 문화들을 생성하고 소비하였다.

청춘영화의 중심에는 엄앵란과 신성일이라는 스타가 있었다. 청춘영화는 한국적 상황에 맞지 않는 "빌려온 현실", "국적불명"이라고 비난받았으며, 일본 영화의 표절이라는 점에서 평단의 평가는 낮았다. 단지 "23일간의 롱런으로 히트하자 우리 영화계는 앞을 다투어 신성일 엄앵란 콤비를 비롯한 젊은 배우들을 써서 (……) 찍어낸 하나의 붐"[6] 현상이라고만 보았다. 그래서인지 각종 영화상과 우수영화상에서 탈락했으며, 겨우 민간투표의 인기상에만 신성일 엄앵란이 1위를 하는 정도였다. 영화계 내부에서는 그저 대중의 인기에만 영합하는 작품으로 평가되었

1964년 개봉된 이 영화는 당대 젊은 관객을 위한 영화였다. 청춘영화의 전당 '아카데미 극장'이라는 젊은 몸들을 위한 공간, 엄앵란-신성일이라는 청춘스타를 탄생하게 했다.

영화 〈맨발의 청춘〉 포스터.

고, 언론은 일본 영화 표절, 리얼리티가 결여된 국적불명이라는 점을 반복적으로 지적했다.

평단의 평가는 제대로 받지 못했지만, 그럼에도 배우 엄앵란과 신성일의 인기는 대단했다. 이들은 당대 최고의 커플 김지미-최무룡, 도금봉-남궁원, 최은희-신상옥과는 다른 지점에 있었다. 다른 스타 커플들은 스캔들의 중심에서 순수하지 않은 몸 혹은 섹슈얼한 몸으로 표상되거나, 견고한 중년의 몸으로 대중에게 다가갔다. 1963년 내내 김지미(당시 24세)와 최무룡(34세)의 불륜 스캔들은 신문지상을 달구었다. 1962년 도금봉(33세)과 남궁원(29세) 역시 2년간의 동거생활을 끝냈으며, 스타 최은희는 이미 40이 가까운 나이였고, 〈사랑방손님과 어머니〉 이후 '과부배우'라는 이미지가 고정된다. 이들은 이처럼 순수하고 젊은 몸의 이미지에서 멀어졌다.

그러나 엄앵란과 신성일은 달랐다. 순수하고 지성적인 몸(엄앵란), 잘 가꾸어진 과잉 몸짓의 섹슈얼한 젊은 몸(신성일)을 보여줄 뿐 아니라, 두 콤비가 스캔들 없이 연애와 결혼으로 이어진다는 점에서도, 영화 속 순수하고 낭만적인 몸들이 제도 안으로 진입하는 과정까지를 보여준다. 스크린 안과 밖에서 젊고 순수한 몸으로 존재할 수 있었던 이들은 당대 청춘의 아이콘으로 충분히 기능할 수 있었다.

식민지 시기 모던 걸이나 모던 보이들이 선구자의 역할 때문에 계몽의 담론 아래 자신의 몸을 충분히 연소하지 못했으며, 1950년대 아프레 걸의 개방된 몸들이 국가 재건의 공공의 적으로서 부정적으로 호명된 반면, 1960년대 청춘스타의 순수하면서 동시에 유순하지 않은 몸은 새세대론의 궤도 내에서 대중적 열망에 의해 환호받는다. 1960년대 초반 젊은 몸들이 통용되는 방식은 그 이전과는 사뭇 달랐던 것이다.

1960년대 초반은 근대화 프로젝트가 본격 가동되기 위한 조건을 형성하고 있었다. 가령 영화법은 1962년 처음 공포된 후 찬반양론에 휩싸였고, 두 차례 개정을 한 뒤 1960년대 후반에서야 통제력을 발휘할 수 있었다. 박정희식 압축돌진형 권력이 세련된 통치기술을 구축하기까지 권력장은 도전과 분화, 재도전과 균열의 불안정한 풍랑 속에서 흔들려야 했다. 실제로 5·16쿠데타 이후 1964년 한일회담 반대운동까지 지식인과 쿠데타 세력은 상당히 우호적이었다. 1964년 지식인의 저항이 시작되기까지 이들은 쿠데타 세력을 묵인하거나 우호적으로 바라보았다.[7] 이 틈바구니 속에서 청춘영화는 발생했다 돌연 사라졌다. 1968년이 되면 청춘영화는 거의 모습을 감춘다.

이 시기 젊은 몸들은 어떤 방식으로 불안정한 일상을 견뎌냈을까? 젊은 몸들은 광범위한 새세대 담론과 함께 역사주체로 호명되었지만, 박정희 권력이 구축되면서 서서히 쫓겨나가야만 했다. 환호와 열망, 환멸과 불온의 두 물결 사이에서 행로를 타진해야 했던 젊은 몸들은 어떤 방식으로 자신을 표상했을까?

청춘영화라는 1960년대의 장르적 문법을 읽어낼 필요는 여기에 있다. 아직도 우리가 근대의 자장권磁場圈 안에 있다고 한다면, 본격적인 근대화의 첫 단추를 꿰는 이 시기의 몸을 읽어내는 일은 지금 우리의 젊은 몸들의 자화상을 읽어내는 일과 다름없다. 특히 젊은 여성의 몸에서 여전히 섹슈얼리티와 지성성이 대립되어 표상되는 방식은 이때의 청춘영화에서부터 배우, 매스컴, 극장, 관객들에 의해 시스템화되고 있다. 우연이 아니라 시스템의 발생원인이자 결과인 것이다. 그 시스템이 어떻게 중층적으로 구성되는지를 추적하는 일이 이 글의 목적이다.

또한 청춘영화가 당대 젊은이들의 풍속도를 거울처럼 담아내고 있다는 점에서 그들의 일상과 몸의 표상방식을 읽어낼 수 있는 흥미로운 텍스트라고 보인다. 청춘스타의 대명사였던 엄앵란-신성일이 출연한 1964년작 〈맨발의 청춘〉은 가장 대표적이고 전형적인 청춘영화였다. 이 영화를 중심으로, 역사적 주체였으며 감수성의 주체로 호명된 1960년대 초반 젊은 몸들의 일상의 표상이 어떻게 운동하고 작동하는지를 읽어내려고 한다. 영화 텍스트 외부의 측면에서는 배우들의 성격과 스타성이 어떻게 구성되는지의 문제를, 텍스트 내부에서는 당대의 풍속이 어떤 영화적 방식으로 구조화되고 일탈하는지 살펴보려고 한다.

엄앵란과 신성일, 청춘-스타-몸의 탄생

전속스타제의 시도와 함께 1950년대 후반부터 한국영화는 '스타시스템'으로 꾸려졌다. 동시에 10편 정도의 영화에 출연해야 하는 배우들의 문제를 해결하고, 영화제작의 안정화를 꾀할 수 있다는 점에서 전속스타제도는 환영받았다. 그러나 스타시스템은 현실을 고려하지 않고 기업화된 할리우드식 시스템을 꿈꾸었던 영화법 제정처럼 싸움만 거듭될 뿐이었다. 톱스타전속제를 둘러싼 영화사 대 배우의 갈등은 배우 대 공보부의 갈등으로 진화될 조짐을 보이면서 스타전속제는 안착될 수 없었다.[8] 결국 스타전속제는 사라질 수밖에 없었다.

1960년대 초반 제도적 스타시스템은 영화기업화라는 국가정책의 개입으로 시행되다 사라졌다. 물론 이때의 스타시스템이란 현대적인 배우 관리시스템이 아니라, 영화사를 기업화시키기 위한 국가 기획의 하나였다. 메이저급 영화사를 건립하기 위해 몇 명의 주연급 배우가 전속되어 있는가의 문제였다.

국산영화의 질이 향상되고 국산영화의 팬이 급증했지만, 관객에게 영화적 즐거움을 가장 크게 줄 수 있는 배우의 문제는 제도적으로 해결되지 못했다. 물론 엄앵란과 신성일은 스타전속제가 시행될 때에도 영화사에 들어가지 않은 채 자유계약으로 활동했다. 스스로 다른 배우와의 구별짓기 방식으로 스타이미지를 만들었을 뿐 아니라, 실제 삶과 영화적 삶이 교묘하게 얽혀 들어가면서 이들의 청춘스타 이미지는 대중(관객)과 언론에 의해 구성되어갔다.

관객은 배우가 영화의 작가이기라도 하듯 배우를 염두에 두고 영화의 성격을 판단한다.[9] 관객의 입장에서 본다면 배우는 영화적 즐거움을 가장 크게 줄 수 있는 영화적 장치이다. 또한 전이의 과정을 통해 배우와 배우의 역할에 자신을 동일시한다. 이때 배우는 실제 인물이 아니라, 관객과 매체에 의해 허구적으로 구성된다. 1960년대 초반은 영화사에서 스타들을 관리하는 시스템이 아니었기 때문에, 이 시기 배우들은 적극적으로 자신의 이미지를 만들어나가기도 했다. 그것은 만들어나가면서 만들어지는 효과라 할 수 있었다. 엄앵란의 경우가 특히 그러했다.

1960년대는 영화산업이 폭발적으로 발전하던 시기였다. 관객 수가 급증하면서, 다양한 장르의 영화들이 100편에서 200여 편 가까이 쏟아져 나왔다. 스타론이 제출될 만큼 영화의 인기도 드높았다. 1961년도 ≪여원≫에 발표된 글을 보면 스타에 대한 나름의 전문적인 인식을 엿볼 수 있다.

> 스타들은 (……) 현대의 영웅들이다. 현실생활에서 좀체로 이루어지지 못하는 욕구심리의 발로 (……) 스타가 인기를 가졌다는 것은 집단의식의 비준을 받았다는 것이다. 집단의식의 비준이 예술창조의 중요한 인소(因素)가 되고 있다는 것은 경험하여 이해하는 바이다. (……) 인기의 비밀은 일단 만들어진 타입의 영속성을 어떻게 훌륭하게 이용하느냐는 문제 (……) 이들은 특수상품

처럼 착각을 일으키게 하고 있다. (……) 스타 담에 오르기까지에는 인공적인 노력이 필요하다. 또한 스타란 유행성과 행운의 물결을 타야 한다.[10]

스타의 제1인기비결은 몸이었다. "그레타 갈보의 신비스러운 눈동자, 마리네 디트리히의 백만불의 다리, 마릴린 먼로의 위대한 힙프, 데보라 카의 우아한 미간, 오드리 햅번의 골격미, 찰튼 헤스튼의 가슴털"을 예로 든다. 스타는 스크린에서 몸의 연기로 보여진다는 점에서 위 인용문은 스타의 존재미학을 잘 파악하는 글로 읽혀진다. 또한 대중의 집단적 합의(비준)에 의해서 형식화된다는 점을 지적하면서, 스타의 조건은 연기력이나 실제 삶의 진실 따위와는 관련 없이 대중에 의해 구성된다는 점을 지적하고 있다.

이 시기 영화의 공론장에서 스타는 제대로 이해되고 있었다. 당대 엄앵란, 최은희, 김지미, 신성일, 김진규, 최무룡, 신영균은 이미 대중의 비준을 받고 스타로 등극하여 스크린과 각종 미디어에서 자신의 스타 이미지를 생성, 소비, 증식하고 있었다. 물론 지금처럼 영화사의 철저한 기획에 의해 관리되고 상품화되고 유통되지는 않았지만, 관객의 상징화와 대중의 비준, 스크린에서의 역할, 실제 삶과의 연관성, 의도적인 구별짓기를 통해 형성되었다.

엄앵란이 소통되는 방식을 보자. 비육체파 처녀형, 청순한 처녀형 스타, 서민적이고 천하지 않은 개성, 지성미의 학사 배우, 교양미와 지성미, 스캔들 없이 맑은 하늘, 청초하면서 지성미 있는 난초꽃 같은 배우, 청초한 지성미, 오드리 햅번과 같은 순결성으로 통용되었다. 엄앵란에 대한 이러한 평가는 1960년대 초반 ≪여원≫, ≪조선일보≫ 등에서 이루어졌다. 엄앵란의 가장 큰 변별력은 학사 배우라는 점이었다. 숙명여대 가정과를 졸업한 엄앵란은 늘 지성미를 겸비한 배우로 인식되었고, 자신 역시 그 점을 강조하였다.

1960년대 초반 여성의 아름다움이 구축되는 방식은 '지성미'의 겸비였다. 당대 유명한 영화감독 유현목은 "육체미란 푸줏간에 걸린 고깃덩어리가 아닌 이상 내적인 아름다움인 지성미와의 융화에서 형성되는 것"이라고 한 바 있다. 또 여성의 아름다움을 수치화하는 미스코리아 선발에서 가장 근원적인 기준은 '교양미'였다. 심사위원에게 "미인이란 (……) 교양에의 길을 꾸준히 닦는 여인"[11] 이었다. 육체적 아름다움만 가지고는 미는 불완전한 것이었다. 교양미와 지성미를 겸비하지 않으면 완성될 수 없었다. 현대 여성의 아름다움은 이런 방식으로 요구받고 있었다.

엄앵란은 자신의 스타성을 지성미로 강조하였다. 비육체파 처녀배우라는 타이틀 역시 지성미를 강조한다. 배우의 육체성은 성적 섹슈얼리티의 다른 이름이었기 때문에 육체를 배제하면서 대신 청순함을 내세웠다. 청순함은 소녀의 몸을 이미지화한다. 따라서 엄앵란은 학사 배우라는 점을 늘 강조하면서 자신의 몸을 순수한 처녀라는 깨끗하고 말랑말랑한 것으로 구축하였다. 지성적 이미지에 흔히 부여되는 딱딱하거나 날카로운 의미화를 피해갔다.

스타 엄앵란은 자신의 몸을 스스로 관리해나갔다. 언론에 자신을 노출할 때마다 숙명여대 출신임을 늘 강조하면서 지성적인 측면으로 몰아갔다. 지성의 측면이란 자기반성을 할 줄 아는 이성을 가졌다는 점이었다. "영화 제작에 필요한 인간소품"[12] 같은 여배우로서의 자신을 반성했으며, 학사모를 쓴 사진을 함께 게재하면서 자신의 지성미를 시각화하였다. 또한 시집을 내기도 하면서 자신의 멘털리티를 드러냈다.

지성미와 청순미를 지닌 스타-몸은 당대 함께 활동했던 여배우들과의 차별화를 통해서도 이루어졌다. 그가 육체성을 배제한 이유는 김지미, 도금봉과의 변별력을 높이기 위한 전략이기도 했다. 김지미는 재력가 집안의 딸이었으며 상당히 화려한 미모를 갖추고 있었기 때문에 빠른 시일 내에 스타덤에 오른 배우이다. 특히 최무룡과의 스캔들에 의해 섹슈얼리티와 관련한 이미지를 부여받게 된다. 1963년 내내 언론은 이들의 불륜과정과 처벌과정을 전달하면서, 그의 스타-몸의 특징은 화려하지만 비윤리적인 섹슈얼리티로 만들어갔다.(이후 엄앵란, 신성일과 비교한 당대 배우들의 특징은 ≪여원≫(1961)을 중심으로 종합한 것이다.)

스타 도금봉의 유통방식은 "남성을 호리는 듯한 표정", "정열의 화신"이었다. 역시 요염한 섹슈얼리티의 몸으로 존재하는 배우였다. 김지미와 도금봉은 둘 다 이혼의 경험을 갖고 있었다. 이들의 섹슈얼리티는 순수하지 않게 보일 수밖에 없었다. 따라서 엄앵란이 자신의 스타성을 지성과 순수, 청초함 쪽으로 밀어붙인 것은 당대 스타 여배우들과의 차별화 전략이었던 셈이다. 신성일과 열애설이 나올 때에도 엄앵란은 극구 부인하면서 스캔들을 관리했다. 이런 점에서 볼 때 엄앵란의 스타-몸의 특징은 청춘영화의 여주인공과 아주 잘 맞아떨어진다.

영화 〈맨발의 청춘〉에서 여주인공 요안나 역인 엄앵란의 연기는 움직임이 적다. 신성일의 과도한 움직임에 비해 그녀의 움직임은 최소한의 수준에서 연기된다. 극중 다른 젊은 여배우들이 트위스트를 추거나, 술을 마시면서 몸을 활달하게 움직이는 반면, 엄앵란의 연기는 걷거나 앉아 있거나일 뿐이다. 걸을 때도 최소한의 움직임으로 걷는다. 물론 그녀의 신장은 158센티미터 정도이며 몸매도 육감적이지 않다.

의도적으로 그녀는 자신의 몸을 드러내지 않기 위해 애쓰는 것 같다. 섹슈얼리티를 배제하기 위해서이다. 과다한 섹슈얼리티는 비지성적일 수 있었다.

앞에서도 보았듯이 아름다움이란 육체성만을 가지고는 완성되지 않는 것으로 여겨지던 시절이었다. 육체성의 강조는 지성미의 결여처럼 보일 수 있었다. 움직임이 적고 몸을 드러내지 않는 그녀의 연기는 '지성미의 학사 배우'라는 스타-몸을 만들기 위한 효과이면서 그것의 결과였다.

엄앵란이 자신의 지성미를 드러내기 위해 섹슈얼리티를 억제하며 움직임이 덜한 젊은 몸, 순수한 젊은 여성-몸으로 부각되었다면, 신성일의 경우는 과도하게 몸을 움직이는 연기와 의도적으로 드러내는 맨몸, 자연스럽게 온몸에서 배어나오는 섹슈얼리티를 감추지 않으면서 본격적 의미의 스타로 떠올랐다.

> 신성일이라는 스타를 통해 한국 영화배우계는 세대교체를 하게 된다. 김진규나 김승호는 아주 토속적이면서도 정통적인 것을 지키는 고루한 분위기였는데 반해 신성일의 표정과 제스처는 정말 새로웠다. 예를 들어 키스 신 같은 경우는 정말 키스를 하는 표정이었으며, 〈맨발의 청춘〉 등에서는 정말 사랑을 위해 죽을 수도 있다는 절박한 상황을 묘사했다. 신성일 이미지의 정체는 남성적인 박력이 넘치는 로맨스 정서다. (……) 신성일은 대담하다. 남성적이라기보다는 도발적이다. (……) 1960년대 관객들에게 신성일의 외모와 행동방식은 맘에 들었다. 연기는 없다.[13]

신문기자였던 김두호는 당대의 신성일을 이렇게 평가하였다. 신성일의 스타성은 그 특유의 몸에서 비롯된다. 다른 남자 배우들과 달리 새로운 표정과 제스처, 남성적 박력, 대담함은 젊고 잘 가꾸어진 몸에 의해 표현될 수 있었다.

가령, 〈맨발의 청춘〉에서 신성일은 권투를 즐기고, 방 안에 운동기구를 걸어 놓고 있으며, 상체를 맨몸으로 드러내는 씬이 자주 반복되며, 마지막 부분에서는 거적에서 삐져나온 하얀 맨발(흑백영화이기 때문에 더욱 하얗게 시각화된다)을 보여준다. 그의 탄탄하고 잘 가꾸어진 아름다운 몸은 청춘스타로서의 물질적 토대로서 충분했다. 당대 다른 배우들은 어떤 누구도 젊은 맨몸을 거침없이 드러내지 못했다. 김진규는 내향적이며 침착한 연기파 배우, 행동파가 못되는 배우로 평가받았으며, 중앙대 법대 출신인 최무룡은 생각이 깊고, 조용하며 여성적인 성격으로 비쳐졌다. 젊은 스타로 부상하기 시작한 신영균의 경우도 신성일과는 달랐다. 신영균은 액션 연기를 잘 하는 성격적 연기파로 통했지만, 무뚝뚝한 바위형으로 평가되었다. 그는 치과의사 출신이었으며, 1950년대에 이미 결혼한 상태였다. 20대의 건들건들하고 자유로우며 밑바닥 인생의 거친 몸을 표현하는 신성일과는 사뭇 다른 지점에 있었다. 젊은 몸이 뿜어내는 패기나 경쾌함은 보여줄 수 없었다.

이들은 공통적으로 연극배우 출신이거나 연극의 경험을 가지고 영화계에 진출했기 때문에 무엇보다 연기력으로 인정받고 있었다. 그러나 신성일은 연기 이전에 느닷없이 떠오른 스타였다. "연기는 없다"는 말은 연기력에서 떨어진다는 평가절하의 의미라기보다는 연기파 배우와는 다른 의미, 스타의 전형성을 드러내는 말이다. 연기 이전에 그는 젊고 가꾸어진, 섹슈얼하지만 낭만적인, 건들거리는 과잉 행동의 몸이 있었다.

배우의 아름다운 몸은 대중과 관객에게 직접 다가갈 수 있는 영화적 조건이다. 신성일이라는 영화적 기호는 대중과의 접점에서 주로 형성되었던 것 같다. 신성일은 각종 영화상에서 제외되었다. 상의 기준은 연기력, 작품성이었던바, 신성일은 그 기준에 미흡한 배우였다. 제2회 청룡영화상 남녀 인기상 수상 정도에 머물렀다. 청춘물은 다른 문예물이나 사극과는 달리 가벼운 멜로 통속극이었기

신성일은 건들거리는 과도한 몸연기를 연출하였다.
연기력이 아니라, 젊고 아름다운 몸 보여주기는 스타탄생의 기본 조건이었다.

영화 〈맨발의 청춘〉(1964) 한 장면.

때문에 작품성 자체를 인정받기 어려웠고, 일본 영화 표절이 횡행하고 있었기 때문에 독창성에서 결핍되었으며, 신성일 역시 연기력보다는 인기로서 존재하는 배우라고 평가되었다.

가령 언론에서는 신성일의 인기비결을 엄앵란과의 스캔들 조작으로 파악하는 경우도 있었다. 청춘영화 콤비로 등장했던 두 배우는 사랑과 결혼이라는 루머를 유포하면서 관객의 인기를 받고 있다는 거였다. 이 지점에서 허구에 의해 유포되고 구성되는 스타론이 부각된다. 그의 스타성과 관련하여 "스타가 되기 위해선 아름다운 얼굴이거나 우수한 연기자일 필요도 없고 다시 PR맨 두지 않아도 된다. 다만 집단의식의 비준이 절대로 필요한 것"[14]이라는 인식을 하게 했다. 본격적 의미의 청춘스타가 탄생되고 있었다. 신성일의 회고에 따르면, 대구의 가난한 집안 출신으로 서울대 입시에서 낙방한 이후 호떡 장사를 하다가 1957년 '한국배우전문학원'에서 연기수업을 받기 시작했다고 한다. 우연히 신필름 신인배우 모집에 구경을 갔다가 당시 신필름 전속이었던 이형표 감독에 의해 픽업되었다. 2640 대 일의 경쟁이었다.[15]

〈맨발의 청춘〉에서 신성일의 몸이 드러나는 방식은 엄앵란과는 대조적이다. 엄앵란이 비육체파 처녀형 학사출신 여배우라는 특징으로 몸을 보여주고 있다면, 신성일은 과잉행동을 통한 섹슈얼리티적 육체성, 하층 건달로서의 비지성적인 거친 몸으로 드러났다. 엄앵란은 영화에서 대사관 집안의 유복한 대학생답게 우아한 드레스풍의 의복으로 몸을 감싼 채 나온다. 따라서 몸은 섹슈얼리티를 드러내지 않고 오직 순수한 처녀성을 강조하고 대학생의 지성미를 강조하는 방식으로 형식화된다. 두수 역의 신성일의 대사에 의하면 "어떻게 깨끗하고 이쁜지" "밝은 눈동자 속에 내 험상궂은 모습이 비쳐보이"는 "까만 눈"으로 엄앵란의 몸이 드러난다.

"까만 눈"은 지성과 관련된 몸의 특징이다. 눈이란 인식적인 감각기관이기 때문이다.

반면 신성일은 다방 카페 여급의 옷을 벗기려고 하고, 보스의 딸 '옥주'에게 대낮의 다방 안에서 가슴을 보여 달라고 거침없이 말하며, 바의 마담 집에 밤늦게 찾아가기도 하며, 대학 담벼락에 오줌을 깔겨버리기도 한다. 그리고 마지막 요안나와의 키스 신이 있는데, 얼굴이 구조물에 의해 가려진 채 화면이 구성되면서 순수하고 낭만적인 섹슈얼리티를 구사한다.

행동에 의해 드러나는 섹슈얼리티보다 더 강열한 것은 그가 보여주는 몸 자체에 있다. 신성일은 초등학교 시절부터 육상부를 할 만큼 운동을 잘 했다. 또한 신필름 전속기간인 5년간은 승마, 검도, 권투 등 다양한 운동을 연마하는 기간이었다.[16] 짧게 깎아올린 머리, 딱 달라붙은 청바지와 점퍼, 크고 깊은 눈동자, 건들거리는 몸짓, 팬티만 걸친 맨몸은 탄탄하고 싱그러운 20대의 젊은 남자의 체취를 강하게 표현한다. 당대 스타배우들이 보여주었던 전통적인 중년의 몸(김승호), 지적이고 차분하고 내향적인 몸(최무룡), 돌처럼 우직하고 딱딱한 몸(신영균)과는 달랐다. 그는 젊고 발랄한 섹슈얼리티의 몸을 보여주었던 것이다.

두수 역의 신성일은 하층민의 건달역을 맡으면서 특유의 과도한 건들거림으로 몸을 과장한다. 요안나를 위해 거리에서 택시를 잡아줄 때, "택시!"를 부르면서 팔과 다리를 건들대며 흔들어대는 장면을 떠올려 보라. 뿐만 아니라, 요안나를 희롱하는 건달패거리를 혼내줄 때도 힘 있는 액션이 아니라 몇 번의 과도한 몸짓으로 그들을 제패한다. 그것은 부족한 연기력을 대체하기 위한 배우로서의 연기패턴일 수 있겠지만, 특유의 건들거림은 당대 아메리카니즘에 열광하는 하층 젊은이들의 자화상이기도 하며, 엄앵란의 순수와 지성을 강조하는 움직임 없는 몸과 대조시켜 캐릭터의 강약을 조절하는 영화형식일 수 있고, 또한 맨몸이외에는 아무 것도 가진 것 없는 당대 젊은 청춘영화 관객의 동일시일 수도 있을 것이다.

메트로-서울의 일상의 경험과 '맨발'의 우연한 불온성

감독 김기덕은 한 인터뷰에서 자신의 영화 〈맨발의 청춘〉의 모토는 "다 새롭게 가자"였다고 말한 바 있다.[17] "영화문법적 연출을 벗어나서 (……) 전형을 다 부수"는 "모험"이었다고 회고하였다. 캐스팅, 카메라, 타이틀, 주제가 등 기술과 형식 면에서 새로운 것을 시도하였다는 것이다. 특히 "눈물도 한숨도 나 홀로 씹어 삼키며"로 시작되는 주제가는 대단히 특기할 만한 사항이었는데, 영화를 위한 주제가를 만든 것도 최초였다고 한다. 특히 이봉조의 주제가는 "파격적인 곡"이었고, "굉장히 낯선" 것이어서 "우리 정서에 저게 맞을까" 하는 "혼란"을 경험하였다. 이봉조의 음악은 자유로운 재즈의 형식에 멜로와 느와르의 영화적 색채를 담아내고 있었다. 이 곡으로 제2회 청룡영화상 음악상을 수상하기도 하였다. 주제가와 음악들은 선풍적 인기를 끌었다.

일본 영화의 표절임을 공식적으로 밝혔으면서 김기덕 감독은 왜 이 영화를 기존 영화문법을 벗어난 새로운 것이라고 말하는 걸까? 그 새로움에는 기존 1950년대 영화들과의 세밀한 대조와 비교를 통한 작업이 필요하겠지만, '몸'의 측면에서 본다면, 몸을 영화적으로 다루는 방식에 새로움이 있다고 볼 수 있다. 〈맨발의 청춘〉에서 젊은 주인공들(몸들)은 당대의 도시적 공간을 질주하고, 당대 최첨단의 대중문화의 현장을 가로지르며 청춘을 호흡한다. 어쩌면 이 영화의 주인공은 요안나 역의 엄앵란, 두수 역의 신성일과 함께 이들이 질주하는 도시 풍경일 수 있다.

지적이고 순수한 몸을 드러내는 엄앵란의 방식, 섹슈얼하고 과도하게 건들거리는 몸을 드러내는 신성일의 방식이 빛날 수 있는 이유는 이들이 당대 청춘문화를 직접 체험하고 그것을 구가하는 몸들이라는 점에 있는 것 같다. 다시 말한다면 몸은 1960년대식 첨단의 청춘문화를 직접 체험하면서 새롭게 등장한다. 가령 1950년대 젊은 몸들은 〈어느 여대생의 고백〉(신상옥, 1958)에서처럼 죄의식에 짓눌려야 했으며, 법정에서 자기 죄를 고백한 후에야 순수하고 자유로워질 수 있었다. 그러나 〈맨발의 청춘〉에서 젊은 몸들은 이미 순수하고 아름다운 몸을 가졌으며, 죄의식 없이 젊은 몸을 과감하게 드러낸다.

〈맨발의 청춘〉이라는 텍스트 내부에서 볼 때, 장소의 의미는 중요하다. 서울이라는 공간은 구체적인 장소를 중심으로 표상된다. 이때 서울은 추상적 의미의 공간이 아니라, 구체적 장소성으로 의미화된다. 영화에서 보여주는 서울이라는 구체적인 장소들은 집단적으로 규정된 장소의식을 유발한다. 이 장소의식은 동일한 정체성을 부여한다.[18] 청춘영화에 열광했던 관객의 입장에서는 특히 그러하다. 〈맨발의 청춘〉이 상영되었던 아카데미 극장은 청춘영화 전용극장이었다. 신성일이 회상하기로, 아카데미 극장은 조선일보사 바로 옆에 있었는데, 운영 역시 조선일보와 관련 있었다. 긴 복도 옆으로 수족관이 장식되어 있었으며, 이 복도를 15미터 이상 걸어 들어가야 영화를 볼 수 있는 특이한 인테리어였다.[19]

청춘영화의 소비자들은 젊은이들이었고, 이들은 1960년대 청춘담론의 중심에 있었다. 청춘영화와 청춘영화 전용극장은 구세대와의 식별을 위해서도 더없이 필요한 영화적 제도였다. 이들은 아카데미 극장에서 〈맨발의 청춘〉 속

서울이라는 근대화된 도시의 풍경을 보면서 자신들을 그 장소의 주체로 인식했다. 장소의식은 어떤 특정한 장소 안에 있다는 독특한 경험을 제공하면서, 이를 공동의 경험으로 묶는다. 청춘영화의 전당이었던 '아카데미 극장'에서의 체험과 영화 속 풍경들을 바라보면서 느끼는 경험은 자신들이 구세대와는 완전히 다른 존재이며, 1960년대의 전위적 근대성의 주인공이라는 감성을 공통으로 느끼게 하는 효과를 의도하였다. 앞에서도 말했던 것처럼 1960년대 초반의 새세대 청춘담론의 핵심은 문화, 감수성, 몸이었다. 자유롭고 개인적인 몸들은 청춘영화와 청춘전용극장을 통해 자신의 문화와 감수성을 욕망하고 구성하였다.

〈맨발의 청춘〉이 질주하는 장소는 1960년대 초반의 서울이라는 도시 전체였다. 하층민 건달 두수의 영역은 서울 뒷골목, 명동 거리, 바, 다방, 댄스홀, 원룸식 아파트. 반면 엄 대사의 딸인 여대생 요안나가 거주하는 이층 양옥집, 거실, 주방, 서구식으로 꾸며진 방, 클래식 음악 공연장, 대학교. 이 대립적 장소들은 추상적 공간이 아니라, 구체적인 장소의 성격을 띠며 영화의 중요한 형식이 된다.

가령, 카메라의 움직임은 영화언어를 생성하는 중요한 형식인데, 이 영화에서 카메라워킹은 특이하다. 모든 인물들의 배경에는 도시 풍경을 담아내고 있는데, 거의 강박적이다. 인물은 풀 쇼트, 미디엄 쇼트처럼 카메라와 일정한 거리를 유지한다. 이러한 거리감각은 비판적 관찰의 성격이 아니다. 특유의 거리감각은 서울이라는 도시와 풍경을 외면적으로 담아내기 위한 형식이다. 요안나와 두수가 데이트 장소로 삼은 '남산 어린이놀이터'는 높은 곳에 있어서 서울의 전체 풍경을 조망하게 해준다. 그러나 풍경은 배경 그 이상의 형식이다. 주인공은 요안나와 두수만이 아니다. 서울의 풍경도 중요한 캐릭터의 성격을 갖는다. 인물들이 1960년대적 청춘의 상징으로 존재할 수 있었던 것은 서울이라는 구체적 장소 안에 있었기

1960년대 초반 서울의 거리 풍경은 영화의 배경 이상이다.
근대적 도시 서울은 젊은 관객의 자기정체성을 확인하고, 청춘스타와 동일시하는 영화 형식이었다.

영화 〈맨발의 청춘〉(1964) 중 엄앵란-신성일이 서울 거리를 걷는 장면.

때문이다.

또한 이 영화에서 줌인이나 클로즈업은 거의 없다. 인물의 내면에는 그다지 큰 관심이 없다는 얘기다. 인물의 외면과 도시 풍경의 외면을 묘사하는 수준에 그친다. 카메라는 인물들의 깊숙한 내면이 아니라 발랄한 젊은 몸들의 외면에 관심이 더 많으며, 1960년대 청춘의 외부적 경험을 포착하기 위해 움직인다.

영화는 평행적으로 서술된다. 당대 군상들과 도시 풍경, 대중문화의 현장을 고스란히 담아내겠다는 카메라의 욕망이다. 카메라는 수평으로 이동하고, 피사체와는 일정한 거리를 항상 유지하며, 여러 인물을 한 화면에 담기를 좋아하고, 카메라 앵글을 주관적으로 사용하지 않는다. 공간 분할도 없고, 독특한 과장도 하지 않는다. 일정한 거리를 유지한 채 인물들과 도시 풍경은 함께 스크린에 담긴다.

카메라의 높이는 영화 표현에 영향을 주기 마련이다. 카메라의 각도가 너무 기운다면(하이 앵글, 로우 앵글) 비현실적 효과를 줄 수 있다.[20] 그러나 〈맨발의 청춘〉에서 카메라의 각도는 인물들과 같은 눈높이로 이동한다. 카메라는 수평이동을 하게 되는데, 동행자의 시선으로 세계를 바라보는 역할을 한다. 요안나와 두수가 거리를 걸을 때, 혹은 택시를 기다릴 때 카메라는 동행자처럼 이들을 바라본다. 이는 경쾌한 도시적 경험을 풍속도의 차원에서 묘사하는 데 용이하며, 관객을 동시대의 대중문화 현장 속으로 초대하여 참여하게 한다.

동행자의 시선으로 바라보는 1960년대 초반의 서울풍속은 세밀하게 묘사되어 있다. 전후 복구과정에서 서울의 재건은 특혜적인 것이었다. 교육, 전기, 수도, 신문과 라디오 방송은 서울에 급속히 보급되었고, 서구 문화 특히 미국 문화는 거리의 표면과 이면에서 넘쳐난다. 1960년대 서울의 도시화는 다른 도시에 비해 압도적인 것이었다. 서울은 6층 이상의 건물이 130여 개나 건립되었던 거대 메트로였다. 서울 거리의 간판 등 거리광고물의 정비를 위해 '광고물등단속법'이 제정되었던 때가 바로 1962년이다.[21] 〈맨발의 청춘〉은 급속도로 팽창되어가는 서울이라는 도시를 종횡무진 활보한다.

서울의 풍속도는 동행자적인 카메라 시선에 의해 다각적으로 보여진다. 서울이라는 도시는 단순한 공간적 배경을 넘어서서 이 영화의 중요한 캐릭터로 작용한다. 앞에서 살펴보았던 것처럼 카메라는 풀 쇼트나 미디엄 쇼트로 설정되면서 서울 풍경을 반드시 스크린 안에 담아낸다. 택시나 버스, 전차, 건물, 술집, 간판, 행인들의 옷차림과 같은 거리 풍경뿐 아니라, 다방이나 바, 댄스홀의 내부 풍경도 이 영화의 중요한 요소이다. 어쩌면 요안나와 두수 이외의 인물들은 당시 서울의 풍경과 풍속을 묘사해내기 위한 미장센의 형식으로 존재하는 것 같다. 그만큼 당대 서울이라는 도시 풍경과 풍속은 이 영화에서 중요한 역할을 한다.

1960년대 여성의 의상은 한복이 감소하고, 박스 실루엣과 색 드레스가 대표적이었다. 〈맨발의 청춘〉에서 요안나를 보면, 테일러 칼라나 가디건 스커트 슈트 혹은 원피스에 코트 차림이 자주 등장하며, 스커트 길이는 샤넬 라인이고, 전반적인 실루엣은 이 시기에 유행하던 H실루엣이다. 겨울이기 때문에 모직과 가죽 소재가 주가 된다. 머리모양은 웨이브가 들어간 단발이나 풍성하게 올린 머리로 리본 장식을 하는 경우가 있으며, 가죽 모자도 등장한다. 유복한 상류계층으로서 당시로는 고급스런 소재와 디자인의 양장을 착용하고, 청순한 이미지를 보여준다. 남성들은 캐주얼한 스타일의 니트 티셔츠나 남방, 아메리칸 스타일의 H라인 실루엣 슈트를 주로 입었다. 두수 역의 신성일 역시 캐주얼한 점퍼, 콤비 재킷, 스웨터나 T셔츠, 발목길이의 바지를 입어 젊은 남성 이미지를 보여준다.[22] 이처럼 의상은 당대 젊은이들의 최첨단 풍속도를 보여주는 기호였다. 카메라는 의상으로 기호화된 젊은 몸들의 당대성을 포착하려는 열망을 실현한다. 수많은 인물들은 유행하는 의상들을 입고 거리와 바, 댄스홀에서 화려하게 자신의 몸을 드러내는 데 여념이 없다.

연애와 데이트의 풍속은 어땠을까? '3T'는 당대 젊은이들의 유행어였다. 20대들에게 3T는 데이트Date, 아르바이트arbeit, 소트Thought였다.[23] '데이트'는 젊은이들에게 먹고 마시는 일처럼 일상적인 것이고 필수적인 것이었다. 문제는 데이트의 방식이다. 데이트와 관련하여 당시에 유행했던 말은 'NATO'였다. No Action Talk Only(행동은 말고 그저 얘기만)의 약자다. 혼전 남녀교제의 원칙 제1항목[24]으로 제시된 데이트 형식이다. 미국에서 직수입된 말이지만 미국에서는 '섹스의 구차스런 경원을 멸시한다'는 의미로 씌어진 것에 반해, 우리의 경우 권장할만한 데이트 미덕으로 받아들여졌다. '남녀 교제는 즐거운 것이지만 순진하게 향락하자'는 것이다. 육체성의 문제는 연애와 사랑의 문제에서 핵심적인 것이 아니라는 게 당대 연애담론이었다. 〈맨발의 청춘〉에서 남녀 주인공의 죽음 후에 의사는 요안나가 끝까지 처녀였음을 확인시켜준다. 요안나와 두수는 육체적 순결을 지켰으니, 이들의 사랑은 숭고한 사랑으로 관객에게 유포되었다.

섹슈얼리티가 인정되는 데이트 공간은 도시 바깥에 있었다. 당대 젊은이들의 자유로운 육체적 관계는 교외郊外에서나 허용될 수 있었다. 떡갈잎 뽀뽀, 나일론 뽀뽀, 수건돌리기 키스, 트위스트와 훽 댄스 추기, 음탕하고 유머러스한 시조時調 공동창작하기 등은 1960년대 교외 '아베크 족'의 데이트 방식이었다. 〈맨발의 청춘〉에서도 남녀 주인공의 섹슈얼리티가 실현되는 장소는 서울을 벗어난 과천의 빈 방앗간 안이었다. 일상의 도시 안에서 이들의 만남은 명동거리, 음악다방 카네기홀, 바 미시시피, 여대 앞, 신촌 주택가, 두수의 아파트, 합승 정차장, 실내체육관

앞, 장충단 고개, 드라마센터, 약국, 시청 앞 광장, 요안나의 집 응접실, 남산 어린이놀이터 등이다. 서울을 종횡무진하며 도시를 체험하는 일이 이들의 임무이며, 젊은 청춘영화 관객에게 서울의 데이트 장소를 소개하는 일이 도시체험의 목적인 것 같다. 그러나 일상-도시 안에서 이들의 사랑은 실현될 수 없다. 이들에게 도시는 사랑의 죽음을 선고하는 지옥과 같은 곳이었다.

죽음 직전 이들이 나누었던 서정적인 키스 장면은 도시 안에서는 이루어질 수 없었다. 도시는 이들에게 일상의 공간이다. 일상은 낭만적 사랑이나 숭고한 연인들을 담을 수 없었다. 계급을 뛰어넘는 숭고한 사랑과 제도에서 일탈한 순수한 몸들은 결코 일상의 영역이 아니었던 것이다. 단 한번의 키스(얼굴이 가려진 쇼트)는 도시공간에서 도망친 후 숨어들어간 과천의 외딴 헛간 안에서였다. 탈제도적인 이들의 숭고한 연애는 일상적인 것이 아니었기 때문에 일상-도시에서 쫓겨났던 셈이다.

이 영화는 멜로드라마의 구조를 띤다. 엄 대사의 딸 여대생 요안나를 거리의 건달인 두수가 우연히 구해주게 되면서 이들의 사랑은 시작된다. 요안나는 두수가 읽는 권투 잡지를 읽고 아령을 들고 운동을 하면서 주먹세계의 두수를 알고 싶어하고, 두수는 주스를 마시고 클래식을 들으며 요안나의 세계를 알고 싶어한다. 둘은 서울 거리를 종횡무진하며 만남을 갖게 되지만, 이들의 신분과 계급의 벽은 높기만 하다. 두수는 경찰에 의해 쫓기는 몸이 되고, 요안나는 부모에 의해 외국으로 쫓겨가야 할 상황에서 둘은 사랑의 도피를 감행한다. 그리고 과천의 빈 농가에서 동반자살한다. 요안나의 시신을 실은 고급차 행렬이 지나가고, 두수의 동생뻘인 트위스트 김이 거적에 덮힌 두수의 시신을 수레에 싣고 눈이 내려 질척대는 길로 교차해간다. 신분의 차이 때문에 이루어질 수 없는 두 청춘이 결국 죽음으로 사랑을 실현하려는 이야기는 흔하디 흔한 멜로드라마의 속성을 갖는다.

멜로드라마란 일반적으로 행동보다는 감정상태를 생산하는 예술로서, 비극적 정서에 기대어 가부장적 시스템에서 약자나 희생자의 위치에 처한 여주인공의 수난을 중심 드라마로 설정한다.[25] 멜로드라마의 구조에는 다소 고정적인 캐릭터들이 등장하는데, 선악의 명확한 구분과 고통 받는 남녀 주인공 혹은 희생적인 여성이 등장한다. 이 영화의 특이점 중 하나는 요안나와 두수 커플이 사회적으로 용인될 수 없는 비사회적 사랑을 하는데, 커플 중 약자는 오히려 두수이다. 두수는 요안나에 비해 계급적 하층민이고, 경제적으로 빈한하며, 직업도 없는 거리의 깡패에다 고아 출신이고 학력도 없다. 게다가 두수에게는 피학적이고 자조적인 성격이 부여된다.[26] 그는 "나라는 인간은 통 인격적인 데가 없"는 "쓰레기 같은" 존재로 스스로를 인식한다. 요안나와 함께 음악회에 갔다가 시비를 거는 깡패들과 두수는 싸우게 되는데, 손에 상처를 입는다. 약국에 들어가 요안나가 상처를 치료해주자 두수는 자신의 손을 "더럽다"고 말한다. 그 '더러운 손'이 바로 두수가 자기를 인식하는 방식이다. 반면 서구식 드레스를 입은 요안나는 더러운 두수의 손을 치유해주는 구원자로 배치된다.

자기희생적인 여성의 내러티브가 중심이 되는 기존의 신파조 멜로 구조에서 탈피할 수 있었던 이유는 두수의 약자적 성격에 있었다. 남성을 절대 약자화시킨 이 영화의 정치성은 여기에 있다. 젊은 세대의 욕구불만과 좌절 구조는 1960년대 청춘영화의 기본틀이었지만, 절대약자로 등장하여 절대소외자로 쫓겨나는 남성 인물은 이 영화의 특이성이다. 특히 그것이 몸으로 표현될 때 관객에게 느껴지는 실물감 혹은 현실감의 강도는 매우 강한 것이었다. 영화의 마지막에서 두수의 시신이 거적때기에 덮여 '맨발'이 드러난 채 수레에 실려가는 장면은 이

영화의 백미이자 멜로 구조에서 담아낼 수 없는 잉여들을 보여준다. 흑백영화이기 때문에 더 하얗게 보이는 두수의 맨발은 압축된 비극성을 보여준다.

맨발은 단순히 사랑이라는 절대성에 대한 젊은 몸의 패배 그 이상을 보여준다. 맨발은 당대 도시의 자본주의적 경쟁구도와 그 구도에서 패배한 자를 표상한다. 다분히 정치적일 수 있는 이 맨발 장면은 당시 영화가 개봉될 때 정치적으로 문제시되기도 했었다. "빈부격차를 너무 오도했다"는 것이다. 〈맨발의 청춘〉이 개봉되었던 조선일보 아카데미 극장 사장 방우영은 이 장면 때문에 청와대로 들어가 박정희에게 직접 로비를 벌여야 했다.[27] 맨발이라는 신성일의 몸은 정치적 불온성으로 표현되었던 것이다.

1964년 영화가 만들어지고 개봉되었던 시기는 4·19와 5·16이라는 정치적 격변을 거치면서 새로운 민주주의와 혁명에 대한 열기가 좌절되던 시기였다. 또한 압축돌진형 경제개발과 함께 근대적 의미의 자본주의적 노동시장이 본격적으로 만들어지던 시기이기도 했다. 노동시장 초기 단계에서 엄청난 과잉인구의 압력에 시달리면서 실업과 가난, 빈부격차의 문제는 구조화되었다.

근대적 자본주의의 본격화 속에서 청춘들은 계급 계층적으로 분화되어갔다. 분화란 곧 배제이며, 배제는 또한 소외인바, 배제와 소외의 주체들은 분노와 울분, 불안의 심리가 무의식적으로 사회화될 수밖에 없었다. 그 심리의 대중적 표현이 바로 〈맨발의 청춘〉에서 맨발이라는 몸으로 표상되었던 셈이다. 두수는 본격적인 노동시장에조차 참여할 수 없는 노동자 이하의 지위를 가진 '건달'이었다. 건달의 죽음이란 사회적으로 주목받을 만한 것이 아니었다. 그러나 지고지순한 사랑 때문에 죽음에 이르는 멜로의 문법에 충실한 이 영화는 그 멜로적 문법 때문에 건달의 맨발이 정치적 불온성을 우연하게 효과화한다.

그런 점에서 본다면 두수 역의 신성일은 이 영화에서 법과 도시로부터 추방당한 늑대인간, 즉 아감벤Giorgio Agamben 식으로 말한다면 호모 사케르였던 셈이다. 인간도 아니고 짐승도 아닌 늑대인간은 공동체로부터 추방당한 자의 표상이다.[28] 근대화된 도시의 자본주의라는 법은 가장 하위의 계층 계급인 두수를 도시 바깥으로 추방했다. 그러나 그것은 죽음으로도 해결될 수 없었다. 지적인 상류층 여대생(엄앵란)과 고아 출신의 가난한 건달(신성일)의 사랑은 죽음으로도 이루어질 수 없었으며, 동일화될 수 없었다. 더러운 눈길 위로 맨발이 드러난 채 두수의 시신이 거적때기에 덮혀 도시 바깥으로 실려나가는 마지막 장면은 추방당하는 늑대인간의 정치성을 보여준다.

맨발이 가지는 정치성. 이 영화는 멜로드라마의 문법에 충실하지만, 그럼에도 정치적 불온성이라는 잉여가 남겨진다. 청춘담론은 매끈하게 동일화될 수 없었다. 지역적 계층적 계급적 문화적 교육적으로 끊임없이 배제되고 서열화되었으며, 법과 자본의 세계로부터 추방되었다. 두수는 추방당한 늑대인간이었다. 관객들의 눈물에는 멜로드라마에 의한 자동적인 최루 외에도 무의식적인 정치적 불온함이 얼룩져 있었다.

젊은 몸, 담론의 균열지대에서 폭발하다

1960년대 초반의 역사적 상황은 문제적인 것이었다. 노인 이승만의 몰락과 젊은 대학생들의 피로 얼룩진 4·19, 그리고 선글라스를 쓰고 등장한 젊은 소장파 박정희의 쿠데타. 이 시기는 청춘담론에 의해 역사가 움직여나갔던 격동기였다. 젊은 세대, 신세대, 새로운 세대, 청년, 젊은이, 젊은 대학생, 여대생, 지식여성, 청소년,

사춘기, 청춘 등으로 부단히 호명되었던 세새대론은 이 시기의 역사담론의 중심에 있었다. 특히 청춘이라는 용어는 자유로운 감수성을 가진 개인이라는 의미를 포함한 채 통용되었다.

청춘영화는 이 역사적 시기에 태어났고, 청춘과 새세대 담론이 희미해지자 함께 소멸되어갔다. 청춘영화는 1960년대 초반의 청춘담론의 역사성 위에서 이해되어야 한다. 즉 어떤 시대에서 몸이 존재하는 방식은 완전한 개인이 아니라, 담론구조의 무늬에 따라 구조화된다. 1964년에 개봉되었던 〈맨발의 청춘〉은 그런 점에서 어떤 절실함을 갖는다. 청춘이라는 1960년대적 사회정치담론의 구도하에 있으면서, 영화 특히 청춘영화라는 젊은 몸들의 소비감각과 관련되며, 감독의 새로운 영화문법에 의한 새로운 방식의 영화언어로 씌어졌으며, 배우들은 청춘담론의 중심에 서서 스타시스템을 만들어갔고, 영화 내부에는 당대 근대적 메트로의 풍경과 풍속을 경험하게 하며, 또한 멜로적 문법에 충실하면서도 맨발이라는 정치적 불온성을 우연하게 효과화한다. 이 중층적 구도들에 의해 영화는 구성되어졌다. 〈맨발의 청춘〉은 1960년대적 일상에서 젊은 몸들이 중층적으로 존재하는 방식을 압축적으로 보여주는 영화 텍스트이다.

르페브르Henri Lefebvre의 말처럼 현대 세계의 일상은 비참과 매혹으로 이중화되고, 일상의 몸은 여기에 완벽하게 속하면서도 벗어나며, 자신을 긍정적이면서도 억압적으로 배려한다. 일상에서의 몸은 이처럼 이중화의 조건에 처해 있다.

그런데 1세계의 현대가 아니라, 3세계 비동일화된 현대, 그것도 한국의 1960년대 초반 젊은 몸들은 어떻게 비참과 매혹의 일상을 구가하며 자신을 구성했을까? 그것은 정치사회적 조건을 벗어나지 않은 채 담론의 구도 내에서 구성되면서 동시에 개인의 경험을 투사한다. 또한 그 이중화는 내부적으로 더 세분화, 중층화되는 것 같다. 청춘영화는 청춘담론 속에서 관습적으로 장르화되면서, 영화미학은 새로운 것을 추구한다. 또한 배우는 영화와 문화담론에 영향을 받으면서 자신을 구별지으려 한다. 영화 텍스트 내부는 1960년대적 일상의 풍속을 거울처럼 담아내면서도 정치적 불온함을 우연화한다. 1960년대 영화 텍스트를 가로지르는 일상과 몸의 이중화 담론은 3세계라는 비동일적 현대 세계의 특이성과 영화장르의 특수한 미학적 효과를 중층화한다.

1960년대는 영화의 르네상스 시기였다. 영화는 일상의 문화였고, 특히 청춘영화는 젊은이들의 일상과 몸을 이해하는 방식의 특이성을 보여준다. 그러나 이 젊은 몸들이 통용되는 방식은 단절과 지속의 방식으로 현재에까지 이른다. 젊은 배우들은 스타시스템 안에 더 견고하게 갇혀 소비되고, 여성의 육체적 아름다움이 지성미와 연관되는 방식은 더 미세하게 분화되고 있으며, 계층 계급적으로 몸이 위계화되는 방식 역시 세련되어졌다. 1964년에 만들어진 이 영화는 여전히 우리에게 몸과 일상에 대해 의미 있는 질문을 하고 있는 셈이다.

여성 미술가와 몸
— 성장, 사랑, 투쟁, 죽음[1]

여성 작가는 왜 여성의 몸을 그리는가?
긴 예술사에서 여성의 몸을 주제화하고 표현해온 도식을 넘어서,
살아 있는 여성들의 일상의 몸에 주목한
여성 미술가들을 탐구하고자 한다.
가부장제의 혹독한 시절이 닥친 이래로 모든 삶을 질식당했던 여자들,
여성이기를 그만두었던 여자들,
그리고 살아남은 여자들의 이야기가 새롭게 발굴되고 있다.
여성 역사의 복원에 참여한다는 것은 우리가 역사의 화자가
된다는 것이고, 곧이어 시작될 전투를 예고하는 것이다.

김주현

1929년 12월에 발간된 《초현실주의 혁명》 마지막 호인 12호에 르네 마그리트René Magritte의 〈숨겨진 여자〉가 실렸다. 초현실주의 남성작가들의 사진으로 둘러싸인 이 포토몽타주(그림 1)의 중앙에는 벌거벗은 여성이 그려져 있다. 이 그림의 위에는 '나는 그녀를 보지 못한다'가, 아래에는 '숲 속에 숨겨진'이라고 씌어 있다.[2] 이 여성을 둘러싼 사진 속에서 유명한 남성 작가들은 모두 눈을 감고 있다. 남성들의 감은 눈에 이 여성은 보이지 않는다.

그림 1.

르네 마그리트, 〈숨겨진 여자〉, 포토몽타주, ≪초현실주의 혁명*La Révolution Surréaliste*≫, 12호, 1929.

그림 위에는 '나는 그녀를 보지 못한다Je ne vois pas la'가,

아래에는 '숲 속에 숨겨진cachée dans le forêt'이라고 씌어 있다.

나는 이 그림이 ≪초현실주의 혁명≫ 창간호의 패러디로서 갖는 의미나 초현실주의 이론가들이 당당하게 혹은 변명조로 말했듯, 여성의 경이적이고 신비로운 힘을 찬양하는지 여부에는 관심이 없다. 오히려 이 그림이 내게 준 충격은 '나도 그녀를 보지 못한다'는 것이다. 마그리트의 재기발랄한 역설은 이 그림에서도 어김없이 드러난다. 놀랍게도 수줍은 여성 모델의 카우치Couch 그림의 포즈(일반적으로 여자들이 침상, 의자, 풀밭에 비스듬히 누워 있는 구도를 말한다. 말할 것도 없이 이때의 여자들은 누드이거나 거의 벗은 상태이고, 매우 불편하기는 하나 성적 매력을 발산하는 포즈를 취하며 남성적 관람자가 마음껏 몸을 훑어볼 때 모델과 눈이 마주쳐 민망하지 않게끔 미리 시선을 피하고 있다.)는 이 그림에서 철저히 외면받는다. 예술사에서 질리도록 보아왔던 발가벗겨진 여성의 몸은 남성적 관람자에게 이제 더 이상 흥미롭지 않다.

사진 속 남성들의 감은 눈은 단순히 보는 자뿐 아니라 그리는 자들에게도 인위적인 여성 신체의 카논이 예술적 탐구의 대상이 되기에는 낡았음을 보여준다. 남성적 시선male gaze에 호소하고자 몸의 곡선을 과장되게 드러내고 경직된 자기분열 속에 몸과 눈을 분리시켰던 여성 모델의 힘겨운 노력은 아쉽게도 예술적 보상을 얻지 못하는 상황인 셈이다.(그리고 마그리트는 그것을 바랐다.)

초현실주의의 새로운 예술 강령은 인위적 도식과 굳건한 전통을 뚫고 숨겨진 진실, 초현실을 보고자 했다. 마그리트는 그 진실에 여성을 세웠다. 그녀가 낡은 시선의 불편함으로부터 비틀어버린 '보지 못함'에는 절망과 희망이 공존한다. 마그리트는 분명히 '나는 숲 속에 숨겨진 그녀를 보지 못한다'고 했다. 그래서 이 그림의 키워드는 '수줍게 서 있는 어린 여성'이 아니라 '보지 못하는 남성'이다. 사실 이 여성은 아무런 의미가 없다. 이 여성은 누구여도 상관없다. 그저 예술사에서 닳도록 보았던 '보편적 여성'일 뿐이다. 남성 관람자와 예술가를 호객했던 조작된 몸으로서의 그녀는 살아 있는 여성들, 일상의 몸과는 상관이 없다. 그래서 나도 그녀를 보지 못한다. 내가 찾는 여성들은 그림의 이 여성이 아니며, 이 여성은 어디에도 없는 조작된 몸이기에 나는 그녀를 보지 못한다.

마그리트가 지적했듯이, 남성 작가들의 닫은 눈은 예술사에 여성의 일상의 몸을 포함하지 못했던 절망의 역사를 보여주지만, 동시에 이제 더 이상 이 인위적 전통을 따르지 않겠다는 단호한 결의를 보여주기도 한다. 그래서 절망과 동시에 희망을 말하는 마그리트의 역설은 우리를 숲속으로 인도한다.

나는 이 글에서 긴 예술사에서 여성의 몸을 주제화하고 표현해온 도식을 넘어서, 살아 있는 여성들의 일상의 몸에 주목한 여성 미술가들을 탐구하고자 한다. 여성 작가는 왜 여성의 몸을 그리는가? 주디 시카고Judy Chicago는 ≪여자들과 예술≫[3]의 서문에서 그녀가 미술 교육 과정과 작가 활동 속에서 겪었던, 지적으로 납득불가능하고 정서적으로 불편했던, 여성으로서의 경험을 자세히 기술하면서, 예술의 역사 안에서 침탈당한 여성의 땅을 반드시 되찾아야 할 것이라고 말한다.

1970년대 이후로, 선사 시대의 여신들과 여성들, 그리고 가부장제의 혹독한 시절이 닥친 이래로 모든 삶을 질식당했던 여자들, 여성이기를 그만두었던 여자들, 그리고 살아남은 여자들의 이야기가 새롭게 발굴되어 나타났다. 여성 역사의 복원은 단지 상처와 패배를 확인하는 것에 그치지 않는다. 역사의 복원에 참여한다는 것은 우리가 역사의 화자narrator가 된다는 것이고, 곧이어 시작될 전투를 예고하는 것이다.

여성의 신체는 이 전투의 한가운데 서 있다. 여성 미술가들이 자기 자신과 일상적인 삶에 관심을 갖게 되었을 때, 자신의 몸에 집중한 것은 그렇게 놀란 만한 일이 아니다. 순응과 저항은 특정한 가치에 대한 신체적 각인이다.[4] 여성 미술가들은 여성의 몸이 새로운 방식으로 탐구되어야 함을 알고 있다. 이것은 단순히 '남성적 응시'를 거부하는 것에 그치는 것이 아니라, 여성의 몸을 스스로의 능동적 힘으로서 인식하고 그 힘을 발현시키는 전투 그 자체인 것이다.

거울 앞에 선 그녀

언제나 남자들은 여성에 대해 많은 것을 알고 있다. 여자란 족속에 관한 (터무니없는) 진실들은 첫사랑에 빠진 소년을 둘러싼 (떠벌이) 남성 집단을 통해 (진지하게) 전수된다. 남자들이 "너를 진짜 여자로 만들어줄게"라고 말할 때, 사실 그들은 무엇이 진짜 여자인지를 알지 못한다. 그럼에도 그들은 언제나 여성보다 여성에 대해 더 많이 알고 있으며, 수많은 충고와 노력으로 그녀를 진짜 여자로 만들었다고 믿고 있다.

영화 〈처녀들의 저녁식사〉에서 한 처녀는 어느 날 욕조 위에 올라가 거울에 비친 자신의 성기를 들여다본다. 그녀는 처음으로 자신을 들여다보며 자신의 눈으로 그 모습을 확인한다. 여성은 지속적으로 남성의 시각적 대상물이었고 그렇게 규정되었다. 내가 누구인지, 무엇을 원하는지, 그리고 어떻게 될 것인지를 결정하는 것은 언제나 시각의 소유자였다.

인간의 재현적 충동에 관한 논의는 여러 미술사학자들에 의해 다양한 가설로서 제시되었지만, 나에게 재현적 충동은 반성 능력과 깊은 관련이 있는 것처럼 보인다. 다른 존재자들과는 달리 자기 존재에 대해 반성하고 근원적 질문을 던졌던 인간은 유한성mortality이 가져다주는 불안을 종교와 연결시켰다. 그럼에도 불구하고 시·공적 초월성, 보편성, 절대성을 상징하는 신들이 인간의 형상을 닮았다는 것은 흥미로운 대목이다. 근대에 이르러 자유로운 개인이라는 개념이 형성되면서 자연스럽게 초상화와 자화상이 중요한 회화 장르로 등장한다. 인간의 반성적 능력은 자기 자신에 대한 탐구 능력이고, 그것은 곧 인간에 대한 재현적 형성물로 나타났던 것이다.

그러나 불행하게도 여성들은 오랜 시간 동안 반성적 주체로서 여겨지지 못했다. 근대에 이르러 인식적 확실성과 도덕적 규범들을 성취하려는 노력은 오직 남성 주체의 몫이었다. 칸트가 여성이 깊은 숙고로 이마를 찌푸리는 것은 여성의 얼굴에 턱수염이 달린 것같이 우스꽝스럽다고 말한 것처럼[5] 여성은 자기 존재에 대한 반성 능력을 결여하고 있다고 여겨졌다.

여성에 의한 여성 이미지가 늦게 등장한 것은 반성적 주체로서의 여성의 가능성이 오랫동안 부정되어온 탓이기도 하지만, 직접적으로는 미술 교육 시스템의 탓이기도 하다. 아카데미의 커리큘럼은 여성들이 해부학 수업과 누드 드로잉 수업에 참여하는 것을 막았다. 영국의 왕립 아카데미는 20세기 이전까지 이러한 전통을 고수했다. 해부학과 누드 드로잉을 배울 수 없었던 여성들은 우월한 회화 장르로 평가되었던 초상화와 역사화를 그릴 수 없었다. 따라서 여성의 이미지는 오직 남성 미술가가 독점적으로 생산해낼 수밖에 없었고, 그들의 시각에서 여성들은 그려졌다.

영국의 여성 작가인 로라 나이트Laura Knight의 〈자화상〉은 이러한 환경을 분명하게 보여주고 있다. 여성 누드 모델이 등을 보이며 서 있고 옆에 세워진 캔버스 위에 그 모습이 고스란히 담겨져 있다. 화면의 전경에 서 있는 로라 나이트는 성장을 한 채 누드화 작업실을 들여다보고 있을 뿐이다. 그녀에게 여성 누드화는 금지된 땅이었고, 이것은 인물화로 상징되는 예술계의 중심에 여성이 들어설 수 없다는 직설적인 금지령이기도 하다.

예술의 역사는 여성들이 인간을 이해할 수 있는 심도 깊은 반성 능력뿐 아니라 인물 재현의 테크닉을 갖추지 못한 것으로 규정했다. 결국 여성들은 동물화, 정물화, 필사본, 꽃 그림 등과 같이 주변화된 이류 장르에 전념하게 되었고, 이러한 위계 체계는 여성 예술가를 남성 예술가보다 경제적으로 궁핍하게 만들었다. 설사 여성 미술가가 인물화를 그리고자 하여도 그녀에게는 모델을 살 수 있는 돈이 없었다.

그러나 놀랍게도 이러한 상황은 여성 미술가에게 역설적 계기가 되었다. 여성 미술가들은 직업 모델을 살 수 없었기 때문에 결국 스스로가 모델이 되었다. 여성들이 자신의 모습을 그리기 시작함으로써, 전통 미술사에서 여성 이미지 생산을 독점해온 남성들과 그 이미지에 대한 저항이 시작된 것이다. 물론 애초에 여성들이 스스로를 그리기 시작했을 때 저항을 의도했다고 보기는 어렵다. 그러나 여성들이 스스로를 그리게 됨으로써 남성을 위해 대상화된 여성의 신체를 해방시키고 여성 자신을 위해 여성의 신체를 되찾게 되었다. 이러한 작업은 주체와 객체의 엄격한 이분법을 넘어서 대상과 주체가 일치하는 형식의 발명이었고,[6] 이것은 여성 미술가가 고쳐 쓴 새로운 예술사의 단초가 되었다.

나는 그린다 고로 존재한다

그려지는 대상이자 그리는 주체, 그림 안과 밖에 동시에 존재하는 여성의 시선은 서로에게 질문하고 응답하면서 자신의 존재를 탐색한다. 바자리가 ≪16세기 이태리 르네상스 예술가전≫에서 극찬한 여성 작가들 중의 하나인 소포니스바 안귀솔라Sofonisba Anguissola의 1550년대 후반작 〈소포니스바 안귀솔라를 그리는 베르나르도 캄피〉(그림 2)는 이러한 이중적 시선의 역설을 그대로 보여주고 있다는 점에서 흥미롭다.

그림 2.
소포니스바 안귀솔라, 〈소포니스바 안귀솔라를 그리는 베르나르도 캄피Bernardino Campi Painting Sofonisba Anguissola〉, 1550년대 후반, 유화, 국립미술관, 시애나, 1557-79.

캄피는 소포니스바를 그리고 있다. 그녀의 스승이었던 캄피는 분명 능동적인 존재, 즉 그림을 그리는 주체이고, 화면의 전경에 위치하고 있다. 그러나 소포니스바의 초상은 화면에서 스승보다 중앙에 위치하고 있고, 더 크며, 더 높이, 더 밝게 그려져 있다. 사실상 캄피와 관람자는 소포니스바를 '우러러보는' 위치에 있다.[7] 그런데 과연 소포니스바는 화면 밖에서 무엇을 하고 있었을까? 그녀는 자신을 그리고 있는 캄피를 다시 그리고 있었다. 소포니스바가 그림 밖에서 모든 것을 관장하고 있다는 사실은 주체-객체 구도에서 언제나 행위자에 서 있었던 남성 미술가를 대상물 혹은 수동적 산물로 역전시킨 것이다. 그러나 더 놀랍고 흥미로운 것은 그녀가 주체-객체 이분법의 역전에 그치지 않고 이분법적 구도를 해체시켰다는 데 있다.

카테리나 반 헤메센Caterina Van Hemessen의 〈자화상〉(그림 3)은 최초의 여성 자화상으로 알려져 있다.(물론 중세시대 필사본에서 여성 작가의 자화상을 발견할 수 있기도 하다. 12세기에 구다(Guda)라는 필사본 화가는 문장의 첫 글자인 대문자 D 안에 자신의 모습을 그려 넣었다.) 작은 크기의 그림이기는 하지만 그녀는 화면의 왼쪽 위에 "나 카테리나 반 헤메센은 20살의 나 자신을 그렸다."라고 썼다. 이러한 문구는 그리는 자이자 그려진 자인 자신에게 저작권을 귀속시키는 당당한 선언이다. 창조자로서의 예술가 개념이 득세하기 시작하던 16세기에, 아직도 주체적 행위자로 승인될 수 없었던 여성이 예술가라는 사실은 그 자체로 모순이었다. 여성 미술가는 성을 잘못 타고난 예외적 존재로서만 직업적 성과를 인정받을 수 있었지만, 그녀는 이미 그림 그리기painting를 자기 존재의 당당한 근원으로 인식하고 있었다.

여성 작가의 자화상은 여성 미술사의 소중한 자산이다. 당대의 남성 화가들이 여성들을 단순한 시각적 대상물로 고려하고 있는 반면에, 여성 화가들은

그림 3.
카테리나 반 헤메센, 〈자화상Self-portrait〉, 외펜틀리히 미술관, 바젤, 1583.

여성을 영감이 흘러넘치는 뮤즈로 표현하거나, 인간적 고뇌와 도덕적 소양까지 드러냄으로써 가부장제적 여성 이미지를 깨뜨리는 저항의 표지가 되었다. 현대의 여성 작가들도 자기 자신을 그리고 있다. 그러나 이들의 자화상은 천재나 여성 영웅 같은 상징적인 이미지의 구현이라기보다는 끊임없이 자아 정체성에 질문하는 존재론적 탐구로 나타난다.

그림 4.
앨리스 닐, 〈누드 자화상Self-portrait〉, 국립초상화박물관, 뉴욕, 1980.

앨리스 닐Alice Neel의 〈누드 자화상〉(그림 4)은 그녀가 세상을 떠나기 4년 전 80세의 모습이다. 그녀가 페미니즘 작가로서 평생에 걸쳐 얼마나 외롭게 남성적 주류 예술계와 투쟁해왔는지 우리는 잘 알고 있다. 나이든 그녀의 누드, 인생의 황혼에 도달한 그녀의 육체는 초라하기보다는 영광스럽고, 추하기보다는 아름답다. 전통적으로 여성 누드화는 젊은 여성들로 채워졌다. 왜냐하면 남성적 관객에게 성적인 호소력을 갖춰야 했기 때문이다. 그러나 여성도 늙고 그녀의 몸도 늙는다. 여성은 한갓 성적 대상물로만 존재하지 않는다. 80세의 페미니스트로서, 평화롭고 기품까지 느끼게 하는 그녀의 모습은 여자의 늙은 몸이 자연스러운 현실임을 느끼게 하고, 그녀의 삶에 경의를 표하게 한다.

그 여자들의 거울

이제 여자들은 거울 앞에 당당히 섰다. 거울 앞에 선 여성들은 호기심, 감탄, 회한과 환멸 속에서 거울 속을 들여다보고 있다. 거기에 누가 있는가? 그곳엔 여자들이 있다. 남성의 시선을 경유하지 않은 생 목소리의 여자들이 그곳에 서 있다. 이제 여자들의 삶을 따라가 보자.

성 장

모든 인간은 성장을 통해 어른이 된다. 여자들도 예외는 아니다. 사춘기의 2차 성징은 스스로에 대한 당혹과 감탄, 때로는 환멸을 불러일으킨다. 발투스Balthus에게 소녀는 언제나 몽환적 대상이었다. '여성'(女) 옆에 '적다'(少)를 나란히 쓰는 '妙묘'자가 함의하듯이 성인 남성들은 그 여리고 약함이 발산하는 알 수 없는 힘에 매료되기도 한다. 흔히 로리타신드롬, 우리말로는 영계 선호라고 한다. 그러나 메리 카세트Mary Cassatt의 〈푸른 의자의 소녀〉(그림 5)는 발투스의 작업과는 완전히 다른 방식으로 그려졌다. 발투스에게 소녀는 그가 영원히 접근할 수 없는 소외의 대상이었지만, 카세트의 소녀는 마침내 자매애sisterhood로 이르게 될 다정한

그림 5.
메리 카세트, 〈푸른 의자의 소녀Little Girl in a Blue Armchair〉, 국립미술관, 워싱턴, 1878.

감정이입의 대상이다.[8]

이제 막 자아에 눈뜨기 시작한 우리의 사춘기가 그러했듯이 이 소녀는 엄마가 없어도 겁날 게 없는 독립적인 인격으로 나타남과 동시에 어른이 되어가는 자기 자신에 대한 두려움과 설레임을 보여준다. 그녀가 나른하게 소파에 기대어 오후의 한적함을 즐길 때, 남성들의 전형적인 카우치 그림들과는 분명히 다른 것이 있다. 여기에 음침한 성적 시선은 없다. 이러한 그림이야말로 특별한 주제가 다루어질 때 어떻게 성별이 차이를 만들어내는지를 보여주는 좋은 예가 된다.

성 오를랑St. Orlan의 첫 번째 사진 작업 〈오를랑이 오를랑을 낳다〉는 17세 소녀의 막연한 불안감으로부터 출발했다. 2차 성징이 나타나기 시작한, 벌거벗은 자신의 몸을 들여다보면서 오를랑은 자신의 수많은 국면 중 하나에 불과한 '여성'이라는 성별이 존재론적인 혼란을 불러일으킨다는 것을 발견했다. 지성적인 남성만이 합법적 시민권을 얻을 수 있는 세계에서 여전히 외국인으로 살아야 하는 여성들은 정당한 시민권을 얻기 위해 부단히 노력하거나, 다른 세계로의 이주를 도모하거나, 아니면 이 둘 사이에서 감당할 수 없는 정신 분열 상태에 빠져 있다. 이 3가지의 해법은 모두 위험스럽고 동시에 성공 가능성이 낮다는 점에서 여성들을 더 깊은 절망에 빠뜨린다.

17세의 소녀 오를랑은 마지막 방법을 택했다. 이것은 가장 합리적이면서도 급진적인 방법이었다. 그녀는 신체와 여성을 저열하고 무능한 세계로 간주하는 형이상학과 정면으로 맞선다. 오를랑에게 신체는 단순히 억압의 굴레로서 회피하고 극복해야 할 대상이 아니다. 오를랑이 여성의 몸을 가지고 있다는 것은 축적된 역사로부터 훈육된 결과이면서 동시에 선택과 조작을 통해 재구성할 수 있는 해방의 장이기도 하다.

오를랑은 퍼포먼스 〈측량-분노〉에서 바티칸의 베드로 성당을 기면서 자신의 몸으로 회랑의 길이를 재었다. 측량이라는 것은 반드시 잣대와 기준을 필요로 한다. 잣대와 기준은 세계를 보여주는 투명한 거울이 아니라, 세계를 구성하는 내용물 그 자체이다. 오를랑의 몸이 평가와 판단의 잣대가 된다는 것은 여성의 관점에서 세계를 이해하고 구성한다는 것을 의미한다. 오를랑에게 있어서 무력하고 저열한 여성의 몸은 이제 세계를 읽는 하나의 당당한 코드가 된다.[9]

임 신

성인이 된 여성들은 어떠한 식으로든 임신에 연루된다. 여성들은 가임 혹은 불임 상태라는 점에서 그녀의 일상은 언제나 임신을 의식하고 있다. 매달 찾아오는 생리와 번거롭기까지 한 피임이 그렇다.

많은 남성들은 생명과 모성을 찬양해왔다. 여성은 선천적인 모성 본능을 가지고 있으며, 이 숭고한 사명에 기꺼이 헌신해야 할 것으로 기대된다. 그러나 마르타 마리아 페레즈 브라보Marta Maria Perez Bravo는 임신한 자신의 모습에 혐오감을 떨쳐버리지 못한다. 우리는 그녀의 임신 과정을 알 수 없지만, 적어도 사진의 제목 〈No Matar, Niver Matar Aimales #7(동물들을 죽이거나 살해된 동물을 보지 말아라)〉가 보여주듯이 그녀에게 임신이란 동물적인 경험이다. 몸속에서 아이가 꿈틀거리는 경험, 터질 것 같이 늘어난 배, 새끼 밴 암컷으로서의 자신의 모습은 도망치고 싶을 정도로 낯설고 끔찍한 경험이기도 하다. 그녀는 서늘한 칼날을 자신의 복부로 향함으로써 동물의 차원으로 강등되어버린 자신의 모습을 되돌리고자 한다.

프리다 칼로Frida Kahlo의 〈날아다니는 침대가 있는 헨리 포드 병원〉은 어린 시절 사고로 수술을 받았던 그녀가 불임 여성으로 살아가는 이야기이다. 그녀는 하혈로 젖은 시트 위에 누워 여인으로서의 불완전함과 남편 리베로의 외도로 괴로워한다.

반면 길리안 멜링Gillian Melling은 당당하고 정직하게 자신의 누드를 그리고 있다. 〈나와 나의 아기〉에서 그녀는 만삭의 몸으로 그림을 그린다. 만삭의 누드는 그녀가 화가이며 여성이라는 사실을 정당화한다. 예술가에게 그림을 그리는 과정이란 생명을 출산하는 과정이라는 점에서, 예술은 여성과 모순적이기보다는

그림 6.
프리다 칼로, 〈날아다니는 침대가 있는 헨리 포드 병원Henry Ford Hospital〉, 트록모튼 미술관, 뉴욕, 1932.

오히려 더 친근할 수 있다. 게다가 그녀는 임신한 자신의 몸을 그림으로써 이미 3명의 아이에게 생명을 주었던 자기 자신을 자랑스러워하고 있다.

출 산

조나단 월러Jonathan Waller는 〈어머니 No. 27〉에서 출산의 바로 그 순간을 그렸다. 화면 전체는 질컥한 여성의 육체로 채워졌다. 여성의 산도를 통해 아이의 머리가 나오고 있다. 산모의 자궁에서는 분비물과 피가 흘러내린다. 산모의 얼굴은 강도 높은 출산 노동 속에 땀과 고통과 환희로 넘쳐난다.

그녀가 1996년에 출산에 관한 시리즈를 제작했을 때, 전시 공간을 확보하는 일은 매우 어려웠다. 출산이 예술의 적절한 주제로 여겨지지 않았기 때문이다. 미술사에서 아기 예수의 탄생이 반복적으로 그려졌지만 그것은 이미 깨끗이 씻긴 뒤, 강보에 싸인 아기 예수였다. 남성들은 출산을 미술의 주제로 삼고 싶지 않았다. 남성들은 성적 매력이 넘쳐나는 여성 나체를 그렸지만 성교 장면을 직접적으로 묘사하지 않았듯이, 생명의 고귀함과 모성을 강조하면서도 출산 그 자체는 다루지 않았다. 미술사에서 (성)모자상이 반복적으로 그려진 것과는 대조적이다. 그러나 출산은 어디에서 오는가? 성적 이끌림과 성교, 그리고 임신과 출산은 거대한 성적 사이클 안에 포함되어 있다. 여성에게 사랑은 낭만적 감정과 섹스일 뿐 아니라 임신, 출산, 육아이기도 하다.

출산 장면이 미술의 역사에서 배제되었던 것은 출산이 남성과 무관하며 따라서 무의미하다는 생각에 기인한 것이기도 하지만, 또 한편으로는 출산이 과도하게 여성의 동물적 육체를 보여줄 뿐 아니라, 배설물들로 얼룩진 그 장면이 불결하다는 생각에도 기인한다. 나아가 생명을 주는 자는 여성이 아니라 남성이라는 신념 때문이기도 하다. 생명을 주는 것은 고귀하지만 출산은 그렇지 않다. 가부장제에서 생명의 근원은 여전히 남자이기에 여성의 출산은 불결하고 고된 육체 노동으로 폄하되었다.[10]

강 간

미술의 역사에서 출산이 부적절한 주제로서 금지되었던 반면, 강간이 반복적으로 그려졌다는 사실은 놀라운 일이다. 신화와 인류의 초기 역사에서 납치와

그림 7.
루벤스, 〈레우키포스의 딸의 강간 The Rape of the Daughters of Leucippus〉, 알테피티타코텍, 뮌헨, c. 1618

그림 8.
쑤 코우, 〈뉴 베드포드 강간 New Bedford Rape〉, 세인트 에티앵 갈러리, 뉴욕, 1983.

강간이 결혼의 한 방식이었던 시기가 있었다. 신화와 영웅적 주제가 미술 안에서 반복적으로 그려지면서 강간은 적합한 예술의 주제인 것처럼 여겨졌다. 도대체 여성들은 강간을 다룬 작품에 어떻게 반응해야 하는가? 적합한 감상법을 배우고 나면 그 작품에 감동할 수도 있는 것일까?

루벤스Peter Paul Rubens의 〈레우키포스의 딸의 강간〉(그림 7)은 납치와 강간의 신화를 그리고 있다. 그렇다면 루벤스는 결국 납치와 강간에 성공하지 못한 남성들(카스트로와 폴리테우케스)을 애도하는 것일까? 이 남성들이 죽어서도 하늘의 쌍둥이 자리에서 반짝이고 있다는 전설은 슬프기는 커녕 공포스럽다. 납치와 강간을 아무렇지도 않게 (심지어 격려하며) 예술의 주제로 다뤘던 예술사는 실제 강간의 문제는 외면하고 있다.

쑤 코우Sue Coe의 〈뉴 베드포드 강간〉(그림 8)은 실제로 있었던 사건을 재현하고 있다. 술집 중앙의 당구대 위에 여성이 눕혀져 있다. 두 남자는 여성의 팔과 머리카락을 거세게 낚아채 그녀의 저항을 막는다. 남자들이 줄을 서서 자신의 차례를 기다리고, 의자에 걸터앉은 남자들은 적극적이거나 소극적인 공범자들이다. 코우는 어두운 색조와 거친 선으로 이 경악할만한 사건을 다음과 같이 말한다. 가부장제하에서 여성의 몸은 언제나 식민지이고, 수탈의 대상이다.

노화, 질병, 죽음

성장과 사랑, 임신과 출산, 그리고 가부장제하에서의 고된 성별 노동과 성적 수탈을 겪는 여성의 몸은 이제 늙어간다. 질병에 시달리기도 하고 죽음에 가까이 가기도 한다.

낸시 프리드Nancy Fried의 〈손거울〉은 유방암으로 한쪽 가슴을 잘라낸 여성의 토르소이다. 그녀의 오른손은 작은 손거울을 들고 있다. 그러나 그 거울은 아래로 향하고 있고, 나머지 가슴을 스쳐 위로 향한 왼쪽 손은 그녀의 시름을 말해준다. 신체의 일부를 잘라냄으로써 상상할 수 없는 고통과 죽음의 두려움으로부터 탈출한 그녀는 이제 나머지 인생을 꾸려가야 한다.

한나 윌케Hannah Wilke는 1992년에서 1993년에 인트라 비너스Intra-venus 시리즈를 시도했다. 그녀는 암으로 죽어가는 여자들을 찍었다. 그녀의 〈1992년 2월 15일〉은 스러져갈 육체와 참을 수 없는 현실을 보여준다. 화면의 정면에 적나라하게 드러난 그녀의 성기도 더 이상 성적인 함축을 갖지 못한다. 커다란 욕조 속에 누워 있는 그녀는 어쩌면 가능한 한 빨리 육체의 소멸을 기다리고 있는지도 모른다. 도대체 우리에게 육체는 무엇인가? 죽음 앞에 선 여성에게 육체는 벗어버리고 싶은 참담한 방해물일 뿐인가?

주디 시카고는 예술의 역사 안에 여성의 경험에 기초한 새 전통을 만들기 위해 여성의 몸이 남성적 방식과는 완전히 다르게 다루어져야 한다고 말했다. 남성적 시선에 의해 유린된 여성의 몸이 아니라 여성 스스로 발견하고 발화하는 몸이어야 한다는 것이다. 여성 예술가들이 여성의 몸에 천착했던 이유 중의 하나는 전통적으로 정신-신체, 이성-감성, 영원-순간, 정지-운동의 이분법이 남성-여성, 백인-유색인의 구도로 이어지고 결국은 선-악, 미-추, 진실-거짓이라는 실천적 규범의 이분법으로 완성된다는 데 있었다. 이러한 개념 체계에 따르면 여성의 육체는 언제나 악하고, 추하고, 거짓된 것이 된다. 여성 예술가들은 이러한 개념 틀에 도전하기 위하여 자신의 거울을 들고 그 속에 나타난 여성들의 이야기를 들려주고자 했던 것이다.

전투의 장소—거울 깨뜨리기

하지만 여성들이 일상의 몸에 천착하는 또 다른 이유를 생각해볼 수 있다. 여성주의자들이 새로운 예술의 전통을 세우고자 할 때, 그 자산을 여성의 신체에서 찾고자 하는 경향이 있었다. 전통적인 예술체계는 남성 중심적 위계를 그대로 가지고 있으며, 여성들이 이것에 도전할 새로운 방식을 구성하려면 여성의 신체적 특성이 특별한 역할을 담당할 수 있을 것이라고 기대한 것이다.

여성 미술가들은 거울을 들었고 그 거울의 반사상을 통해서 여성들의 일상의 몸을 보여주었다. 그러나 그것이 모든 여성의 일반적 경험이거나 혹은 여성들이 도달해야 할 궁극적 귀결점은 아니다. 솔직히 여성이 누구인지, 그 여성의 신체적 특성이 무엇인지를 알 수 없다. 야들야들함, 작음, 부드러운 곡선이 그녀인가? 유약한 신체와 풍부한 감성이 그녀인가? 여성 성기와 자궁이 그녀인가? 풍부한 생식능력과 육아능력이 그녀인가?

니키 드 생 팔Niki de Saint Palle의 〈그녀〉(그림 9)는 페미니즘 예술의 기념비적 작품이기도 하다. 이 작품은 1965년 스톡홀름 근대미술관에서 전시되었다. 여성의 몸으로 만들어진 거대한 구성물은 내부에 다양한 방들을 가지고 있다. 출입구와 통로는 여성 성기와 질이다. 관람자는 질, 자궁을 비롯한 여성의 내부를 걸어다니게 된다. 질이 핑크색의 주름과 푹신푹신한 스펀지로 만들어져 있다면 가슴에 해당하는 방에는 밀크 바가 설치되어 있다. 관람자는 이 거대한 여성의 내부를 탐험하면서 여성의 힘, 엄청난 생식 능력과 모성적 풍요로움을 소유한 인류의 근원에 경의를 표하게 될 것이다.

아마도 생 팔의 작업을 보면서 여자들은 평가 절하되었던 여성의

그림 9. 니키 드 생팔, 〈그녀Hon〉, 1963.

힘과 능력에 우쭐할지도 모른다. 그러나 그들이 대모신의 후예인가? 그러면 여자들은 아이를 더 많이 낳고 기르며 더 많은 사랑과 봉사로 헌신하면서 가부장제 이전의 여성적 사회가 지향했던 평화가 복원되기를 기다려야 하는가? 앞에서 임신과 출산에 관한 다양한 여성들의 이질적인 경험을 보았다. 여자들이 모두 임신을 하는 것도, 할 수 있는 것도, 하고 싶은 것도 아니다. 이런 식의 생물학적 본질 규정은 어쩌면 많은 여성들을 연대의 대열에서 제외시킬 위험이 있다.

생물학적 결정론과 마찬가지로 사회적 결정론 역시 경계의 대상이 된다. 성별적 사회에서 여성과 남성이 다르다는 신화 가운데 여성에게 유리해 보이는 것들만 골라 여성의 정의로 활용하는 허위의식은 분명히 비판되어야 한다. 여성의 수동성은 비폭력인가? 가부장제 사회에서 성별 노동으로 할당된 돌봄caring은 여성의 도덕적 우월성의 증거인가?

그러나 본질주의를 거부하는 것이 지금 이곳의 현실에 여자들이 존재한다는 사실을 무화시키지는 않는다. 그들이 여성으로 존재하는 것은 여성들 간의 공통적인 본질 때문이 아니라 가부장제 사회에서의 젠더-게임이 실행되고 있기 때문이다. 그러나 그들이 오직 젠더-게임에만 참여하고 있는 것은 아니다. 정체성은 다양한 차원에서의 분류 작업이고 특정한 게임이 유효한 상황이라면 그녀는 얼마든지 다른 정체성을 가질 수 있다. 정체성이란 중복적이고 모순적일 수 있다. 만일 더 이상 성별이 문제가 되지 않는 상황이 된다면 내가 여성인가 아닌가, 여성으로 산다는 것이 무엇을 의미하는가와 같은 것들은 더 이상 중요한 이슈가 되지 않을 것이다.

그럼에도 지금 문제가 되는 것은 우리들이 가부장제 안에서 살고 있다는 것이고, 성별적 체계가 여전히 우리의 현실 안에서 작동하고 있다는 것이다. 수잔 보르도Susan Bordo는 가부장제 사회가 각인해온 여성 신체의 특성이 가부장제적 사회의 권력관계를 전복할 수 있는 가능성에 대해 이야기한 바가 있다. 만일 여성의 외모와 성적 매력이 권력이 되는 사회라고 한다면, 이러한 권력에 대한 접근 가능성은 여성들에게 유리할 수도 있다. 여성들이 이 영역에서 쌓아온 경험을 살려 남성 중심적 사회를 전복할 수 있으리라는 전략인 것이다.

페이쓰 링골드Faith Ringgold의 〈조 베이커의 생일Jo Bakers's Birthday〉은 이러한 전략이 페미니즘에 어떻게 기여할 수 있을 것인지에 관한 논쟁을 불러일으킬

만한 작품이다. 조세핀 베이커(1907~75)는 흑인 여성의 몸에 대한 백인 남성들의 호색적인 관심을 이용하는 데에 천부적인 재능을 타고났다. 그녀가 항상 '이용'하던 춤의 기교는 특별히 '엉덩이'를 강조하는 것이었다. 그녀는 "엉덩이는 존재하고 있다. 그것을 부끄러워해야 할 이유가 없다."고 말한다.[11] 그녀는 수잔 보르도의 첫 번째 전략, 즉 자신이 가지고 있는 성적 매력을 무기로 권력자의 무릎을 꿇게 하라는 명령을 이미 완수했다.

링골드의 작품은 화려하고 생기발랄하다. 그녀의 전매 특허인 가장자리의 퀼트 장식은 화면 내부의 핑크빛 파티션과 상응해 화려함을 증폭시킨다. 베이커는 가슴을 노출한 채 편안하게 누워 있다. 누구라도 상대할 수 있는 자신감인 것이다. 그러나 흑인 여성들이 (다른 면에서는 열등하지만 오직) 성적인 면에서는 뛰어나며, 나아가 도도한 백인 여성에 비해 접근이 용이하다는 계산에서 백인 남성들이 흑인 여성에게 찬사를 보낼 때, 과연 흑인 여성들은 이것을 무기로 권력 관계를 변경할 수 있을까? 이러한 전략이 현실적인 효력을 가질 수 있을까? 과연 우리가 조 베이커처럼 할 수 있을까? 설사 그럴 수 있다고 하더라도 그것은 정치적으로 옳은 전략인가? 이러한 질문은 여전히 이러한 주장에 대한 강력한 반대로 남아 있다.

게다가 이러한 전략은 또 다른 위계질서를 만들어낼 위험이 있다. 우리는 가부장제 사회에서 각인된 여성 신체의 이상을 잘 알고 있다. 가부장제 사회에서 여성 신체의 정상화란 투명할 정도의 하얀 피부와 작은 얼굴, 그리고 날씬한 몸매를 의미한다. 만일 가부장제를 전복하기 위한 전략으로서 이것을 이용하고자 한다면, 보다 강력한 효과를 위해 그 순도를 보다 높여 나가야 할 것이다. 하지만 이러한 전략은 그 순도에 따라 여성들 간의 위계와 차별을 정당화하는 결과를 가져온다.

캐리 매 윔즈Carrie Mae Weems는 흑인 여성들의 얼굴과 외모 가꾸기beau-tification를 통해 정체성을 질문해왔다. 1987년 작품인 〈거울아, 거울아Mirror, Mirror〉는 인종과 성별을 함께 다루고 있다. 여성들이 어려서부터 읽고 들었던 동화나 설화의 주인공은 흑인 여성이 아니다. 현대의 대중문화는 이 동화적 메시지를 대량적으로 빠르게 유포하고 있지만, 그것 역시 흑인 여성을 배제하고 있다. 거울 앞에선 흑인 여성은 거울의 요정 앞에서 고개를 떨군 채 눈물을 흘리고 있다. 사진 아래에 쓰여진 글을 읽어보자. 거울 속을 들여다보며 흑인 여자는 묻는다. "거울아! 거울아! 이 세상에서 누가 제일 예쁘니?" 거울은 말한다. "백설 공주지. 너는 흑인 계집애야. 그걸 잊지마!!!"

흑인 아이들에게 '하얌'과 '선함'은 언제나 같은 것이었고 결코 도달할 수 없는 이상이었다. 앞에서 나는 여성-육체는 곧 악과 같은 계열의 범주 체계에 속해 있었고, 여성 예술가들은 이러한 계열의 개념체계를 깨기 위해 여성의 신체에 집중해왔다고 말했다. 그러나 여성 예술가들이 저항하고자 했던 '신체'는 오직 백인 여성의 신체였던가? 우리는 여기에서 '흑인-여성-육체-악'이라는 개념의 계열은 도전받지 않고 남아 있음을 다시금 발견하게 된다.

수잔 보르도가 제안하는 또 하나의 가능성은 저항으로서의 신체이다. 우리는 결코 본질로서의 여성상, 바람직한 여성적 규범을 찾아내지는 못할 것이다. 설사 그러한 것이 있다고 하더라도 여자들 모두가 그것을 실현해낼 수 없으며 그럴 필요도 없다. 그러나 적어도 우리는 지금 이곳 가부장제 사회에서 나의 삶이 만족스럽지 않다는 것은 알고 있다. 이곳에서의 여성은 억눌려 있으며 침탈당했고, 거부당했다. 여태껏 가부장제적인 가치로 각인된 우리의 신체 안에서 어떻게 저항의

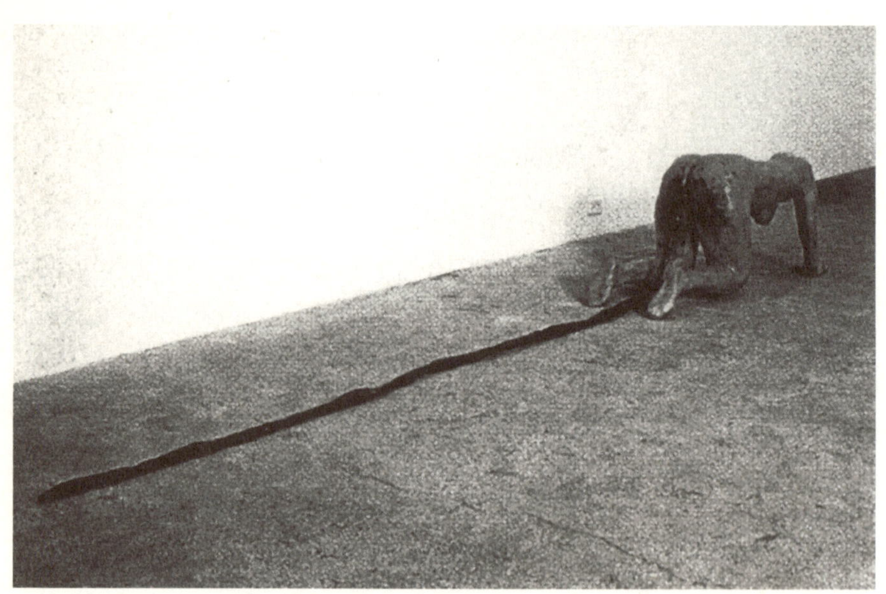

그림 10. 키키 스미스, 〈꼬리Tail〉, 1992.

기능성을 찾아낼 수 있을까? 아마도 여자들이 자신의 삶과 몸 안에 각인된 가치와 체계의 모순과 억압을 폭로하고 의문을 제기함으로써 우리를 구성하고 있는 가부장제 사회의 젠더 시스템이 변경되어야 한다는 것을 보여줄 수 있을 것이다.

우리나라에서도 전시를 가졌던 키키 스미스Kiki Smith는 여성의 정체성을 탐구하면서 여성의 신체에 부정적 함축을 담았던 작가로 이해될 수 있다. 생팔이나 슈니만Carolee Schnemann이 여성의 신체에서 무한한 잠재력과 정치적 이상을 제시하고자 했던 반면에, 스미스는 가부장제 사회에서의 몸의 훈육이 여성을 모욕하고 가치 절하해왔다고 본다. 신체의 훈육은 언제나 여성을 성적 대상으로 만들었고, 음탕하고 사악한, 발정 난 암컷으로만 규정해왔다. 그녀는 진심으로 절망하면서 어떻게 이것으로부터 벗어날 것인지를 숙고한다. 1992년 작 〈꼬리〉(그림 10)는 퍼포먼스가 아니라 바디 몰드body mold를 이용한 조각작품이다. 기어가고 있는 여성의 뒤로 긴 대변이 흘러나온다. 수많은 사람 앞에서 대변을 누어야 하는 상황, 이미 자신도 통제할 수 없게 망가진 몸은 너무나 수치스럽다. 가부장제 하에서 여성에게 가해진 수탈과 억압은 견딜 수 없는 고통과 상처로 남았다.

신디 셔먼Cindy Sherman은 키키 스미스와는 달리 절망하기보다는 조롱하면서 가부장제의 젠더 게임을 해체하고자 한다. 그녀는 영화의 스틸들을 그대로 흉내 내는 자기-초상 사진을 반복적으로 찍었다. 여전히 계속되고 있는 이 시리즈들은 '도대체 그녀가 누구인가'라는 질문에 대한 대답을 유보하게 만든다. 그녀는 상큼한 어린 소녀로, 병든 할머니로, 임산부로, 암 환자로, 때로는 거리의 여자로 나타난다. 때때로 그녀의 이미지는 가부장제하의 유순한 신체의 전형을 구현하기도 한다. 예를 들어 〈무제 #193〉은 비판받아 마땅한 공주병 환자이다. 그러나 그녀는 이것이 대안이라고 말하지 않는다. 왜냐하면 그녀는 이제 곧 또 다른 사람이 될 것이기 때문이다. 그녀는 젠더 게임의 양 측면을 바쁘게 움직이면서 그 속에서 빠져나갈 틈을 모색하고 있다.

나는 굳게 닫은 눈으로는 볼 수 없는 숲 속에 숨겨진 여성의 절망과, 이 여성들을 구원하고자 한 여성 미술가들의 희망으로부터 이 글을 시작했다. 그러나 나는 감추어진 진실로서의 숲 속의 그녀를 찾아내는 것이 여성 미술가의 유일한 목표가 아님을 분명히 했다. 마그리트와 나는 초현실의 진실 게임을 원하지 않는다. 오히려 감추어진 진실은 하나의 진정한 여성상을 찾는 것이 아니라, 일상의 수많은 여성들의 다양한 몸을 이해하고 인정하는 것이다.

여성들에게 엄청난 선택권이 주어져 있는 것처럼 보인다. 적진으로 달려가 자발적 포로가 될 수도 있고, 그들을 속이며 이익을 챙길 수도 있으며, 전위에 선 투사가 되거나, 노브라와 털난 다리의, 제3의 존재가 될 수도 있다. 그러나 분명한 사실은 우리의 육체 위에서 전투가 계속되고 있다는 사실이다.

내가 이 글을 통해 만난 여성 미술가들은 여성의 몸 위에서 그 전투에 참여하고 있다. 그들은 각기 다른 전략과 공략 대상을 가지고 협상과 정면 승부의 패를 던진다. 때때로 그들은 실패할 것이고, 때때로 침탈된 땅을 되찾을 것이다. 그러나 이들 중 누군가는 — 그리고 바라건대 더 많은 여성 미술가들은 — 성별의 차원에서는 차별이 없는 세계의 가능성을 보다 가깝게 현실화시킬 수 있을 것이다. 그래서 그녀들의 작품은 지금 이곳에서 여성으로서 산다는 것이 일상의 고통인 사람들에게 여성의 힘을 모으는 시발점이자 연대의 장이 된다.

후 주

현대 사회의 이미지 과잉과 주체

1 슬라보예 지젝, 이만우 역, ≪향락의 전이≫, 인간사랑, 131쪽.

2 니콜라스 미르조예프, 임산 역, ≪비주얼 컬처의 모든 것≫, 홍시, 2009.

3 기 드보르, 이경숙 역, ≪스펙터클의 사회≫, 현실문화연구, 1996, 128쪽.

4 니콜라스 미르조예프, 앞의 책, 389쪽.

5 위의 책, 398쪽. 인용문 안의 인용은 라캉의 세미나 XI(맹정현 · 임수련 옮김, 새물결, 2008, 165쪽)에서 가져온 것임.

6 슬라보예 지젝, 이성민 역, ≪까다로운 주체≫, 도서출판 b, 2005, 545쪽.

7 위의 책, 608쪽.

8 슬라보예 지젝, ≪향락의 전이≫, 371쪽.

9 위의 책, 154쪽.

10 미란 보조비치, 이성민 역, ≪암흑지점≫, 도서출판 b, 189-190쪽.

11 레나타 살레클, 이성민 역, ≪사랑과 증오의 도착들≫, 도서출판 b, 239쪽.

12 위의 책, 241쪽.

13 위의 책, 251쪽.

14 위의 책, 231쪽.

15 위의 책, 249쪽.

16 위의 책, 235쪽.

일상으로서의 질병과 몸

1 David B Morris, *The Culture of Pain*, University of California Press, 1993, 4쪽.

2 알랜 래들리, 조병희 · 전신현 역, ≪질병의 사회심리학≫, 나남출판, 2004, 132쪽.

3 조르쥬 깡길렘, 여인석 역, ≪정상적인 것과 병리적인 것≫, 인간사랑, 1996, 142쪽.

4 미셸 푸코, 홍성민 역, ≪임상의학의 탄생≫, 이매진, 2006, 113쪽.

5 르네이 C 팍스, 조원규 역, ≪의료의 사회학≫, 여성신문사, 2001, 28쪽.

6 콩트, 깡길렘 재인용. 조르쥬 깡길렘, 앞의 책, 65쪽.

7 ≪조선일보≫ 2009. 5. 4.

8 장 보드리야르, 이상률 역, ≪소비의 사회≫, 문예출판사, 1992, 208쪽.

9 폴 파머, 김주연 · 리병도 역, ≪권력의 병리학≫, 후마니타스, 2009.

10 조르쥬 깡길렘, 앞의 책, 142쪽.

11 발트라우트 포슈, 조원규 역, ≪몸 숭배와 광기≫, 여성신문사, 2001, 68쪽.

12 크리스 쉴링, 임인숙 역, ≪몸의 사회학≫, 나남출판, 1999, 265쪽.

13 알베르 까뮈, 김화영 역, ≪안과 겉≫, 책세상, 1988, 6쪽.

14 김훈, 〈화장〉, ≪2004 이상문학상 수상작품집≫, 문학사상사, 2004, 13쪽.

15 크리스 쉴링, 앞의 책, 257쪽.

16 노르베르트 엘리아스, 김수정 역, ≪죽어가는 자의 고독≫, 문학동네, 1996, 45쪽.

17 앙리 르페브르, 박정자 역, ≪현대세계의 일상성≫, 기파랑, 2005, 172쪽.

18 메이어, 깡길렘 재인용. 조르쥬 깡길렘, 앞의 책, 172쪽.

성을 향유하는 노년의 에이츠

1 이 글은 ≪영미문화≫ 9집 2호(2009년)에 게재된 〈비남근적 욕망으로서 노년의 몸: 예이츠의 경우〉를 수정 보완한 것이다.

2 시몬느 드 보봐르, 홍상희 · 박혜영 역, ≪노년≫ 1권, 책세상, 1994, 166쪽. 2권, 212쪽.

3 보이는 나이와 느끼는 나이의 구별에 대해서는 Mike Featherstone, "The Mask of Ageing and the Postmodern Life Course", *The Body*, 3rd vol. Eds., Andew Blakie et al. Eds., *The Body: Critical Concepts in Sociology*,

5 vols., London : Routledge, 2004, 244-266쪽을 참조하기 바람.

4 시몬느 드 보봐르, 앞의 책, 27-53쪽; 다이내나 해리스, ≪노년 사회학≫, 하나의학사, 1998, 45-67쪽 참조.

5 탈신체화와 재신체화라는 개념에 대해서는 김종갑, ≪근대적 몸과 탈근대적 증상≫, 나남, 2008을 참고하기 바람.

6 본문에서 필자가 특별한 언급 없이 인용하는 예이츠의 시들은 모두 W. B. Yeats, *The Collected Poems of W. B. Yeats*, New York : Macmillan, 1940에서 취한 것이다.

7 Richard Ellmann, *W.B. Yeats's Second Puberty*, New York : Library of Congress, 1985, 7-32쪽.

8 Richard Ellmann, *eats: The Man and the Masks*, New York : Norton, 1979, 169쪽.

9 Susan Bordo, *The Male Body*, New York : Farrar, Straus and Giroux, 1999, 65쪽.

10 제레드 다이아몬드, 김정흠 옮김, ≪제삼의 침팬지≫, 문학사상사, 1996, 125쪽.

11 John Harwood, "'Secret Communion': Yeats's Sexual Destiny", *Yeats and Women*, Ed. Deirdre Toomey, London : Macmillan, 1992, 28쪽.

인종주의로 바라본 타자의 몸

1 이 글은 ≪역사와 문화≫ 17호(2009. 3)에 실린 논문 〈타자의 몸: 근대성과 인종주의〉를 수정·보완한 것이다.

2 〈외국인에 인종차별 모욕 첫 기소〉, ≪연합뉴스≫ 2009. 09. 06; 〈'反인종차별법' 추진에 찬반 엇갈려〉, ≪연합뉴스≫ 2009. 09. 09.

3 송종호, 〈단일민족 환상 깨고 다문화주의로의 전환시대〉, ≪민족연구≫ 30호(2007), 91쪽.

4 〈조직화하는 소수자 반대운동〉, ≪한겨레21≫ 2008년 12월 22일 740호.

5 George L. Mosse, *Toward the Final Solution: A History of European Racism*, New York : Howard Fertig, 1978, 1985, p. xii.

6 미셸 푸코, 박정자 옮김, ≪사회를 보호해야 한다: 1976, 콜레주 드 프랑스에서의 강의≫, 동문선, 1998, 293쪽.

7 David Theo Goldberg, *Racist Culture: Philosophy and the Politics of Meaning*, Oxford & Cambridge : Blackwell, 1993, 24쪽.

8 Nancy Stephan, "Race and Gender: The Role of Analogy in Science", *Isis* 77(1986), 261-277쪽.

9 Colette Guillaumin, *Racism, Sexism, Power and Ideology*, London & New York : Routledge, 1995, 6쪽.

10 David Roediger, "Whiteness and Ethnicity in the History of 'White Ethnics' in the United States" in Philomena Essed & David Goldberg(eds.), *Race: Critical Theories: Text and Context*, Oxford & Cambridge : Blackwell, 2001, 325-343쪽.

11 David Theo Goldberg, 앞의 책, 22쪽.

12 Ivan Hannford, *Race: The History of an Idea in the West*, Baltimore : Johns Hopkins University Press, 1996, 207-208쪽.

13 Michael Banton, *Racial Theories*, Cambridge : Cambridge University Press, 1998, 37-38쪽.

14 Kenan Malik, *The Meaning of Race: Race, History and Culture in Western Society*, London : Macmillan, 1996, 82쪽.

15 Rodney Mace, *Trafalgar Square: Emblem of Empire*, London : Lawrence & Wishart Ltd, 1976, 2005, 137쪽.

16 요시미 순야(吉見俊哉), 이태문 역, ≪박람회: 근대의 시선≫, 논형, 2004.

17 David Gilbert, "'London in all its glory-or how to enjoy London': guidebook representations of imperial London", *Journal of Historical Geography*, vol. 25, no. 3(July, 1999), 284쪽.

18 Ben Looker, *Exhibiting Imperial London: Empire and the City in late Victorian an Edwardian Guidebooks*, Centre for Urban and Community Research at Goldsmith College, University of London, 2002.

19 Yuko Kikuchi, *Japanese Modernisation and Mingei Theory: Cultural Nationalism and Oriental Orientalism*, London & New York : Routledge Curzon, 2004에서 사용된 개념.

20 염운옥, 〈야나기 무네요시와 '오리엔탈 오리엔탈리즘'〉, ≪역사와 문화≫ 14호 (2007. 9), 241쪽.

21 Ayako Hotta-Lister, *The Japan-British Exhibition of 1910: Gateway to the Island Empire of the East*, Japan Library, Curzon Press, 1999.

22 "Britain: Multiculturalism and its discontents; Race relations", *The Economist*, 7 January 2006. vol. 378, Iss. 8459.

23 정영주, 〈'피의 강물' 연설을 통해 본 이녹 파올의 인종주의〉, ≪역사와 경계≫ vol. 70(2009), 159-194쪽.

24 "Wildcat strikes over foreign workers spread across Britain", *The Times*, 30 January 2009.

25 Martin Barker, *The New Racism: Conservative and the Ideology of the Tribe*, London : Aletheia Books, 1981.

26 프란츠 파농, 이석호 옮김, ≪검은 피부, 하얀 가면≫, 인간사랑, 1995, 292쪽.

27 위의 책, 14쪽.

28 위의 책, 291쪽.

패션, 여성의 몸을 바꾸다

1 유수경, 〈한국 여성복 변천에 관한 연구〉, ≪교육논총≫ 제8권 제1호, 1988.

2 공제욱, 〈의복통제와 '국민' 만들기〉, ≪식민지의 일상 지배와 균열≫, 문화과학사, 2006.

3 김수진, 〈여성의복 변천을 통해 본 전통과 근대의 젠더정치: 해방이후~1960년대 초반을 중심으로〉, ≪페미니즘연구≫ 2007. 10.

4 〈외국인의 눈으로 본 조선의복의 장처단처〉, ≪신여성≫ 1924. 11.

5 유수경의 ≪한국여성양장변천사≫(일지사, 1990), 하세가와 리사(長谷川理左)의 〈근대전기 한일 여성 속옷의 변천에 관한 연구〉(성균관대학교 석사학위 논문, 2007), 조희진의 〈허리띠, 브래지어와 바통터치를 하다〉(≪민속 문화가 외래문화를 만나다≫, 집문당, 2003) 등은 특히 이 논문에 큰 참고가 되었던 연구들이다. 그러나 본문에서 말한 바와 같이 유수경과 하세가와 리사의 연구 역시 '사실'의 기술에 중점을 두고 있고, 조희진의 글은 허리띠에서 브래지어로의 전환과정에 대해 연구 주제를 착안한 점은 돋보이나 "서양에서 요란스러운 발달의 과정을 경험했음에도 불구하고 브래지어가 우리나라에 들어와 정착하기까지의 과정에 대해서는 뚜렷한 언급이 없다. 사실 우리나라에서 누가 처음으로 서양식 브래지어를 착용했는가에 대해서는 아무런 기록도 남아있지 않다. 다만 1930년대 이후 한복 대신 양장이 도입되면서 브래지어 착용이 이루어지기 시작했을 것으로 추측할 뿐이다. 우리나라에서 몇 개의 속옷 브랜드가 등장하고 브래지어가 본격적으로 생산되면서 대중화되기 시작한 것은 대략 1950년대의 일이었다."는 실증 자료의 부족을 이유로 1930년대의 브래지어의 도입 시기부터 1950년대까지의 시기에 이루어진 속옷과 몸을 둘러싼 문화적 변화 양상에 대해서는 구체적인 논의를 펼치지 못하고 있다.

6 〈오래살랴면 …… 짜른치마 입으라고 — 우스운 이야기의 하나〉, ≪동아일보≫ 1928. 10. 3.

7 평동산인(平洞散人), 〈가정평론 — 조선부인의 의복문제〉, ≪조선일보≫ 1925. 11. 19.

8 유팔극, 〈여자의복 개량문제에 대하야〉, ≪신여성≫ 1924. 11.

9 김원주, 〈부인의복개량에 대한 의견〉, ≪동아일보≫ 1921. 9. 10; 김일엽, 〈의복과 미감(美感)(개량 의견 몇 가지), ≪신여성≫ 1924. 11.

10 유중교, ≪성재집≫ 권34, 9.

11 금장태, ≪한국 유교의 이해≫, 한국학술정보(주), 2001, 58쪽.

12 "오인이 신체의 위치를 정직(整直)히 지(持)홈은 한갓 위생상에만 이익이 될 뿐 아니라 행의상(行儀上)에도 단아엄장(端雅嚴莊)ᄒᆞ거니와 만일 흉곽을 압박ᄒᆞ며 복부를 긴속(緊束)ᄒᆞᄂᆞᆫ 것은 호흡에 천박(喘迫)ᄒᆞ야 공기작용에 장애ᄒᆞ나니 기(其)해 불선(不尠)ᄒᆞ도다. 아국(我國) 부인이 착복시에 동대(胴帶)와 상(裳)으로 상복늑골부(上腹肋骨部)를 긴속ᄒᆞ고 상의ᄂᆞᆫ 심단(甚短)ᄒᆞ야 일대유방(一對乳房)이 난양(卵樣)과 갓티 돌현(突現)ᄒᆞ니 기(其) 풍체에도 불미(不美)ᄒᆞ고 공기호흡에 충분티 못ᄒᆞ야 위생에 폐해됨이 실로 개탄홀

습관이니 속히 부인의 의제(衣制)를 개량ᄒᆞ되 상의를 장(長)케 ᄒᆞ야 흉부를 전엄(全掩)할지니라."

13 나혜석, 〈부인의복 개량문제 — 김원주 형의 의견에 대하야〉, ≪동아일보≫ 1921. 9. 28; 임숙재, 〈생활개선: 세 가지를 통틀어 — 이렇게 고쳤으면 좋겠습니다〉, ≪신여성≫ 1925. 1.

14 유수경, ≪한국여성양장변천사≫, 일지사, 1990, 150쪽.

15 민숙현 · 박해경, 〈한가람 봄바람에: 이화100년 야사(野史)〉, 지인사, 1981, 155-156쪽.

16 "저고리를 전보다 조금 길게 하고 치마를 전보다 짧게 하되 가슴을 졸라매는 것은 크게 해로운 일인고로 어깨에 걸어 입게 한 것입니다. 그것이 퍼져서 지금은 어느 곳 여학생이든지 그렇게 입는 것 같습데다. 그만큼하면 아주 편하고 어여쁜 옷이 된 것입니다." 이화교장 미국인 아편설라씨, '아, 몇 가지만 고쳤으면! 입는 이들의 생각할 몇 가지', 〈외국인의 눈으로 본 조선의복의 장처단처〉, ≪신여성≫ 1924. 11.

17 유희경, ≪한국복식사연구≫, 이화여자대학교출판부, 1975, 652-653쪽.

18 〈남자보다 튼튼한 미국의 모던껄 — 짜른 치마와 야즌 칼라덕에〉, ≪동아일보≫ 1928. 12. 25.

19 안석주, 〈미관상으로 보아서〉, ≪신여성≫ 1924. 11.

20 김일엽, 앞의 글.

21 유수경, 앞의 책, 176쪽.

22 위의 책, 214-217쪽.

23 하세가와 리사, 앞의 논문, 50쪽.

24 매릴린 옐롬, 윤길순 역, ≪유방의 역사≫, 자작나무, 1999, 255쪽.

25 하세가와 리사, 앞의 논문, 74쪽. 또한 하세가와 리사는 "교과서에 최초로 Brassiere가 등장하는 것이 한국이 1937년, 일본이 1943년으로 한국이 일본에 앞섰다. 이것은 원래 전통 속옷에도 가슴을 가리기 위한 허리띠가 있었던 한국에서 수용되기 쉬웠던 점에 원인이 있다고 본다. 또한 그와 동시에 을미조약(1905년) 이후 저고리 길이를 길게 하자는 논의가 활발함으로써 여학생과 신여성 사이에서는 긴 저고리를 입게 되면서도, 일부 가정부인들 사이에서는 여전히 구한말의 짧은 저고리를 입었으며 가슴을 드러내는 것이 문제시되었기 때문에 허리띠를 대신하는 Brassiere에 이르지 않았을까 생각된다. 또 일본에서는 Brassiere가 '가슴밀기'라는 뜻인 일본식 명칭인 '치치오사에(乳押へ)'로 등장한 것에 비하여 한국에서는 'ブラジユエール', 'ブラジエエール'라는 Brassiere를 가타카나로 표기한 외래어로 소개한 다음에 '가슴커버'를 뜻하는 '오치치 카바'라고 설명하고 있다. 이런 점에서 한국이 일본에 비하여 서양 속옷을 그 원래 명칭과 함께 직접적으로 수용한 모습을 볼 수 있다."고 한일의 브래지어 수용의 차이를 설명한다.

26 그 외에 양장 숙녀 의복의 품목은 다음과 같다. "乳房빤드 150, 씨미-쓰 230, 콜셋-트 180, 스타키-킹 350, 드로-월쓰 200, 뿌루머-쓰 200, 쓰-링 340, 洋服 4,000, 外套 8,000, 洋靴 1,100, 毛皮쇼-루 12,000, 핸드빽 4,800, 手袋 650, 時計와 半指 15,000." 반면에 "조선복 숙녀를 만들려면?" 항목에서 나열된 것은 "쓰미-쓰 230, 코-ㄹ셋트 180, 靴下 350, 즈로-쓰 200, 뿌루머-쓰 200, 쑬링 340, 속치마(싼델구렙푸) 750, 치마(베루벳트) 2,250, 치마허리(뿌뿌링) 80, 저고리(유에후도구렙푸) 750, 저고리안(마미사) 210, 두루마기

(朱子緞) 1,680, 두루마기안(紫色甲紬) 300, 木綿 60, 洋靴 1,200, 핸드백 800, 手袋 500, 時計 8,000, 半指 12,000" 등이다.

27 1930년대 '유선형' 담론의 유행에 대한 상세한 논의는 조영복, 〈정지용의 〈유선애상〉에 나타난 꿈과 환상의 도취〉, ≪한국현대문학연구≫ 제20집, 2006. 12 참조.

28 위의 글, 236쪽.

29 안석영, 〈유선형 도시 바빌론 성인〉, ≪조선일보≫ 1935. 2. 6.

30 〈미의 표준은 아래로 각선미와 스타킹〉, ≪조선일보≫ 1936. 4. 10.

31 홍선표, 〈한국 미인화의 신체 이미지〉, 이화여자대학교 한국문화연구원 학술대회 '한국인의 신체관: 그 어제와 오늘' 발표, 2003. 12. 3. 이 글에 따르면, "이들 고전을 통해 수립된 미인상과 미모묘사법은 상투화되어 유통되었으나, 체형의 경우 비만형의 '풍영(豊盈)'에서 수척형의 '경영(輕盈)'으로 변화되는 양상을 보이기도 했다. 그러나 대체로 미모에 대해서는 보는 쪽에서의 감성적 느낌을 주로 자연의 주술력이나 신체미에 비유해 형용했던 것 같다. 신체를 대표하는 얼굴은 재생과 풍요의 상징인 달('月態' '面如滿月' '面開春月滿')이나 완상물인 아름다운 꽃('花容' '花貌' '芳容' '紅顔'/'芙蓉' '蓮花' '桃花' '杏花'/ '紅粧')과 투명한 흰 옥('玉顔' '玉貌')으로 묘사되었다. 그리고 얼굴 부위를 대표하는 것으로 강조되었던 눈썹은 누에 나방이의 촉각처럼 생겼거나('蛾眉') 초승달('片月')과 먼 산('遠山斜'), 또는 버들잎('柳眉' '眉似初春柳葉')과 같은 '曲眉'와 '細眉'를 아름답다고 여겼다. 눈은 빛나게 밝고 맑고 선선하고 잔잔하게 생긴 것('明眸' '淸眸' '秋水' '秋波')이 미모로 강조되었으며, 눈의 형태는 가늘고 긴 모양('疏目' '長目')이 선호되었다. 입술은 붉고 작은 것('丹脣' '朱脣' '櫻桃')을 매력적으로 보았는데, 코의 미모에 대한 형용은 거의 없다. 얼굴 다음으로 머리와 피부, 어깨와 목, 허리와 손의 아름다움과 매력에 대한 묘사가 주로 보인다. 머리는 巫山의 '雲雨之情'과 풍요로운 생산을 연상시키는 구름같이 높고 풍성한 양태('雲髮' '雲鬟' '雲髻峨峨')가, 피부는 눈이나 옥처럼 흰 상태('肌如白雪' '玉肌'), 어깨는 좁은 모양('削肩')이, 목은 길고 수려한 목덜미('延頸秀項')가 최상으로 예찬되었다. 그리고 허리는 가늘고 유연한 '섬요(纖腰)' '유요(柳腰)' '세요(細腰)' '소요(小腰)'를 선호했으며, 손은 가늘고 흰 '섬수(纖手)'와 '옥수(玉手)'를 높게 평가했다."라고 한다.

32 홍선표는 ≪시경≫을 비롯해 송옥(宋玉)의 〈신녀부(神女賦)〉와 조식(曹植)의 〈낙신부(洛神賦)〉, 부현(傅玄)의 〈염가행유녀편(艶歌行有女篇)〉, 사마상여(司馬相如)의 〈미인부(美人賦)〉, 백낙천(白樂天)의 〈장한가(長恨歌)〉 등에서의 미녀에 대한 묘사어를 전고(典故)로 하여 위와 같은 한국의 전통적인 미인의 기준을 도출해냈다.

33 위의 글, 2쪽.

34 홍선표, 〈화용월태의 표상: 한국 미인화의 신체 이미지〉, ≪한국문화연구≫ 제6호, 2004, 가을호, 45쪽. 이를 두고 홍선표는 전통적 미인관에서는 가슴을 "유방(乳房)이란 용어대로 수유기관으로 보았지 아름다운 몸매의 대상으로는 인식하지 않았던 것 같다."고 해석하고 있다.

35 ≪동아일보≫의 1927년 8월 6일자 기사에 〈만국미인 제2회대회의 일등이 「도모시 쁘리트」양〉이라는

기사가 실린 것으로 보아 1925~6년경에 국제미인대회가 개최되기 시작했으리라 추정해볼 수 있다.

36 유수경, 〈한국 여성복 변천에 관한 연구〉, ≪교육논총≫ 제8권 제1호, 1988. 이 글에 따르면 1920년대부터 각 여학교의 운동복이 소개되기도 하였는데, 이것은 일반인들에게 스포츠와 더불어서 운동복에 대한 관심을 불러일으켰을 것이라 추정된다고 한다. 특히 1920년대에는 처음으로 해수욕복이 등장했다. 초기의 해수욕복은 무릎밑과 팔꿈치까지를 노출시킨 것이었으나, 1920년대 말부터는 신체의 많은 부분을 노출시킨 형태였다.

37 1933년 7월 한인택이 ≪삼천리≫에 묘사한 도시 풍경에서도 여성의 풍만한 유방은 도시적인 퇴폐와 향락의 상징적 기호로 사용된다. "도시의 여름밤은 언제던지 복잡하다. 표현파적 점선같은 전광이 유리관속에서 여름밤 도시의 거리로 쏟아져 나올 때마다 수많은 도시인은 거리로 몰려 나온다. 역류적(逆流的)으로 발전하여 가는 「폼페이」의 이거리! 립체파 미래파의 난조(亂調)로 된 스카-트 아래에서 춤추는 다리(脚)들! 그러고 붉은 「칵텔」와 보-안 유방! 이 모든 것들은 도시인에게 추파(秋波)를 던지고 있다."(〈그리운 동해의 옛풍경, 초하(初夏)일기의 일절〉)

38 졸저, ≪육체의 탄생≫, 민음사, 2008, '현미경 8, 11' 참조.

39 존 버거, 편집부 역, ≪이미지 — 시각과 미디어≫, 동문선, 1990, 83-84쪽.

40 〈현대인으로 반드시 알아야 할 미용체조법〉, ≪삼천리≫ 제7권 제9호, 1935. 10.

41 졸저, 앞의 책, 제3장 참조.

42 〈다리의 건강미를 일층 훌륭케하는법 — 경쾌한 보행 운동과 마찰이 필요〉, ≪동아일보≫ 1929. 4. 3.

43 〈미인제조비법공개〉, ≪별건곤≫ 제15호, 1928. 8.

44 김주리, ≪모던 걸, 여우 목도리를 버려라≫, 살림, 2005.

45 장 보드리야르는 ≪소비의 사회≫에서 "유행이 신식과 구식, 〈미〉와 〈추〉, 도덕성과 부도덕성 등의 대립개념을 무차별적으로 차례차례 교대시킨다는 것이 잘 알려져 있"지만, "유행이 뚱뚱한 몸과 날씬한 몸을 교대시킬 수는 없다. 그곳에는 절대적 한계 같은 것이 있다. 유행에 지배된 영역인 〈몸의 선〉의 영역에서는 역설적이지만 유행의 주기적 변화가 더 이상 일어나지 않는"다고 지적한다. 그만큼 '소비의 사회'는 언제나 '그대로 내버려두어서는' 만들어질 수 없는 조형적인 몸의 선을 '아름다움'으로 고정시킴으로써 소비를 창출해내왔다. 장 보드리야르, 이상률 역, ≪소비의 사회 — 그 신화와 구조≫, 문예출판사, 1991, 212쪽.

46 그 외에도 〈젖가슴을 곱게 하는 부라자아〉(≪동아일보≫ 1955. 7. 31)나 〈착용순서와 그 선택법 — 선으로 입어야 할 양장의 속옷〉(≪동아일보≫ 1958. 4. 18), 〈부라쟈의 선택 — 따뜻하고 맵시 있는 겨울양장〉(≪동아일보≫ 1959. 1. 24) 등에서도 브래지어가 여성의 몸매의 곡선을 조형적으로 만들어주는 역할을 하게 되었음을 보여준다. 한편 조희진의 〈허리띠, 브래지어와 바통터치하다〉에서도 1950년대 후반에 미국의 듀폰사에서 개발한 신소재 라이크라 덕분에 브래지어에는 '신체보정'이라는 또 다른 기능이 추가되었고 유명 여배우들을 동원한 마케팅 전략이 성공하면서 모든 여성이 그들의 몸을 제대로 관리하기 위해

반드시 착용해야만 하는 필수품으로 간주되기에 이르렀다고 지적한다. 1960년대를 지나면서 의복류 전체에 자연스런 실루엣이 유행하면서 역시 그 방향으로 상품화되다가 1970년대에 미니스커트와 유니섹스 모드, 남녀평등 의식의 확대 등 사회적인 영향으로 인해 쇠퇴되는 기미를 보이기도 했다. 일부에서는 브래지어를 '남성이 원하는 여성의 몸'을 만들기 위한 도구로 인식하여 불태우는 일이 벌어지기도 했다고 한다.

47 브래지어가 여성의 몸에 끼치는 억압적 측면과 건강상의 위해성에 대한 논의는 최동수, 〈브래지어의 여성의 몸에 대한 억압성〉, ≪젠더와 권력 그리고 몸≫, 푸른사상, 2007 참조.

48 매릴린 옐롬, 앞의 책, 236-237쪽.

영화 〈맨발의 청춘〉(1964)에서 젊은 몸 읽기

1 조풍연, 〈아프레 게르와 처녀성〉, ≪주부생활≫, 1959. 4, 224쪽.

2 김은하, 〈전후 국가 근대화와 '아프레 걸(전후 여성)' 표상의 의미〉, ≪여성문학연구≫ 16호, 2006, 190쪽.

3 졸고, 〈1960년대 초반 잡지에 나타난 여성/청춘 표상〉, ≪여성문학연구≫ 16호, 2006, 213쪽.

4 안병욱, 〈利의 세대와 義의 세대〉, ≪사상계≫, 1960. 6, 102쪽.

5 이영일, ≪한국영화전사≫, 소도, 2004, 390쪽.

6 〈스크린에 담긴 빌려온 청춘상〉, ≪조선일보≫ 1964. 8. 28.

7 정용욱, 〈5 · 16쿠데타 이후 지식인의 분화와 재편〉, ≪1960년대 한국의 근대화와 지식인≫, 선인, 2004, 170-171쪽 참조.

8 정종화,〈1950-60년대 한국영화 스타시스템에 대한 고찰〉, ≪영화연구≫ 34호, 2007, 60쪽.

9 제러미 G. 버틀러, 〈인기배우 체제와 헐리우드〉, ≪세계영화연구≫, 현암사, 2004, 395쪽.

10 호현찬, 〈스타의 인기와 관객〉, ≪여원≫ 1961. 9, 196-198쪽.

11 조경희, 〈미녀가 되려면〉, ≪여원≫ 1963. 8, 113쪽.

12 엄앵란, 〈은막의 문턱에 서서-대학을 졸업하던 무렵〉, ≪여원≫ 1963. 2, 132쪽.

13 김경,〈신성일, 날카로운 그늘과 불안 그리고 욕망과 좌절의 경계선〉, ≪만추, 이만희≫, 커뮤니케이션북스, 2005, 190-191쪽.

14 〈인기의 비결은? 청춘 스타의 매력〉, ≪서울신문≫ 1963. 12. 7.

15 신성일 · 지승호, ≪신성일, 시대를 위로하다≫, 알마, 2006, 47-84쪽 참조.

16 위의 책, 73쪽.

17 한국영상자료원(KOFA), 원로영화 구술사 다큐멘터리, 2005 참조.

18 에드워드 렐프, 김덕현 외 역, ≪장소와 장소상실≫, 논형, 2005, 87쪽.

19 신성일 · 지승호, 앞의 책, 97-99쪽.

20 다니엘 아루혼, ≪영화언어의 문법≫, 집문당, 1985, 88-90쪽 참조.

21 서울시정개발연구원, ≪서울 20세기 생활 · 문화변천사≫, 2001, 644쪽.

22 최경희, 〈1960년대 이후 한국영화에 나타난 복식의 변천〉, 서울대학교 석사논문, 2000, 29-40쪽 참조.

23 〈르뽀르따아쥬 특집 한국의 청춘들〉, ≪여원≫ 1964. 6, 134쪽.

24 이헌구,〈남녀교제의 NATO현장〉, ≪여원≫ 1964. 7, 288쪽.

25 유지나, ≪멜로 드라마란 무엇인가≫, 민음사, 1999, 14쪽. 그러나 〈맨발의 청춘〉은 멜로구조를 띄고는 있지만, 기술적 측면에서 보면 감상적 효과와 극적 심리를 극대화하는 편집이나 카메라 워킹들이 배제되고 있다.

26 전병현, 〈멜로드라마에 대한 장르인식과 변모양상 연구〉, 인하대학교 석사논문, 2002, 66쪽.

27 손지성, 〈영화전문가 1백1명이 뽑은 20세기 한국최고의 영화 · 감독 · 배우〉, ≪월간조선≫ 1999. 12, 420-421쪽.

28 조르조 아감벤, 박진우 역, ≪호모 사케르≫, 새물결, 2008, 215-216쪽.

여성 미술가와 몸 — 성장, 사랑, 투쟁, 죽음

1 이 글에 실린 일부 작품은 저작권자와 직접 접촉해 사용 허락을 받았다. 출간 당시 저작권자가 확인되지 않거나 연락이 닿지 않아 허락을 받지 못한 작품에 대해서는 추후 확인되는 대로 필요한 절차를 진행할 것이다. 또한 이 글은 ≪미술세계≫ 2002년 7월호의 기획 특집 "여성 작가는 왜 여성의 몸을 그리는가"를 위해 쓴 "여성의 몸, 그 위의 전투"를 기초로 작성되었다. 또한 이 글의 초고 중 몇 단락은 수정을 거쳐 졸저, ≪외모꾸미기 미학과 페미니즘≫(책세상, 2009)에 포함되었다.

2 피오나 브래들리, 김금미 역, ≪초현실주의≫, 열화당, 2003, 46쪽.

3 Judy Chicago & Edward Lucie-Smith, *Women and Art: Contested Territory*, Watson-Guptill, 1999.

4 수잔 보르도, 최영 역, 〈페미니즘 · 푸코 · 신체의 정치학〉, ≪푸코와 페미니즘 — 그 긴장과 갈등≫, 동문선, 1997, 215-216쪽.

5 Immanel Kant, "Of the Distinction between the Beautiful and Sublime in the Interrelations of the Two Sexes", Mahowald(ed.) *Philosophy of Women*, Indianapolis : Hackett, 1983, 194쪽.

6 Eileen O'Neill, "(Re)presentations of Eros: Exploring Female Sexual Agency", Susan R. Bordo and Alison Jagger(ed.), *Gender/Body/Knowledge*, New Brunswick : Rutgers Univ. Press, 1992, 68-91쪽.

7 Marry D. Garrad, "Here's Looking at Me: Sofonisba Anguissola and the Problem of the Women Artist", *Renaissance Quarterly* XL VII, No. 3, 1994.

8 Grisella Pollock, "Modernity and the Space of Feminity", Francis Frascina and Jonathan Harris(ed.), *Art in Modern Culture*, Phaidon, 1987, 128-129쪽.

9 김주현, "외모꾸미기와 정체성 정치학", ≪철학과 현실≫, 2004년 봄호.

10 Judy Chicago and Edward Lucie-Smith, 앞의 책, 54쪽.

11 벨 훅스, 김경식 역, 〈화끈한 몸 내다 팔기: 대중매체에 재현된 흑인 여성의 성〉, ≪여성의 몸 어떻게 읽을 것인가≫, 한울, 1997, 186-186쪽.

찾아보기

ㅂ

ㅅ

ㅇ

ㅈ

ㅊ